成方三十二译丛　　　　　　　国际货币基金组织

中央银行面临的挑战：
拉美透视

Challenges for Central Banking:
Perspectives from Latin America

严·卡里尔·斯沃洛（Yan Carrière-Swallow）
哈米德·法鲁金（Hamid Faruqee）
路易斯·雅阁美（Luis Jácome）
奎师那·斯里尼瓦桑（Krishna Srinivasan）

编

本书翻译组　译

中国金融出版社

责任编辑：黄海清
责任校对：刘　明
责任印制：丁淮宾

Challenges for Central Banking: Perspectives from Latin America (English)
Copyright © 2017 International Monetary Fund
《中央银行面临的挑战：拉美透视》
英文版权©2017 国际货币基金组织
Chinese language edition published under license by China Financial Publishing House, Beijing, 2018
中文简体字版由中国金融出版社经授权获得并于2018年出版，不得翻印。

This translation is published under license. The International Monetary Fund does not accept any responsibility for the accuracy of the translation. In case of any discrepancies, the original language shall govern.

本出版物已经国际货币基金组织授权出版，国际货币基金组织对翻译的准确性不承担任何责任。如有不符之处，以最初的语言版本为准。

图书在版编目（CIP）数据

中央银行面临的挑战：拉美透视（Zhongyang Yinhang Mianlin de Tiaozhan: Lamei Toushi）/严·卡里尔·斯沃洛等编.—北京：中国金融出版社，2018.5

书名原文：Challenges for Central Banking: Perspectives from Latin America

ISBN 978-7-5049-9480-6

Ⅰ.①中… Ⅱ.①严… Ⅲ.①中央银行—研究—拉丁美洲 Ⅳ.①F837.303

中国版本图书馆 CIP 数据核字（2018）第 039652 号

出版发行	中国金融出版社
社址	北京市丰台区益泽路2号
市场开发部	（010）63266347，63805472，63439533（传真）
网上书店	http://www.chinafph.com
	（010）63286832，63365686（传真）
读者服务部	（010）66070833，62568380
邮编	100071
经销	新华书店
印刷	北京市松源印刷有限公司
尺寸	169毫米×239毫米
印张	18.75
字数	252千
版次	2018年5月第1版
印次	2018年5月第1次印刷
定价	56.00元
ISBN 978-7-5049-9480-6	

如出现印装错误本社负责调换　联系电话（010）63263947

译者的话

自 2008 年全球金融危机后，以货币政策为核心，以稳定价格为目标的政策框架能否应对金融体系顺周期和资产价格波动所带来的冲击，成为了各国央行和专家学者研究探讨的热点问题之一。随后，G20 和全球金融稳定理事会以及巴塞尔银行监管委员会提出了宏观审慎政策框架，对金融机构和金融市场的杠杆水平进行宏观的、逆周期的、跨市场的调节，从而减缓由金融顺周期行为和风险传染对宏观经济和金融稳定造成的冲击，防范系统性风险。

党的十九大报告明确提出"健全货币政策和宏观审慎政策双支柱调控框架，深化利率和汇率市场化改革。健全金融监管体系，守住不发生系统性金融风险的底线"，为我国金融体系的发展建设指明了方向，也给人民银行履职带来了新的挑战。为此，人民银行团委精心挑选了国际货币基金组织（IMF）推荐的 *Challenges for Central Banking: Perspectives from Latin America* 一书作为"成方三十二译丛"项目的第三本译作。

该书对拉丁美洲中央银行过去所面临的困境及其采取的积极措施进行了回顾，并对其当前面临的挑战进行了多方位的研究，探索未来前进的方向，尤其是对全球一体化背景下拉丁美洲国家如何保持货币政策的独立性，以及宏观审慎政策和货币政策框架如何发挥协同作用进行了细致的研究和讨论。全书共分为三个部分九个章节，数据丰富，论证严谨，对于后危机时代各国中央银行货币政策的制定和宏观审慎框架的构建都有很好的借鉴意义。

当前人民银行正在不断探索建立"货币政策 + 宏观审慎政策"双支柱政策框架，寻求两者间的协调配合，希望通过运用宏观审慎政策工具来提升防范和化解系统性金融风险的能力和有效性，从而维护金融系统的稳定。该书的思想和观点将有助于我们更好地理解中央银行在控制通货膨胀、维持金融稳定的目标下所扮演的角色以及运用相应政策工具的思路，相信能够为我们在健全货币政策和宏观审慎政策双支柱调控框架方面提供有价值的参考。

  本书翻译工作历时半年，翻译团队由来自人民银行武汉分行、太原中支、深圳市中支、鄂州市中支、恩施州中支和海东市中支的25位央行青年组成，具体分工是：李瑶（前言），盖鹏（第一章），王伟翔、苏昱宇、阮偲慧（第二章），刘絮莹、陈曦、白云鹏、舒磊（第三章），曹冶、杜佳娟（第四章），常雅芳、祝丽君（第五章），何畅、姚立鑑（第六章），石亦慧、徐融（第七章、索引），贾晟、李俊廷、江欢（第八章），朱峰、周微（第九章）。程振华、高鼎进行了部分初校。石亦慧、徐融、张朋对全书进行了审校和统稿。本书中文版得以顺利面世，离不开翻译团队所有成员的辛勤付出和通力合作，全书的翻译工作均是利用业余时间完成。

  在这里，要衷心感谢为本书的面世付出努力、提供帮助的人。感谢人民银行团委搭建的这一让央行青年展示才华、锻炼成长的平台；感谢人民银行武汉分行、太原中支和深圳市中支党委对本书翻译工作的高度重视和大力支持；感谢中国金融出版社黄海清编辑审校以及中肯的修改意见。

  正如著名翻译家傅雷所说，"翻译工作要做得好，必须一改再改，三改四改"。翻译团队所有成员对本书翻译工作始终保持高度严谨态度，对原著再三研读，对翻译内容反复进行了数次审校和修改，力求在充分理解原著思想观点的基础上，做到尽可能精准地翻译。尽管如此，由于译者水平有限、经验不足，对拉丁美洲金融体系了解不够全面、研究不够透彻，难免存在疏漏和翻译不当之处，敬请广大读者批评指正，帮助我们进一步改进提高。此外，原著的观点和结论，有些还有待进一步研究和商榷，有的还需要经过历史和市场的检验。因此，真诚希望广大读者秉持理性客观、独立思考的态度展开阅读。

最后，衷心希望本书能够进一步激发广大读者对我国经济金融发展的关注和思考，也期待人民银行更多有志青年加入"成方三十二译丛"翻译团队，在为广大读者朋友奉献更多高质量译作的同时，实现自己在央行事业中的发展与成长。

本书翻译组

目　　录

前言 ··· vii
致谢 ··· xi
编著者 ·· xiii

引言 ·· 1

第一章　拉美中央银行的挑战——过去、现在和未来
哈米德·法鲁金　奎师那·斯里尼瓦桑 ································ 3

第一部分　进展与挑战 ·· 13

第二章　拉丁美洲中央银行的历史透视
路易斯·I. 雅阁美·H ··· 15

第三章　拉丁美洲的中央银行：前进之路
严·卡里尔·斯沃洛　路易斯·雅阁美
尼古拉斯·马古德　亚历杭德罗·维尔纳 ························ 51

第二部分　全球一体化背景下的货币政策独立性 ········· 99

第四章　全球金融一体化对拉丁美洲国家货币政策的影响
严·卡里尔·斯沃洛　贝特朗·格鲁斯 ·························· 101

第五章　美国期限溢价对新兴市场的影响
阿尔贝托·诺顿　安德烈·雅尼 ·································· 132

第六章　货币政策实施过程中的前瞻性指引和审慎性原则
朱利安·安德烈·波拉尼亚 ·· 154

第三部分　宏观审慎政策和货币政策框架 ················· 169

第七章　金融稳定目标：货币政策和宏观审慎政策协同

收益的驱动因素

杰西卡·罗尔丹·佩尼亚　毛里西奥·托里斯·费罗

阿尔贝托·托里斯 …………………………………… 171

第八章　巴西视角下的宏观审慎政策与货币政策的协同效应

法比亚·A. 卡瓦略　马科斯·R. 卡斯特罗 …………… 200

第九章　秘鲁的信贷去美元化实践：条件化准备金的作用

保罗·卡斯蒂略　雨果·维加　恩里克·塞兰

卡洛斯·布尔加 …………………………………… 250

前　言

自全球金融危机以来，中央银行业正在经历一场重大变革。这次危机在中央银行的宗旨、政策工具和目标方面，给各国中央银行行长们带来根本性的挑战。可以说，我们已经从危机中得到了经验教训，并将其补充至中央银行业务手册，然而进一步的完善工作却仍然任重道远，诸如量化宽松、宏观审慎政策，以及后危机时代银行资本构架等政策工具目前仍显稚嫩，全球范围内有关中央银行的准确定位和合适目标的辩论尚在持续。

这场关于中央银行的争论对包括拉丁美洲在内的新兴市场国家也同样重要，这不仅是因为可以吸收借鉴其他经济体的经验教训，也是出于对经济全球化日益深入的考虑。目前，发达经济体和新兴市场经济体共同关注的首要议题就是如何在全球金融市场日趋一体化的环境下制定切实有效的货币政策，并应对随之而来的潜在挑战。

2015年10月，在利马举行的国际货币基金组织和世界银行年会上，我很荣幸地主持了一次专题讨论，拉丁美洲五个主要经济体（巴西、智利、哥伦比亚、墨西哥和秘鲁）中央银行行长从自身视角讨论了中央银行业面临的挑战。我们达成强烈共识，即保持中央银行独立性毋庸置疑是拉丁美洲的一项重大成就，这一成就使得各国在致力于抑制通胀甚至恶性通胀的漫长斗争历史中成功实现了物价稳定。展望未来，我们的担忧已经转向了如何在全球资本市场一体化的世界里抑制通胀。其中一个共同的主题是，美国和许多拉美经济体之间资本流动的波动性和经济周期缺乏同步性。这给一些国家的货币政策独立性带来挑战。

与其他新兴市场相比，拉丁美洲还面临一些特有的挑战，如该地区的汇率弹性更大,因此更易遭受负面贸易条件冲击引发的汇率大幅贬值的影响,并在一定程度上推动通胀率上升。贸易依存度较高的国家也更容易受到贸易条件冲击的影响,进而引发国际收支平衡和财政状况方面的问题。

本书在许多方面具有时效性和重要性。从在利马与五位中央银行行长的讨论中很明显看出,拉丁美洲各国中央银行在履职时必须应对新的挑战,与此同时,许多与中央银行有关的传统范式也在发生变化。新挑战的识别昭示着研究和政策制定的新议程,尤其是在维护金融稳定和遏制国际外溢方面。

对于实行通货膨胀目标制的拉丁美洲各国中央银行,本书汇集了诸如金融市场高度一体化情况下的货币政策自主性和溢出效应等核心问题的讨论,其中包括汇率传递、市场预期管理以及前瞻性指引的运用等问题。

从金融稳定的角度看,拉丁美洲和英国一样,都面临如何适时使用宏观审慎政策并以最佳方式与柔性通胀目标制框架协调一致的难题。但是拉丁美洲各国中央银行面临的挑战也存在一些特殊性,比如境外资本流动对缺乏深度的国内金融市场的影响以及高度美元化对金融体系的影响。

本书还讨论了宏观审慎和货币政策之间的关系——一个在发达国家和新兴市场政策界都备受争议的话题。宏观审慎(连同微观审慎监管)日益被视为用来解决金融稳定问题的首选工具,但是我们使用这类工具的经验还不丰富,还没有通过信贷周期积累足够的证据来对最优策略作出明确的判断。从这个意义上讲,这本书从区域政策制定者和研究者的独特视角对讨论一个尚未定论的话题作出了贡献。

最后,编著一本权威书籍需要大量的分析和协调工作(很多是在幕后),特别是国际货币基金组织的货币与资本市场部门和西半球部门的工作人员为此付出大量心血。此外,国际货币基金组织和拉丁美洲五国中央银行工作人员之间的协同配合为本书所作的贡献

前　言

反映了为建立国际货币基金组织及拉丁美洲各国更密切的知识合作伙伴关系所作出的广泛、认真的努力——这些努力都是我在担任副行长期间所看到的。在某种意义上，这种合作代表了一种深层次接触——国际货币基金组织不是直接提出政策建议，而是作为制定共同政策战略的垫脚石从而建立对这些问题的共识。这是国际货币基金组织寻求更加灵活和一体化、更加关注成员国以期密切联系和服务成员国，从而实现其全球任务的一个范例。

英格兰银行　副行长

米纳琪·夏菲克

致　　谢

非常感谢 Alejandro Werner 和 Jose Vinals 对拉丁美洲中央银行研究，尤其是对这个项目的坚定支持。没有中央银行行长 Agustín Carstens（墨西哥）、Ilan Goldfajn 和 Alexandre Tombini（巴西）、Jose Dario Uribe（哥伦比亚）、Julio Velarde（秘鲁）和 Rodrigo Vergara（智利）的支持，这种合作是不可能完成的。在他们的领导下，各中央银行的高级职员们能够投入宝贵的时间来研究该书中的关键问题。事实上，行长们在 2015 年秘鲁利马国际货币基金组织（IMF）的年度会议上参与了本书有关主题的研讨会，讨论会是由英格兰银行副行长 Minouche Shafik 主持的。

非常感谢 Maria Gutierrez 和 Andrea Herrera 在整个过程中所作的奉献和帮助；感谢 Rocio Arevalo 和 Modupeh Williams 帮助组织了利马研讨会；感谢 Zohair Alam、Steve Brito 和 Genevieve Lindow 在研究上提供的卓越帮助。IMF 宣传部的 Michael Harrup、Joanne Johnson 和 Patricio Loo 为这本书的编辑和制作提供了宝贵的支持和帮助。

编著者

卡洛斯·布尔加是秘鲁中央储备银行货币规划部门的经济学家。

严·卡里尔·斯沃洛是国际货币基金组织西半球部的经济学家。

保罗·卡斯蒂略是秘鲁中央储备银行负责货币政策的副总裁。

法比亚·A. 卡瓦略是巴西中央银行研究部的顾问。

马科斯·R. 卡斯特罗是巴西中央银行研究部的顾问。

哈米德·法鲁金是国际货币基金组织西半球部的负责人。

贝特朗·格鲁斯是国际货币基金组织研究部的经济学家。

路易斯·I. 雅阁美·H 是国际货币基金组织货币和资本市场部的副处长。

尼古拉斯·马古德是国际货币基金组织西半球部的高级经济学家。

阿尔贝托·诺顿是智利中央银行的首席经济学家。

朱利安·安德烈·波拉尼亚是哥伦比亚中央银行研究部的高级研究员。

杰西卡·罗尔丹·佩尼亚是墨西哥中央银行货币研究的经理。

恩里克·塞兰是秘鲁中央储备银行货币规划部的高级经济学家。

奎师那·斯里尼瓦桑是国际货币基金组织西半球部的副主任。

阿尔贝托·托里斯是墨西哥财政部公共信贷主管。在写作的时候，他是墨西哥中央银行的首席经济学家。

毛里西奥·托里斯·费罗是墨西哥中央银行研究部的经济学家。

雨果·维加是秘鲁中央储备银行的货币规划主管。

亚历杭德罗·维尔纳是国际货币基金组织西半球部主任。

安德烈·雅尼是斯坦福大学经济系的研究生。在写作的时候，他是智利中央银行宏观经济分析部门的经济学家。

引　言

第一章 拉美中央银行的挑战
——过去、现在和未来

国际货币基金组织

哈米德·法鲁金　奎师那·斯里尼瓦桑

在2008—2009年的全球金融危机之后,世界很多地区(主要是发达经济体)的中央银行和货币政策都面临着巨大的压力和全新的挑战,这些挑战可以概括为两个主要方面。

首先,在应对危机的过程中,中央银行货币政策工具的创新和操作规模不断扩大。具体来说,非常规的政策措施和沟通策略被大量采用,来防止金融部门崩溃,并在经济复苏乏力、失业率居高不下时支撑经济活动。

其次,随着危机教训的不断总结,人们对中央银行及其货币政策框架进行反思[1],尤其是与金融稳定有关的新目标和新工具。危机使一些人质疑,所实施的超常规货币措施是否仍应作为"正规"货币政策工具箱的一部分。除此之外,还有关于制度安排上的广泛讨论,如中央银行是否应该负责监管金融机构(银行和非银行机构),还是应该把监管职责赋予其他机构。

在产出急剧下滑,而通胀却保持稳定的形势下,中央银行为了应对危机,将政策利率调低至零附近。主要发达经济体的常规政策空间迅速耗尽。为支持和改善脆弱的经济复苏(大部分是加在货币政策上的负担),各国中央银行不得不即兴发挥,诉诸一系列从量化宽松到负利率的非常规政策。[2] 很多应对措施都是新的,且它们

---

[1] 参见Blanchard等(2012)和Akerlof等(2014)的讨论。

[2] 参见Blanchard等(2012)。

的有效性尚未明确，有些还模糊了货币政策和财政政策之间的界限，这带来了可能损害中央银行独立性的长期风险（如准财政成本）。与此同时，政策不作为风险也过高。在政策利率接近零的情况下，政策沟通方面也面临着不同寻常的挑战。几家中央银行尝试着推出前瞻性指引，以帮助市场形成未来政策调整的预期，进一步刺激因私人支出持续疲弱而不振的国内需求。

除了这些政策挑战，中央银行业务模式本身也在危机后被重新评估。具体来说，人们对通胀目标制（单一目标和单一工具）产生了质疑。回顾历史可以发现，价格和产出的稳定并不足以确保金融稳定。许多人都对是否需要多元化的目标和多样化的工具存有疑问，对哪些目标和工具可以构成恰当的组合更是缺乏共识（Akerlof 等，2014），但问题的四条主线已经呈现：

1. 政策在应对资产价格变化和维护金融稳定上，是否应该更加积极主动（即"逆周期货币政策"）？

2. 如果是，应该由中央银行承担（扩大授权），还是将这一任务指派给其他机构？

3. 这些政策应该如何实施？更具体地说，什么样的工具选择是最有效的？

4. 考虑到相互作用的问题，宏观审慎和货币政策应如何协调？[①]

此外，鉴于全球范围内超常规宽松货币政策仍在使用，人们对道德风险（即过度冒险）的担忧仍在持续。考虑到依然脆弱的经济复苏以及支持经济增长与管理风险之间的权衡，当前政策（包括利率）要如何调整才能减少危及金融稳定的风险是一个问题。最后，在这一背景下，由于主要中央银行实施的货币政策（尤其是通过资本流动和汇率途径）会引发国际溢出效应，已经有一些新的声音呼吁，货币政策应该有更多协调和更好的"博弈规则"。

---

① 一些人认为，微观审慎政策（即对个别金融机构的监管和监督）可能过于狭隘，在考虑到存在系统重要性机构、金融公司之间的相互影响以及金融与实体行业之间的相互影响时，应努力与其他政策进行协调。参见 Akerlof 等人（2014）。

第一章 拉美中央银行的挑战

自全球金融危机以来，人们对新兴市场国家中央银行面临的挑战及其政策框架的反思相对较少。部分原因是，这些经济体并没有处在危机的中心。① 此外，拉美国家中央银行在20世纪90年代正式过渡到实行通货膨胀目标制的框架，并保持了物价稳定，这种转型非常成功。因此，拉美的焦点问题仍然是维护好这些成果。也就是说，两个基本问题都有力地表明，在全球金融危机背景下，许多中央银行出现的担忧对包括拉美国家在内的新兴市场也同样重要，需要重新进行思考。

第一，货币政策的溢出效应和相互依赖性在危机期间和随后的"量化宽松缩减恐慌症"期表现得很明显，这在日益全球化的金融体系中引起了大家对地区货币自主权程度的关注（Rey）②。的确，人们可以认为最近拉美国家的一些货币政策决策，更多地是为了应对外部环境的变化而非国内紧急情况。正如上面提到的，一些人在这种情况下认为，世界主要中央银行的非常规货币政策带来的跨境意外后果，可能会超过其国内收益，这就要求制定更强有力的货币政策博弈规则（Rajan）③。

第二，考虑到该地区普遍实行通货膨胀目标制，以及国内和外部金融发展的重要性，拉美国家在如何最好地维护金融稳定上出现了同样的问题。具体来说，拉美国家一直在努力建设更全面、更深入、更包容的金融体系，这可能会引发金融稳定隐忧。与此同时，新兴市场国家在发达经济体异常宽松的货币政策背景下，正在应对反复无常的资本流动情况，这往往伴随着繁荣—萧条周期和金融不稳定的风险。这也引发了对在这一政策领域恰当使用资本流动管理

---

① 在雷曼事件发生后不久，美联储就进入政策反应的最前沿，并引入了多种流动性工具（如信贷宽松）以支持混乱的金融市场。包括新兴市场在内的其他中央银行在危机早期也面临着挑战。例如，与美联储的美元互换被用于解决美元流动性短缺和几个融资市场的中断问题。

② 参见 Rey（2013）。

③ Rajan 和 Mishra（2016）质疑发达经济体中央银行是否有能力在这一阶段有效地刺激国内需求，通过"以邻为壑"的持续刺激是否弊大于利。在这种情况下，他们呼吁建立中央银行之间的"博弈规则"。

措施的反思，这比其他领域更为重要①。由于这些原因，在后金融危机时期，新兴市场中央银行需要花费更多精力以应对几个关键层面出现的政策挑战。

本书反映了在应对中央银行挑战中，多方协助我们缩小知识差距的努力。它呈现了从拉美地区主要中央银行到国际货币基金组织工作人员对所面临的关键挑战的看法。该项目始于2014年秋季，当时国际货币基金组织工作人员接触了巴西、智利、哥伦比亚、墨西哥和秘鲁五大中央银行的首席经济学家，并邀请了他们的工作人员为出版本书进行共同研究。2015年10月，在秘鲁利马举行的国际货币基金组织—世界银行年会上，五名理事参加了有关该地区中央银行所面临挑战的研讨会。

路线图

本书分为三个部分。第一部分概述了拉美各国中央银行迄今所取得的政策进展情况以及当前的挑战。具体来说，这一部分概述了该地区中央银行在过去一个世纪演变的历史背景，并概述了货币当局在金融全球化过程中所面临的政策挑战。第二部分的三章，是国际货币基金组织和该地区中央银行工作人员对溢出效应和货币政策独立性相关问题进行的充分研究。最后一部分是由三家中央银行的员工从他们自己的视角来重新审视宏观审慎、货币政策和政策框架。这三个部分的主要内容总结如下。

一、过去的进展和未来的挑战

要了解拉美各国中央银行未来面临的挑战，首先要了解多年来这些机构的历史背景和政策进展，即它们是怎么走到这一步的。在

---

① 参见 Ostry 等人（2011）和 Ostry 等人（2015）。

第二章中,路易斯·雅阁美介绍了这些中央银行自 20 世纪 20 年代创立以来制度安排和绩效的历史演变。值得注意的是,拉美国家花了大约 80 年时间才实现了较低而稳定的通货膨胀水平。在这条漫长而曲折的道路上,中央银行被指派了不同的任务,政府也在不同程度上影响了货币政策。结果,许多国家经历了高通胀或恶性通货膨胀时期。然而,20 世纪 90 年代是该地区的一个转折点,因为中央银行被越来越多地授予政治和经营自主权,以将职责主要(甚至是唯一)聚焦在控制通货膨胀上。随着这一制度的改革和其后以对抗通胀为目标的前瞻性货币政策的出台,许多中央银行实现了稳定价格的目标。

拉美中央银行为成功应对全球金融危机作出了决定性的贡献。话虽如此,这场危机可能会为该地区的中央银行开启一个新时代——在许多发达经济体中,中央银行被要求通过扩大资产负债表及维护金融稳定来为经济活动提供特别支持。拉美中央银行所面临的挑战是如何避免新的制度和政策框架削弱其自主权和职责,以及如何维持其在抗击通胀中赢得的来之不易的信誉。

在这一历史背景下,亚历杭德罗·维尔纳、路易斯·雅阁美、严·卡里尔·斯沃洛和尼古拉斯·马古德在第三章概括了拉美各国中央银行未来所面临的主要挑战,这是建立在已实现物价稳定这一重大进展基础上的。随着全球金融危机的爆发,各国中央银行所扮演的角色和运用的工具都在扩张,这些政策制定者将要面对新的挑战。这一章讨论了有助于加强通胀目标制作为名义锚的操作和沟通问题,并重新审视拉美地区五大经济体的汇率和中央银行干预货币市场的作用。

二、溢出效应和货币自主权

随着危机后非常规货币政策的持续以及随后出现的市场波动情况(如美国量化宽松缩减恐慌症),新兴市场的金融溢出效应和地区货币政策独立性仍是关注重点。① 例如，Rey（2013）挑战了"不可能三角"——独立货币政策、资本自由流动性和固定汇率——的传统观点，在这一"政策困境"中，中央银行必须在独立的货币政策和开放的资本账户之间作出选择。这种观点隐含的意思是，对那些金融一体化的经济体来说，全球金融周期是当地货币和金融环境的重要驱动力，会削弱国内货币政策实施效果，或者使得货币政策决策变得复杂。

在第四章中，严·卡里尔·斯沃洛和贝特朗·格鲁斯重新审视了拉美货币政策的独立性问题。在过去的几十年里，该地区开始着手取消对国际资本流动的限制，从固定汇率制转向浮动汇率制，并将通货膨胀目标作为名义锚。通过更好地锚定通胀预期，新的政策框架带来了更大的货币自主权和汇率传递效应的下降（在许多国家，货币贬值的第二轮效应是无法察觉的）。与此相一致的是，这一章发现各国在利率上的巨大相关性并不必然反映货币自主权的缺失，很大程度上，这是经济周期共振的结果。这并不意味着，金融溢出与该地区无关，例如美国期限溢价变化对国内长期利率的溢出效应可能很大。此外，一些拉美经济体并不能完全独立地谋求实现国内产出和价格稳定的目标，在某种程度上，由于金融美元化程度及其名义锚的可信度，它们不得不遵循外部信号。然而，通过精心设计和实施其政策框架，拉美中央银行即使面对全球金融环境的变化，也可以享受巨大的货币政策独立性，从而实现其国内目标。

在第五章中，阿尔贝托·诺顿和安德烈·雅尼研究了全球金融周期对小型和开放经济体及其货币政策的宏观经济影响。为了解决这个问题，他们研究了9个小型的开放型经济体和美国的长期利率，并将这些利率分解为两部分——短期利率预期路径和期限溢价。前者与未来的货币政策路径密切相关，后者受到包括溢出效应等在内的金融因素的影响。这一分析表明，美国长期利率和期限溢价的上

---

① 参见 Sahay 等人（2014）在"量化宽松缩减恐慌症"期间对新兴市场跨境效应和政策反应的研究。

升,将明显地"传递"至当地金融环境中。这些影响在拉美可能比在其他新兴市场地区更强。总体上看,全球金融周期可能对小型开放型新兴市场经济体产生重大影响,并可能给中央银行带来金融稳定方面的权衡问题。随着美国货币政策逐步正常化,这个问题将越来越重要。

在第六章中,朱利安·安德烈·波拉尼亚研究了中央银行的沟通问题,探索了前瞻性指引的作用(即承诺未来政策利率)以及在不确定情况下货币政策的制定。他认为,无条件的基于时间的前瞻性指引只有在最严重的零利率下限情况下才能提高福利水平,而且也只能在这些特殊的情况下得以保留。考虑到要应对不确定性,谨慎的中央银行可能会或多或少地根据信号的清晰度(例如测量误差的波动性)、市场的前瞻性程度以及中央银行的风险规避程度改变其政策利率,以应对需求冲击。

三、宏观审慎和货币政策框架

全球金融危机的一个核心教训是,物价稳定(如通货膨胀目标制)本身并不足以保证宏观经济和金融稳定。这一发现也适用于拉美,本国的金融深化和外国资本流动会在当地金融市场引发不稳定风险。因此,要维护金融稳定,就应更加关注宏观审慎框架和工具的运用。那么,货币政策和宏观审慎政策应该如何互相影响,如何应用到拉美国家以实现价格和金融稳定的双重目标?

在第七章中,杰西卡·罗尔丹·佩尼亚、毛里西奥·托里斯·费罗和阿尔贝托·托里斯研究了追求通货膨胀目标与金融稳定目标之间的权衡问题。首先,他们对墨西哥运用简化政策框架的分析发现,当实行逆周期货币政策以减少金融变量的波动时,通胀和产出的波动性都将变大。也就是说,使用单一的政策工具可能存在一个权衡(尤其是在金融冲击更为普遍的时候)。权衡的程度取决于货币政策信贷传导渠道的有效性,例如信贷和利差的变化对宏观经济变量的影响。这为宏观审慎政策作为第二政策工具以及政策工具协调开启了大门，但从协调中获得的收益并不一定很大。宏观审慎政策对信贷利差的影响越大，协调收益越大。这一结论至少在以下几个方面突出了进一步加强研究的重要性：理解信贷动态情况下的银行行为和毛利率，金融体系在形成对实体经济金融冲击的放大和持续效应上的特征，以及如何提高宏观审慎工具有效性。

在第八章中，法比亚·A. 卡瓦略和马科斯·R. 卡斯特罗指出，巴西的信贷周期似乎受到金融深化、外国资本流动和财政政策的显著影响。这些因素可能会造成国内金融脆弱性，并对中央银行制定的应对政策构成挑战。巴西金融深化来自科技进步所带来的金融包容性、收入分配政策以及国有银行的信贷政策。但在金融脆弱性方面，巴西家庭的负债大幅增加，信贷发放速度加快。在许多情况下，巴西使用了关键政策工具（如准备金要求）用于宏观审慎目标，有些还是逆周期的。然而，当相关政策宣示与货币政策不同步时，锚定的通胀预期就会受到挑战。这强调了改进中央银行政策意图沟通的重要性。这一章通过研究宏观审慎政策和货币政策的不同组合对金融周期的反应，发现越简单的规则越容易实施（如准备金要求、风险权重因素和货币政策），这些规则还可以取得与更全面的政策工具组合相近的效果。

在这本书的最后一章里，保罗·卡斯蒂略、雨果·维加、恩里克·塞兰和卡洛斯·布尔加研究了秘鲁在金融美元化背景下货币政策和宏观审慎政策的相互作用。对于一个金融高度美元化的经济体，汇率的大幅贬值会提高企业的违约率，影响借款人的资产负债表。从某种意义上说，一些国内经济主体存在的资产负债表货币错配会对整个金融体系产生外部性。与其他实行通胀目标制的中央银行相比，秘鲁的货币政策当局需要考虑美元化对货币传导和金融稳定的影响。特别是，汇率波动或外汇流动性冲击诱发的流动性和信贷风险与国内金融稳定密切相关。重要的工具包括提高外汇负债的准备金要求、持有国际储备以及在汇率现货和远期市场进行干预。这一章评估了旨在减少信贷美元化的非常规货币政策工具的使用。这些经验表明，自2010年以来采取的高的准备金要求、逆周期政策以及自2013年以来中央银行实施的去美元化计划，都在秘鲁产生了有益的影响。此外，旨在减少诸如信贷美元化等脆弱性的措施增强了金融稳定性，从而为货币政策发挥其传统作用创造了空间。

参考文献

［1］Akerlof, G., O. Blanchard, D. Romer, and J. Stiglitz. 2014. What Have We Learned? Cambridge, Massachusetts: MIT Press.

［2］Blanchard, O., D. Romer, M. Spence, and J. Stiglitz. 2012. In the Wake of the Crisis. Cambridge, Massachusetts: MIT Press.

［3］Ostry, J. D., A. R. Ghosh, M. Chamon, and M. S. Qureshi. 2015. Capital Controls. London: Edward Elgar.

［4］Ostry, J. D., A. R. Ghosh, K. Habermeier, L. Laeven, M. Chamon, M. S. Qureshi, and A. Kokenyne. 2011. "Managing Capital Inflows: What Tools to Use?", IMF Staff Discussion Note 11/6, International Monetary Fund, Washington, DC.

［5］Rajan, R., and P. Mishra. 2016. "Rules of the Monetary Game", Reserve Bank of India. Unpublished.

［6］Rey, H. 2013. "Dilemma Not Trilemma: The Global Financial Cycle and Monetary Policy Independence", In Proceedings from the 2013 Federal Reserve Bank of Kansas City Economic Policy Symposium, Jackson Hole, Wyoming, August 22 – 24.

［7］Sahay, R., V. Arora, T. Arvanitis, H. Faruqee, P. N'Diaye, and T. Mancini – Griffoli. 2014. "Emerging Market Volatility: Lessons from the Taper Tantrum", IMF Staff Discussion Note 14/9, International Monetary Fund, Washington, DC.

第一部分
进展与挑战

第二章 拉丁美洲中央银行的历史透视[①]

国际货币基金组织

路易斯·I. 雅阁美·H

本章的主要目的是分析拉丁美洲中央银行的历史演变,并以此作为本书后续章节的背景知识。本章将描述自20世纪20年代拉丁美洲中央银行成立以来,作为货币政策的主要驱动因素的制度安排和政策框架的不断演变。这里强调了一个事实:21世纪以前货币政策在控制通货膨胀方面并没有取得较好的结果。该情况一直到2000年后中央银行拥有明确的政策授权并获得政治独立性才得以改善。

根据Jácome(2015)的观点,中央银行的发展进程从历史上分为三个主要时期:(1)萌芽时期,从20世纪20年代到第二次世界大战结束,在此时期,拉美国家一直采取金本位;(2)发展时期,从第二次世界大战后到90年代初,在政府主导下,中央银行转变为发展银行;(3)黄金时期,从20年前持续至今,在这一阶段中央银行享有政策独立性并实现物价稳定。

在这三个时期之间还出现过短暂的过渡阶段。首先,金本位制度在20世纪30年代初崩溃,随着本国货币与黄金之间的可兑换性被废除,货币政策也进入了空窗期。这一过渡期延续到20世纪40年代中期布雷顿森林体系重建,货币恢复了可兑换性。该时期本国货币是通过美元与黄金挂钩。第二个过渡期出现在20世纪70年代初布雷顿森林体系崩溃后,各国货币不再通过美元与黄金挂钩,而是可以自由选择任何汇率制度。这一过渡阶段在20世纪90年代被

[①] 本章初稿得益于众多前人的观点,包括Ana Corbacho、Nicolás Magud、Miguel Savastano、rishna Srinivasan,以及2015年拉丁美洲和加勒比经济协会会议的参与者。

一种新的范式所取代,即中央银行被赋予政策独立权,以便于更好地在弹性汇率制和开放资本账户的环境中应对通货膨胀。

拉丁美洲的中央银行可能将会进入一个新的转变期,发达经济体在全球金融危机之后也正在进行着类似的转变。新的中央银行蓝图强调中央银行在维护系统性金融稳定和促进经济发展方面要发挥更大的作用①。拉丁美洲的中央银行很可能也将顺应这一趋势。与此同时,拉美地区的中央银行面临着一个挑战:在一个高度动荡的资本流动世界中如何保持货币政策的独立性。

本章的下一节从历史的角度审视拉丁美洲货币政策的制度基础变化,对三个历史时期的货币政策框架进行描述。紧接着,本章将中央银行的制度和政策上的变化与拉丁美洲通货膨胀的历史表现相对应,然后给出一些结论性的评价。

货币政策制度基础的演变

拉丁美洲的第一批中央银行建立于 20 世纪 20 年代。货币政策的制度基础反映了当时盛行的金本位制度②,以及建立具有垄断货币发行权的中央银行所体现的政治经济学(见专栏 2.1)。从那时起,中央银行的制度基础随着时间的推移而变化,主要受国内经济变量的影响,但同时也受国际学术趋势的影响。本节主要分析拉丁美洲的货币政策在历史上是如何随着中央银行不断变化的任务和管理安排而进行演变的。

---

① 这场危机引发了一场关于货币政策在维持价格稳定这一首要职责之外的新角色的辩论。普遍的看法是,在危机爆发前,金融脆弱性没有得到抑制。各国中央银行因未能采取行动阻止危机而受到指责,原因在于它们的狭义授权,即赋予它们在维护系统性金融稳定方面的有限责任。在金融危机的余波中,人们对仍在许多发达经济体中盛行的淡定式复苏感到不满。当时考虑到的替代方案之一是将经济增长纳入货币政策重点目标当中。

② "金本位"一词贯穿本章,但它实际上是大多数拉丁美洲国家真正认可的"黄金兑换标准"。"黄金兑换标准"允许各国将国内银行票据兑换成外币计价的汇票,后者能够以固定汇率兑换成黄金。

专栏2.1　拉丁美洲中央银行的起源

拉丁美洲第一批中央银行建立的时候，世界各国也达成了需要建立中央银行的共识。第一个拉美中央银行是秘鲁储备银行，成立于1922年，其次是哥伦比亚共和国银行，成立于1923年。智利和墨西哥于1925年成立了中央银行，随后危地马拉、厄瓜多尔和玻利维亚的中央银行分别在1926年、1927年和1929年成立。1920年布鲁塞尔国际金融会议和1922年热那亚会议都推动了（该会议提议各国认可金本位制）中央银行的建立。这些中央银行遵守金本位制度，承诺维持货币与黄金的可兑换性。

在引进外国专家提供专业性咨询之前，拉丁美洲建立中央银行的多次尝试都以失败告终。这并不奇怪，因为如果让中央银行垄断货币发行会损害当前与发行合法货币相关的既得利益者的利益，这些既得利益者会对银行股东施予很强的政策影响力。为了打破这种僵局，有关方面会召集外国专家，为建立中央银行的改革进程提供专业知识以及他们的公信力。各种各样的专家代表团在20世纪20年代和30年代初期在哥伦比亚、智利、厄瓜多尔、玻利维亚、危地马拉和秘鲁的中央银行改革中起到重要作用（见注释）。专家对各国提出相同的建议，即创建垄断货币发行的中央银行，实施金本位制以稳定本国货币的价值，引入一个单独的机构进行银行规范的立法和监督，以及改革公共财政使之与保持币值稳定的目标相一致。

注：Edwin W. Kemmerer是普林斯顿大学的经济学教授，他曾在1917年至1930年带领7个拉美国家的专家代表团，就货币和金融领域的问题提供咨询。

职能

随着时间的推移,拉丁美洲中央银行的职能发生了重大变化(见图2.1)。在大多数国家,中央银行设立之初就是为了实现三个主要目标:(1)保持货币稳定;(2)在有限度的范围内为政府提供资金;(3)致力于维持健全的银行体系(见附录2.1)。货币稳定使在金本位制度下,货币能够有序发行,这也将确保汇率的稳定,并最终形成低通胀的环境①。

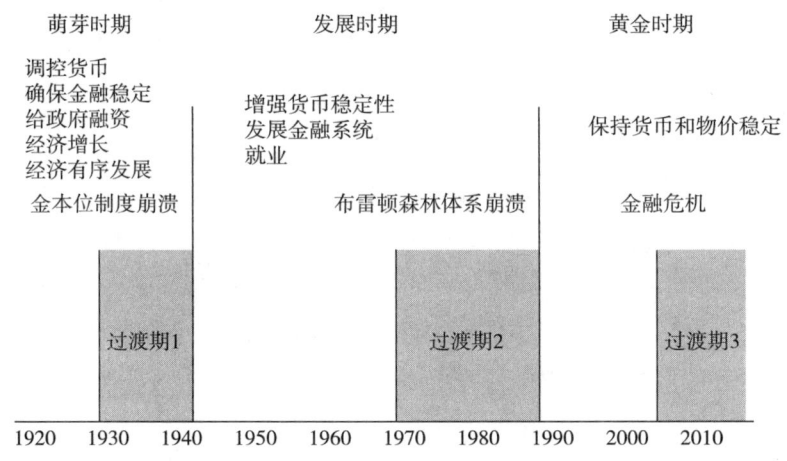

图2.1 拉丁美洲各国中央银行任务的演变

中央银行向政府提供资金的行为虽然是允许的,但同时也受到法律的限制,以避免商业银行频繁地(经常也是被迫地)向政府提供融资来换取发行本国货币特权的这一现象。与之相反,现在的中央银行为维护金融稳定的需要,要求商业银行要在健全的金融基础

---

① 国家根据与金本位制相关的规则来决定汇率。每种货币的价值以其所含的黄金数量来衡量,而且这些价值在各国之间有所不同,因此可以建立双边汇率。例如,厄瓜多尔的苏克雷在1927年包含0.300933克纯金,而美元包含1.504665克纯金。因此,汇率是5苏克雷/美元(Carbo,1978)。相似地,智利比索包含0.183057克纯金,其汇率就大约是8比索/美元。(Carrasco,2009)。

下才能开展再贴现业务①。出于同样的目的，中央银行被指定为最后贷款人。当商业银行面临流动性短缺时，中央银行有权提供流动资金，但根据银行业管理局的规定，这些流动性受损的银行必须拥有足够的偿债能力。银行微观监管和宏观监管被分配给不同的机构，中央银行主要负责货币政策，只有有限的监管权力（Jácome、Nier 和 Imam 在 2012 年提出的"太平洋模式"）。

随着 20 世纪 30 年代初期金本位制的崩溃，拉丁美洲的中央银行和世界其他地方的中央银行一样，不再致力于维持本国货币的可兑换性。在这一短时期内，第二批中央银行成立，包括萨尔瓦多（1934 年）、阿根廷（1935 年）和委内瑞拉（1939 年）②。中央银行立法有所调整，以适应金本位制崩溃后的新情况。阿根廷共和国中央银行不必维持货币可兑换性，就有更大的空间用于发行货币，因此它也拥有管理货币和监管信贷这一职能（见附录 2.1）。萨尔瓦多中央储备银行也拥有类似的职能。阿根廷共和国中央银行还需要建立国际储备金来缓冲外部冲击所带来的不利影响，它是拥有维持货币价值这一职能的先驱。此外，它也是第一个同时负责银行微观监管和宏观监管的中央银行。拉美的其他国家随后也建立了类似的组织机构（巴西、巴拉圭和乌拉圭），也就是 Jácome、Nier 和 Imam（2012）提出的"大西洋模式"。

随着第二次世界大战的结束和布雷顿森林体系协议的确立，新的中央银行时代开始了。新的国际货币体系是以美元兑换成固定价值黄金为基础的。在更广泛的背景下，凯恩斯主义思潮在当时颇具影响力，导致政府更多地干预经济。政府的干预也涉及货币政策，用于财政支出和支持"进口替代工业化"，这一时期拉丁美洲的几个国家都采取这一发展战略。

---

① 各国中央银行还可以向公众（智利、哥伦比亚、厄瓜多尔、墨西哥和秘鲁等地只到 1932 年）贴现票据，尽管在实际操作中，这些交易规模很小。

② 和以前一样，这些中央银行的成立受到外来专家的影响。来自英国银行的 Otto Niemeyer 和 Frederick Powell 访问阿根廷和萨尔瓦多，来自智利中央银行的 Hermann Max 则向委内瑞拉提供建议。

在此期间，有一批新的中央银行诞生，并发生了一波中央银行改革浪潮。新成立中央银行的国家包括20世纪40年代的古巴和多米尼加共和国，以及50年代的哥斯达黎加、洪都拉斯、尼加拉瓜和巴拉圭。到了60年代，巴西中央银行和乌拉圭中央银行最终成为独立的中央银行①。它们通常负责制定货币政策、信贷政策和汇率政策，以促进经济增长并防止通货膨胀为目标。这一阶段的中央银行改革反映了一种普遍意识，即以前的立法通过限制政府对货币政策的影响，来限制新的经济战略②。和先前一样，这些改革采纳了外国专家提出的一些建议。尤其是美国联邦储备局的 Robert Triffin，他影响了20世纪40年代中期在危地马拉及随后的厄瓜多尔的改革，也影响了多米尼加共和国、洪都拉斯和巴拉圭中央银行的建立③。Triffin 反对在先前的法律中嵌入被动性的货币政策，因为这样会放大外部冲击。相反，他建议通过立法来支持经济发展，让中央银行采取逆周期的政策来缓和动荡的外部环境。

实际上，中央银行在很大程度上成为一家以促进经济增长和为政府提供资金为目标，并以牺牲物价稳定为代价的发展型机构，虽然一些新的中央银行法律也提及通货膨胀（例如要求中央银行"防止通货膨胀和通货紧缩趋势"），但货币政策的首要政策目标一般是促进经济发展，例如智利、哥伦比亚和秘鲁。而在阿根廷，中央银行的目标则变成维持高水平的就业和高货币购买力。墨西哥中央银行则以促进货币购买力、金融体系发展和经济健康增长的三重目标来制定货币、信贷和汇率政策（见附录2.2）。

1971年，布雷顿森林体系名存实亡，这标志着一个国家能自主

---

① 在那之前，身为国有银行的巴西银行和乌拉圭银行同时履行商业银行和中央银行的职责。

② 在某些情况下，新的立法是必要的。因为在之前的法律中，有关中央银行的存在性的条款已经过期。各国先后对本国的中央银行法进行修改。阿根廷、玻利维亚、厄瓜多尔和危地马拉在20世纪40年代中后期，而智利和哥伦比亚则在20世纪50年代，萨尔瓦多、秘鲁和委内瑞拉则在20世纪60年代。

③ 随后，同样来自美联储的 Grove 代表团继承了 Triffin 代表团。Grove 针对哥伦比亚共和国银行的改革提出了相似的建议。

选择汇率制度的时代的开始，一个新的过渡时期到来（即过渡期2）。在拉丁美洲的一些国家，特别是南锥体国家①，政府在宽松的货币政策支持下实施了民粹主义宏观经济政策②。例如，在阿根廷，政府推行了一项意义深远的改革，其中包括银行体系国有化和新的中央银行法，该法将货币政策完全置于政府控制之下。中央银行在政府的具体指导下向私营部门提供信贷，以"增加生产力，保障生活水平和民众幸福感"③。智利在1973年社会主义政府瓦解后，颁布了一项新的中央银行法，尽管该法令没有打上"经济民粹主义"的特征，但该法令仍将货币政策置于政府控制之下。20世纪80年代，宏观经济不稳定蔓延到该地区大多数国家，但中央银行的目标在此十年中没有发生重大变化。

20世纪90年代标志着拉丁美洲货币政策的转折点。在过去超过50年的时间内，中央银行承担多项任务，且政府会影响其政策决策。此后，中央银行获得了政策及运营上的自主权，将首要关注点（甚至是唯一的关注点）放在通货膨胀上（见附录2.3）。于是，中央银行不再对经济增长负直接责任。相反，货币政策的目标是确保较低而稳定的通货膨胀率，以减少消费者和投资者决策的不确定性，并以此作为经济可持续增长的先决条件，财政政策也朝此方向努力。各国政府开始对公共部门赤字严格控制，打破了过去政府经常向中央银行融资的情况（通货膨胀的主要历史根源）。此外，从20世纪80年代后半期开始实施的结构性改革有助于优化资源配置，从而减少通货膨胀④。

---

① 南锥体指南美洲最南部的地区，涵盖的国家包括智利、阿根廷、乌拉圭，有时也包括巴西南部、东南部和巴拉圭。

② Dornbusch 和 Edwards 给"经济民粹主义"下了定义。经济民粹主义是一种政策，它强调经济增长和收入分配，不再强调通货膨胀和财政赤字、外部约束，以及经济主体对非市场政策的反应。

③ 见阿根廷中央银行1973年年报。

④ 见 Lora（2001）关于拉丁美洲结构性改革成效的分析，以及 Jácome 和 Vázquez（2008）关于结构性改革对降低通胀的正面影响的经验证据。

表 2.1　部分国家中央银行所有权和董事会成员的各个发展阶段

	政府所有权	政府/私营部门所有权	私营部门所有权
主要由政府组成	阿根廷、哥斯达黎加、多米尼加共和国、危地马拉	委内瑞拉	哥伦比亚
由政府和私营部门组成	秘鲁	智利、厄瓜多尔、墨西哥	萨尔瓦多

数据来源：阿根廷：第 25.120 号法令（1949 年）；智利：第 11151 号法令（1953 年）；哥伦比亚：法令 756 DE（1951 年），第 21 号法令（1963 年），第 2206 号法令（1963 年）；哥斯达黎加：第 1130 号法令（1950 年）；多米尼加共和国：法令 1529（1947 年）；厄瓜多尔：货币制度法（1948 年）；萨尔瓦多：第 64 号法令（1952 年）；危地马拉：第 215 号法令（1945 年）；墨西哥：墨西哥银行组织法（1985 年）；秘鲁：组织法 13958 号（1962 年）；委内瑞拉：委内瑞拉中央银行法（1960 年）。

治理结构

随着中央银行的任务在不同时代发生的改变，它们的治理结构也相应地进行了调整。在早期，中央银行通过一名经理来执行由董事会批准的政策，董事会成员通常包括政府和私人银行的代表（见附录 2.1）。一些国家（如智利和厄瓜多尔）的商业协会和劳工组织也在中央银行董事会中任职，而在哥伦比亚，其中一名董事会成员代表普通公民。在 20 世纪 30 年代成立的中央银行中，董事会的组成相似。阿根廷共和国中央银行的董事会具有广泛的代表性，包括行政部门、国有银行（全国性和地方性）、私营银行（本国银行和外资银行）和商业协会。这种广泛的代表性与中央银行的所有权有关，中央银行的所有权在多数情况下包括政府、银行系统和普通民众。

在发展时期（上文提到的第二个阶段），除了少数国家外，中央银行的治理结构并没有伴随其职责的调整而改变。在大多数情况下，中央银行的董事会仍然由政府和私营部门代表组成（见附录 2.2）。阿根廷和哥伦比亚则是例外（尤其是哥伦比亚）。在阿根廷，虽然私营部门仍在中央银行的董事会，但其代表由中央银行行政机关任命。而哥伦比亚设立了一个货币委员会，由财政部长担任主席，委员会成员由主管经济问题的内阁成员以及共和国银行（哥伦比亚中央银行）行长组成。有趣的是，董事会成员并没有反映中央银行的所有权，而在某些国家，中央银行完全是政府所有的。中央银行董事会成员和所有权有各种组合（见表2.1）。在整个发展阶段，中央银行的董事会保持了包括商业银行和商业协会在内的私人部门的代表性，这与中央银行在商业银行信贷分配的政策和经济发展的政策有关。到20世纪70年代，该地区的所有中央银行都已为政府所有。

20世纪90年代拉丁美洲中央银行立法改革使它们的治理安排发生了急剧的变化。在绝大多数国家，中央银行由任期4年到10年不等（有时以轮换形式出任）的技术官员[①]组成的全职董事会管理，不再包括政府和私营部门代表（见附录2.3）。因此，中央银行能够制定超出任期的长远的货币政策。通常，新的法律要求中央银行董事会不对政府负责。此外，在大多数情况下，改革对董事会成员退出进行了约束和限制，除非是通过立法或司法部门批准，以严格法律程序进行免职。

独立性

虽然中央银行最初并没有成为政治上独立的机构，但实际上它们享有业务上的独立性。由于中央银行董事会成员的多样化，法律制定者们试图建立制衡和约束关系，阻止任何一个政党（无论是公共部门还是私人部门）控制中央银行的决策。此外，虽然货币政策是政府广义经济政策的一部分，但货币的发行受到金本位相关规则的限制（本章后续会对该部分作进一步解释）。此外，政府和商业

---

① 董事会成员被任命要经过两个步骤：行政部门的提名和议会的任命。

银行在获得中央银行的贷款时也受到某些操作上的限制，以保护中央银行的资产负债表①。

金本位制取消之后，这种业务上的独立性有所削弱。货币发行方面的限制越来越宽松，一些国家的中央银行对政府的信贷开始增加。为了将拉美经济体在大萧条时期从崩溃边缘拉回，在一开始扩大中央银行资产负债表是有必要的，但之后各国政府沉迷于从中央银行融资，从而削弱了中央银行的独立性。

在发展阶段，中央银行几乎失去了独立性。由于新立法修改了一些中央银行的治理结构，且银行的政策目标发生了变化，政府和国有金融机构的代表人构成了中央银行的董事会。此外，行政部门直接参与到货币政策的制定和决策当中②。结果，中央银行通过银行体系将信贷扩张到政府选定的优先领域，扩大了对政府支出的融资。

在20世纪70年代早期布雷顿森林体系崩溃后各国政府对中央银行的控制不断加深，一直延续到20世纪80年代末。20世纪70年代，财政主导地位显著加强，特别是南锥体国家，这些国家的中央银行为平民政府服务。在智利，财政赤字在1973年占到GDP的30%（Corbo和Hernandez，2005），而阿根廷中央银行对政府的贷款在1973年增长了将近130%，远高于同年60%的通货膨胀率③。20世纪80年代，随着各国政府决定大规模使用中央银行资金以应对系统性金融危机，"金融主导派"空前强大。

在20世纪90年代，历经50多年的拉美中央银行肩负多重目标，政府给予它们的政策上和业务上的独立性主要（有时甚至是完全）聚焦在遏制通货膨胀上。各国认为货币政策对经济增长的主要贡献是实现

---

① 例如，中央银行对政府部门（包括当地政府和事业单位）的贷款不能超过资本的20%。如果经过中央银行董事会10个成员中8个成员的同意，这个限制可以提升到30%（Carrasco，2009）。在哥伦比亚，这个限制最初是中央银行资本的30%，然后在1930年提升到45%（共和国银行网站）。另外，在墨西哥，再贴现的数量不能超过中央银行资本的10%。

② 例如，在阿根廷，国家经济委员会在1947年开始被赋予制定信贷制度的职责，而中央银行则有执行这些决定的责任。此外，1949年对中央银行法的改革使得财政部长成为中央银行董事会的主席。相似地，智利从1953年开始，准备金要求需要财政部长通过。

③ 见阿根廷中央银行1973年年报。

第二章　拉丁美洲中央银行的历史透视

和保持低的通货膨胀。在一个饱受数十年高通胀冲击的地区，必须进行全面的货币改革。因此，在20世纪90年代到21世纪初，除了巴西之外的其余拉美中央银行纷纷批准新的中央银行法，该法是由智利在1989年首先提出的[①]。所有拉美中央银行的独立性是此次改革的支柱，作为能够避免因政治因素影响货币政策而产生的通胀偏差的方法[②]。

虽然新的中央银行立法范围在各国不尽相同，但它们有四个共同要素。首先，中央银行的单一或首要目标是保持价格稳定[③]。其次，在制定货币政策方面中央银行被赋予独立性，目的是让货币政策脱离竞选结果的影响。新的法律要求中央银行的董事会独立于政府以及私营部门，并对董事会成员的退出有严格限制。再次，中央银行获准实行独立的货币政策，可以不受政府干预地提高或降低短期利率，用于收紧或放松货币政策。新立法还限制甚至禁止中央银行为政府支出提供融资（长期通货膨胀的来源）。最后，中央银行对其政策目标负有责任[④]。

新立法带来的变化意味着中央银行独立性得到了广泛的提升，具体体现在衡量中央银行独立性的改良的Cukierman指数上（见图2.2第1组）（Cukierman、Webb和Neyapti，1992）[⑤]。拉丁美洲的中央银行如今在全球最具独立性[⑥]。与发达经济体不同，中央银行不仅享有货币政策工具的独立性，即拥有不受任何政治干预使用货币政策工具的自由，而且还享有政策目标的独立性，即能够在不需要政府批准的情况下设定通胀目标。然而，在一些国家如阿根廷、玻

[①] 萨尔瓦多在1991年通过了新的中央银行法；阿根廷、哥伦比亚、厄瓜多尔、尼加拉瓜、委内瑞拉在1992年；秘鲁和墨西哥在1993年；玻利维亚、哥斯达黎加、乌拉圭和巴拉圭在1995年；洪都拉斯在1996年；危地马拉和多米尼加共和国则在2002年。

[②] Kydland 和 Prescott（1977）、Barro 和 Gordon（1983）、Rogoff（1985）开创性的论文为中央银行独立提供了理论基础。

[③] 为减小未来法律制度的改变对价格稳定的冲击，智利、哥伦比亚、墨西哥和秘鲁等国家将这项职能写入宪法当中。

[④] 拉丁美洲中央银行改革的综合分析，见 Carstens 和 Jácome（2005）。

[⑤] 在计算中用到的指数的解释详见 Jácome 和 Vázquez（2008）。

[⑥] 见 Laurens、Arnone 和 Segalotto（2009），Canales–Kriljenko、Jácome、Alichi 和 Oliveira Lima（2010），Dincer 和 Eichengreen（2014）。

利维亚和委内瑞拉,这种趋势出现了扭转,其主要目的是授权中央银行为财政赤字提供资金。这些国家要么通过改革中央银行法,要么在年度预算法中加入相关条款,绕过中央银行法规定的限制。图 2.2 第 2 组说明了阿根廷中央银行独立性的变化情况。

政策框架

拉丁美洲货币政策的历史演变可以通过三元悖论假说追溯①。这一理论认为,小型开放经济体只能同时实现以下三个政策目标中的两个:(1)汇率稳定;(2)与世界其他地区的金融一体化;(3)全球资本流动的货币政策独立性(见图 2.3)。在这一章的三个历史时期中,拉丁美洲的中央银行选择了这三个目标中的两个不同的组合。同样的分析框架也适用于讨论拉美地区许多中央银行在全球金融危机之后所面临的一些困境。

1. 改革之前和之后的中央银行独立性

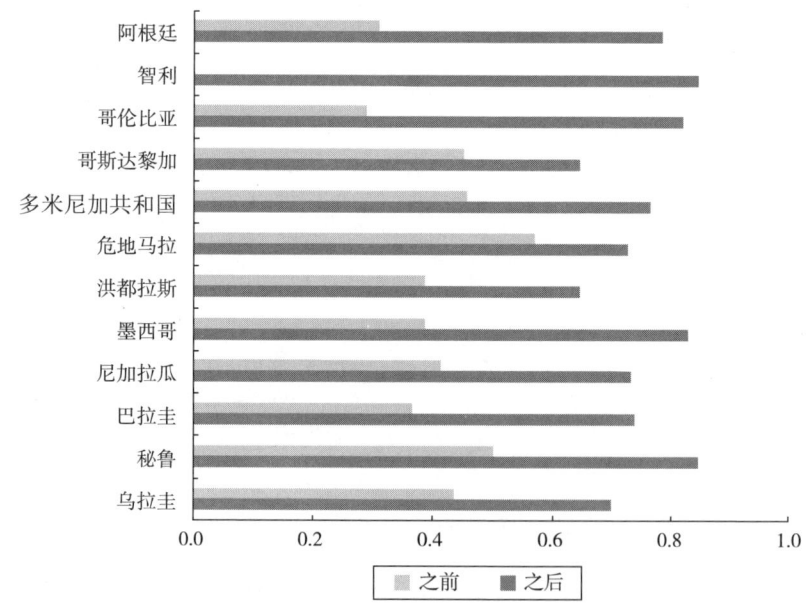

---

① 这个分析框架又被称为三元悖论,是由 Fleming(1962)和 Mundell(1963)创立的。

2. 阿根廷：中央银行独立性的演变

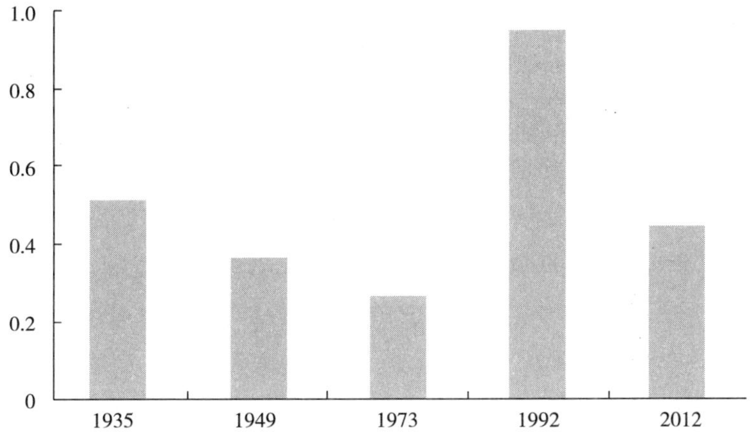

注：中央银行独立性的指数在图1为x轴数值，在图2为y轴数值。图1中央银行独立性的指数在Jácome和Vázquez（2008）中有解释。图2中使用的指数已被简化，以确保在不同时期具有可比性。

资料来源：图1数据来自Jácome和Vázquez（2008），图2根据作者计算作图。

图2.2　拉丁美洲中央银行的独立性

早期

拉丁美洲国家在20世纪20年代实行金本位制（见图2.3中三角形的左角），各国中央银行承诺以固定汇率保持货币的可兑换性，并坚持开放资本账户。此货币体系实行自动调节机制，以应对国际收支不平衡，使货币政策具有内生性。中央银行只有在国际储备（主要是黄金和可兑换成黄金的外币）充足的情况下才能发行纸币。因此，当中央银行国际储备下降时，货币供应量也相应缩减。接着，提升利率、吸引资本流入，从而恢复国际储备和货币供应量，但其代价是减少了社会总需求。

中央银行使用的主要货币政策工具是再贴现政策。然而，不同经济主体和活动的贴现率可能会有所不同，例如工业和农业部门的利率较低①。贴现率也因贷款金额及偿还贷款可能性而有所不同②。

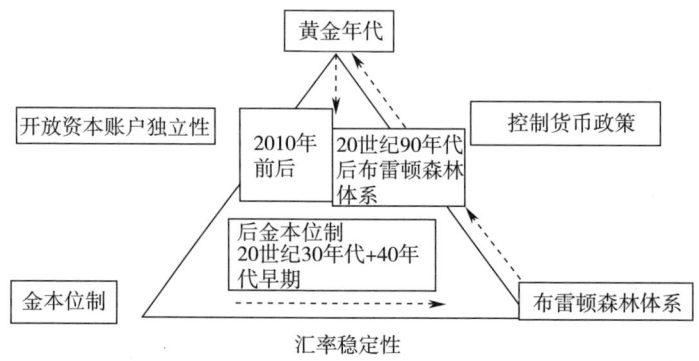

资料来源：由作者提供。

图 2.3　拉丁美洲中央银行的三难困境

大萧条时期实行金本位制难以为继。因此，智利、哥伦比亚、厄瓜多尔、墨西哥和秘鲁取消了其货币的可兑换性，并于 1931 年至 1932 年正式退出了金本位制。最终，中央银行不再局限于发行货币和扩大贷款，可以根据需要调整汇率。实际上，中央银行在引进资本限制以保持汇率稳定的同时，也允许它们逐步控制货币政策（见图 2.3 中三角形的下方）。此外，中央银行也可能实施逆周期政策。

随着货币政策向外生性发展，各国开始加强政策手段。调整再贴现率的方式不再流行，中央银行也开始使用其他货币政策工具。墨西哥中央银行率先提出调整法定存款准备金，法定存款准备金开始作为一项政策手段而得到普及③。阿根廷中央银行发行了"参与证书"，并在 1935 年和 1936 年将国库券用于流动性管理。在 20 世纪 40 年代初，几个国家开始对中央银行的信贷实行

---

① 例如，智利中央银行向商业银行收取的利率比向公众收取的少 1%。参见智利中央银行年度报告（1935 年）。

② 例如，从 1926 年开始，墨西哥银行向普通公众收取了高达 8%~12% 的利率。参见墨西哥银行，Informe a la Asamblea General Ordinaria de Accionistas，1926。

③ 墨西哥中央银行从 1936 年开始，将存款准备金率调整为 3%~15%，从 1941 年起，调整为 15%~20%。1936 年阿根廷、1940 年委内瑞拉、1941 年尼加拉瓜、1943 年哥斯达黎加等国也调整了存款准备金率。

数量限制，以避免利率上升。

1. 智利

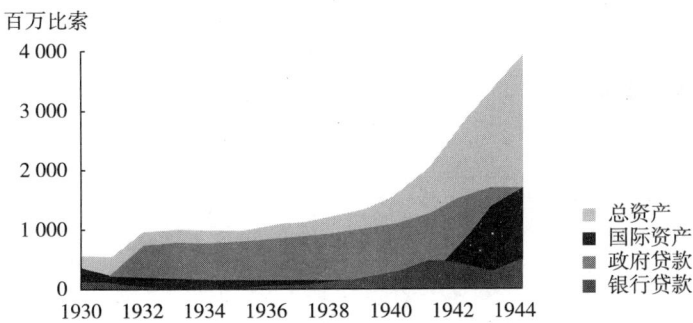

2. 秘鲁

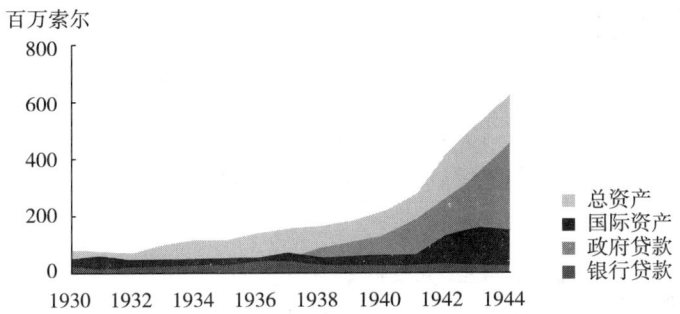

资料来源：智利中央银行年度报告，秘鲁中央储备银行年度报告。

图 2.4　智利和秘鲁的中央银行资产

由于对政府的融资规模扩大，金本位制时期的中央银行资产负债表也在扩张。以智利为例，其政府融资规模的飙升，首先是为了遏制 20 世纪 30 年代初大萧条时期的经济紧缩，其次是向其他公共部门机构扩大信贷额度。20 世纪 40 年代初，中央银行资产负债表的扩张主要是由于外汇储备的增加。以秘鲁为例，对政府的贷款在 1933 年至 1938 年增加了三倍多，并在 1944 年又再次增加了三倍（见图 2.4）。墨西哥中央银行对政府的贷款超过了对银行贷款的五倍以上，到 1940 年达到了墨西哥中央银行总资产的近 45%[①]。阿根廷则不同，国际储备的增长是其中央银行资产负债表扩张的主要驱动力[②]。

发展时期

发展时期，大部分货币政策都受到 1945 年建立的布雷顿森林体系的限制。该国际货币体系要求各国保持固定的、可调整的汇率，并承诺本国货币可与美元兑换。这时，美元被选为新的储备资产，取代了金本位制时期的黄金。"布雷顿森林协定"提供了恢复汇率稳定和避免竞争性贬值的规则。虽然各国货币被要求与美元或黄金挂钩，对美元的汇率只能在法定汇率上下各 1% 的幅度内波动，但各国也能申请将法定汇率的变动超过 10%。同时，各国增加了资本管制，使中央银行能够充分享有独立的货币政策（见图 2.3 中三角形的右角）。

在此背景下，尽管受到布雷顿森林体系的制约，但货币政策与政府政策大体一致。中央银行通过银行系统将贷款发放到政府选定的优先部门（特别是农业和工业部门），以支持它们的发展。此外，中央银行成为政府融资的最重要来源，从而导致宏观经济不稳定性日益加剧。

由于各国维持固定汇率，扩张性的货币政策最终导致经常项目赤字必须依靠国际储备融资。而资本项目相对封闭，布雷顿森林体系下，货币不平衡与国际储备的变化相关联。因此，中央银行必须对私营部门和政府的贷款进行控制，以避免国际储备的流失。这一政策框架就是国际货币基金组织普遍采用的"国际收支货币分析

[①] 墨西哥中央银行最初对政府贷款的限制是其资产的 10%。1937 年，放宽了该限制。（墨西哥中央银行，Informe de la Asamblea General Ordinaria de Accionistas，1937 年至 1940 年）。

[②] 第 12.155 号法律第 44 条授权向政府贷款可达上一财政年度收入的 10%，目的是让这些收入流能够平稳支出。而金融机构的贷款则由 Banco Nación（国有机构）提供。

法",在成员国谈判的经济项目中常被运用,以消除国际收支不平衡。①

在此政策框架下,对经济发展的融资被证明与维持固定平价难以兼容。疲软的货币政策导致经常项目赤字,国际储备耗失,进而引发货币危机和通货膨胀。为保持货币均衡,通货膨胀也会导致货币供应量的增加,反过来使货币政策更疲软。1946—1970年,巴西和智利的通货膨胀与货币供应的紧密关联也表明了这一点(见图2.5)。

20世纪70年代初布雷顿森林体系消亡之后,中央银行可以更自由地调整汇率。由于美元不再以固定价值挂钩黄金,几个国家的汇率因宽松的货币政策造成的通货膨胀而频繁贬值。特别是在南美洲南锥地区国家(南锥体国家),左翼政府实施了扩张性的财政和货币政策,最终导致大范围的宏观经济不稳定。随着通货膨胀飙升,这些国家开始转向稳定政策,首次实行某种前瞻性的货币政策,即塔布利塔计划②。其他国家则获得了新的资本流入,大部分是美元贷款,从而导致经济美元化以及大范围的财政和外部失衡③。

到20世纪80年代初期,由于发达经济体的利率飙升,资本流入出现逆转。当时,大多数拉美国家由于财政和外部失衡积累了巨大的外部性债务。资本外流导致了巨大的贬值,严重影响了公司、银行和政府已经美元化的资产负债表,从而导致货币、银行和主权国家三重危机,将通货膨胀推向了顶峰。中央银行是应对金融危机的政策中心,对境况不佳的银行提供非常规的货币支持,重组金融体系,并帮助借款人④。同时,各国政府实施收入政策和价格管制,

---

① 该方法由Polak(1957)正式发表,并由Frenkel和Johnson(1976)予以完善。

② 新政策制度旨在通过利用汇率来打破通货膨胀惯性,以达到稳定通货膨胀的预期效果。它包括预先宣布爬行钉住汇率制,调整每日贬值下降速度。尽管最初获得成功,但塔布利塔计划最终还是无法延续。通货膨胀率和利率都没有以预期的贬值速度下降。结果本国货币逐渐升值,最终造成了大幅度的贬值。对于Tablita实验的全面分析,参见Corbo(1985)关于智利和Fernandez(1985)关于阿根廷的报告。

③ 因为从石油出口国回收了所谓的"石油美元",全球石油价格的上涨使得这些国家的国际清偿能力有所提升。

④ 对这些措施的更多描述,详见Jácome(2015)。

以应对通货膨胀惯性(推动通货膨胀和财政调整的主要因素)①。然而,在大多数情况下,财政紧缩幅度有限且较难实施,因此导致汇率暴跌,通货膨胀(最初下降)在更高的水平上反弹。

1. 巴西

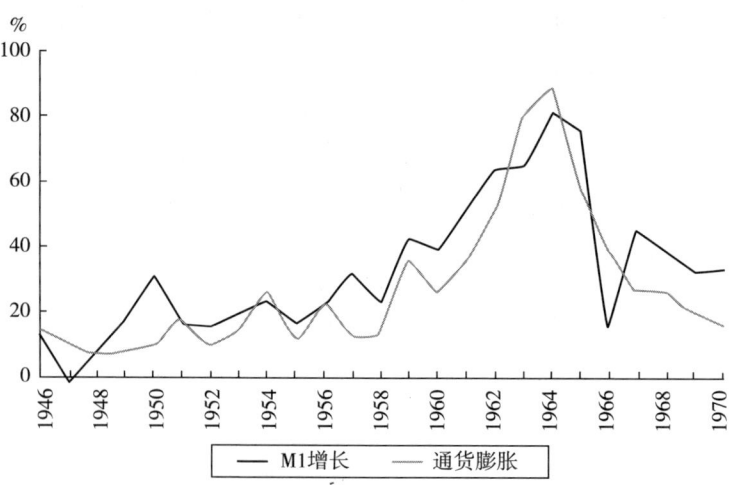

2. 智利

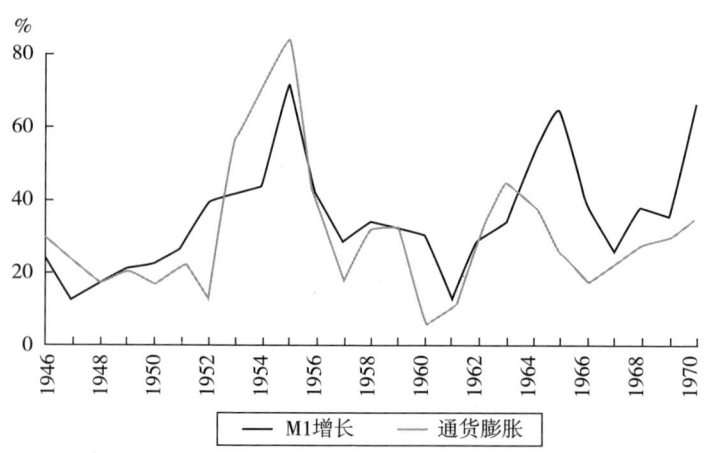

资料来源:巴西:巴西中央银行和 IGP – DI,FGV 关于通货膨胀报告;智利:Braun – Liona 等(2000)。

图 2.5 1946—1970 年巴西和智利的货币增长和通货膨胀(同比百分比)

---

① 对于所谓的"非正统"经济计划的描述和分析,详见 Bruno 等(1988)和 Bruno 等(1991)。

黄金时期

长期的宏观经济不稳定对拉丁美洲的经济造成了极大的压力。20世纪80年代成为该地区"失落的十年"。由于与持续高通胀相关的经济和社会成本难以应对，各国决定给予中央银行政治自主权，并将遏制通货膨胀的任务交给中央银行。赋予中央银行自主权意味着允许它们独立制定货币政策，提高或降低短期利率，以便在没有政府干预的情况下收紧或放宽货币政策。少数国家也引入了弹性汇率机制，其中大部分完全开放了资本项目（见图2.3中三角形的上角）。其他国家则利用汇率来抑制通货膨胀（巴西、智利、哥伦比亚和厄瓜多尔）。因此，到90年代中期，通货膨胀开始放缓。

然而，拉丁美洲从20世纪90年代中期到21世纪初遭遇了新一波的银行业危机，加速了一些国家又一轮通货膨胀的爆发。外债重组之后，国外资本被拉美国家新实行的金融自由化政策吸引，在20世纪90年代初重新进入拉美。资本流入提升了实际汇率并促进了银行信贷业的发展，而金融和资本账户自由化则促进了普遍带有风险的新金融交易的发生。然而，审慎的监管标准并未跟上金融创新的步伐，银行风险加剧，从而增强了金融脆弱性。金融和资本账户自由化，加上监管不力，导致了20世纪90年代中期委内瑞拉和墨西哥系统性银行危机的爆发。在若干个危机中，中央银行不得不放弃固定或准固定平价，使得汇率弹性缺乏，更加剧了危机，然后演变成外汇超支冲击银行体系（Jácome，2008）。由于大多数国家缺乏适当的危机管理手段，中央银行再次被要求将危机货币化，从而在某些情况下不可避免地导致货币危机和主权危机。最终，通货膨胀再次加剧。（Jácome、Saadi-Sedik 和 Townsend，2012）

随着金融危机消退，通货膨胀再次下降，该地区的几个国家引入通货膨胀目标制作为新的货币政策制度。巴西、智利、哥伦比亚、墨西哥和秘鲁（拉美五国）率先在20世纪90年代末和21世纪初采用通货膨胀目标制，其他国家也陆续采取这一措施①。由于拉美五国的中央银行成功实现了将通货膨胀基本维持在预期范围内，因此通货膨胀目标制逐渐得到认可②。与其他新兴市场通胀国家相比，拉美五国的中央银行表现良好，通货膨胀与目标的偏差较小（见图2.6)③。可信度的建立反过来提升了货币政策的有效性，市场参与者开始将通货膨胀期望值向中央银行目标看齐，从而形成良性循环。这一成功的关键因素是中央银行明确的沟通开放政策。拉丁美洲的中央银行不再持历史上的保密态度，开始越来越多地向公众传播信息。特别是中央银行在政策会议之后开始发布新闻稿，其中包含了中央银行董事会对政策利率的决定，旨在解释决策并引导通胀预期，以提高货币政策的有效性。

在实际操作中，中央银行大量使用短期利率作为主要货币政策手段，舍弃了以前经常使用的法定存款准备金和以数量为导向的公开市场操作。政策利率的调整是为了影响实体经济部门，即产出和通货膨胀，并对货币政策的态度立场作出指示，以引导通货膨胀预期。政策利率通过金融体系向实体经济部门施加货币冲击。在幕后，中央银行开始管理系统流动性，并利用公开市场操作来保证短期内银行间的利率接近政策利率。中央银行还以高于或低于政策利率的标准，引进了定期存款和伦巴德贷款，以吸收和提供隔夜流动资金。

2008年全球金融危机对拉丁美洲中央银行应对现实中严重的金融冲击进行了考验。基于此前几年稳固的宏观经济基础和多年来建立的缓冲机制，拉美经济体（特别是拉美五国）成功应对了由于全球金融危机造成的巨大金融冲击。在坚实的制度基础支撑下，中央银行成功地避免了资金流入的反转，为阻止后续通货紧缩作出了决

---

① 这些国家里有危地马拉，最近还包括哥斯达黎加、多米尼加共和国和巴拉圭。

② 虽然巴西中央银行不享有法律上的独立性，但在实践中政府大多数情况下都不影响货币政策的决定。

③ 把目标范围的偏差计算在内，结果仍然相似。

定性的贡献。中央银行之前积累的信誉是这次应对成功的重要因素。这次金融危机对拉美五国的影响相对较小，与以往危机形成鲜明对比。

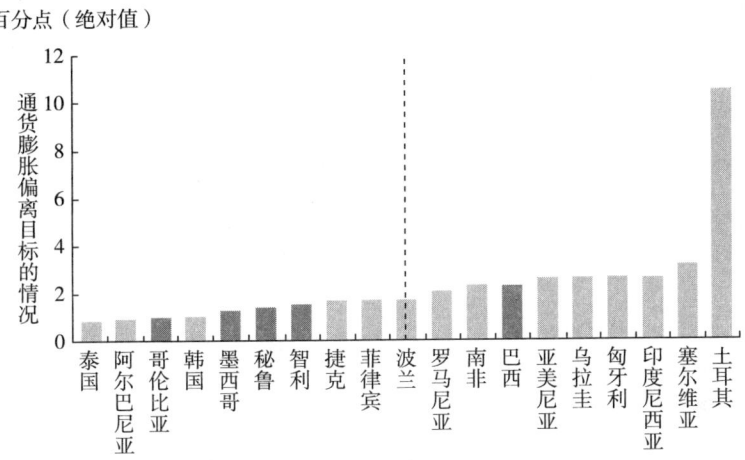

注：图中为自开始采用通货膨胀目标制到 2015 年第二季度以来的偏离目标的绝对平均值。除泰国（核心消费者物价指数），韩国（2000—2006 年度核心消费者物价指数）和南非（至 2008 年底的消费者通货膨胀指数）外，大多数国家均以消费者物价指数为指标。

资料来源：中央银行；Haver 分析以及作者的计算。

图 2.6　在新兴市场经济中通货膨胀偏离目标的情况

由于发达经济体将政策利率降至零，资本再次流入金融一体化的拉美国家。为了防止汇率过度升值及金融脆弱性的累积，巴西、哥伦比亚和秘鲁的中央银行加紧了对外汇市场的干预，引入或加强了资本流动管理措施和宏观审慎政策，限制投机性的资本流入[①]。拉丁美洲国家采用这些措施和手段，躲开了"三元悖论"（见图 2.3 中移向三角形中心）。维持灵活的汇率虽然有用，但仍被证明不足以全面控制货币政策，同时避免汇率的大幅度波动和预防金融脆弱

---

① 巴西采取了大量政策措施，例如提高某些外汇交易的金融业务税率、更高的法定存款准备金率、部分贷款提高风险权重，以及降低房屋市场的贷款比例。哥伦比亚和秘鲁的做法主要为提高法定存款准备金率。

性（价格稳定目标的终极挑战），以及应对全球周期的影响以及资本流动的变化①。

通往价格稳定的漫漫长路

在不断演变的制度和政策框架的背景下，拉丁美洲大部分中央银行治理下的通货膨胀率曾经一度较高且波动较大。但是，本章分析的中央银行在三个时期内的表现有明显的差异，过去100年巴西、智利、哥伦比亚和秘鲁的通货膨胀演变史如图2.7所示。

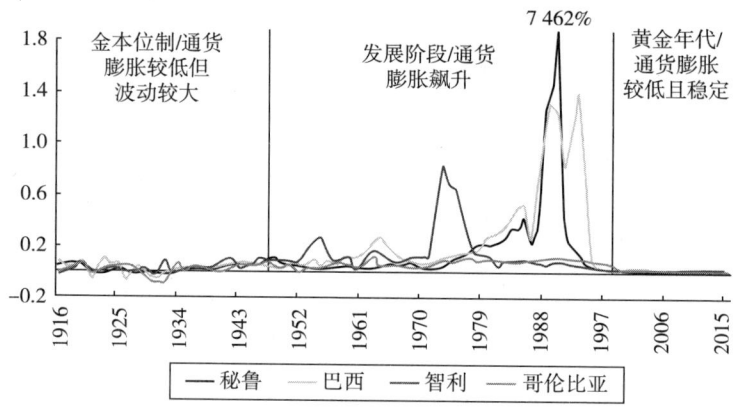

注：智利、哥伦比亚和秘鲁：年度通货膨胀率。巴西：年度隐形通货紧缩指数，从1981年起为消费者物价指数。

资料来源：秘鲁：秘鲁中央储备银行；智利：Diaz, Lüders 和 Wagner（2010）；哥伦比亚：Grupo de Estudios de CrecimientoEconómico（2001）；巴西：1901—1908年为 Suzigan 和 Villela（2001）；1909—1947年为哈达德（1978）；1948—2013年为地理学研究所。

图2.7　巴西、智利、哥伦比亚和秘鲁：100年之久的通货膨胀
（1 +通货膨胀，同比）

在中央银行创立之前和之初，通货膨胀率较低且波动较大，短短几年中物价大幅下滑。由于金本位制的限制，货币政策是内生性

---

① Rey（2015）认为，这种三难局面已被两难困境取代，因为无论现行的汇率制度如何，货币政策只有在国家直接或间接管理资本账户的情况下才能保持独立。

的，因此通货膨胀和产出由外部冲击和国际经济周期决定。与金本位制相关的调整机制的顺周期性也影响通货膨胀和产出。

随着各国退出金本位制，中央银行获得实行货币政策的自由裁量权。货币扩张主要是为政府提供资金，从而导致较高的通货膨胀率。在发展阶段，为实现经济增长和发展，中央银行的信贷被滥用，尤其是对政府支出的融资。干预货币政策损害了宏观经济的稳定性。20世纪50年代以来，拉丁美洲的通货膨胀明显加剧，特别是南锥体国家（阿根廷、智利、乌拉圭和巴西）。最终，该地区的一些国家进入了货币扩张—贬值—货币扩张的螺旋式发展，致使通货膨胀率上升，物价飞涨并失去控制。到20世纪80年代末和90年代初，阿根廷、巴西、尼加拉瓜和秘鲁等国家的通货膨胀率达到了四位数。

随着中央银行新任务侧重于单一目标（即物价稳定），通货膨胀率在20世纪90年代中期开始下降。到2000年，拉丁美洲的年度通货膨胀率从1990年的500%左右下降到10%以下[①]。但直到2000—2010年中期，拉丁美洲的大多数国家才终于抑制住了通货膨胀。这对于有着通货膨胀历史的地区来说是一项重大成就。物价稳定之所以能够实现，一方面是因为这些国家同时引进并保持了长期稳健的宏观经济政策（特别是财政政策），并强化了金融体系；另一方面还受益于全球通货膨胀率的下降。

在抑制通货膨胀并成功地克服了全球金融危机的影响之后，拉美中央银行进入了一个新的过渡阶段。它们开始为确保金融体系的稳定承担更大责任。同时，拉丁美洲的中央银行还帮助阻止经济增长的放缓，或是帮助恢复其发展动力。

该地区中央银行的职责包括帮助维护金融稳定，而不是仅仅作为最终贷款人。特别是在"大西洋模式"（阿根廷、巴西、巴拉圭和乌拉圭）下创建的中央银行，具有维护金融稳定的职责，以此规

---

① 参见国际货币基金组织《世界经济展望》。

范和监管银行，同时，中央银行还有隐性的危机管理职责。一般来说，大多数中央银行在20世纪20年代至90年代对金融机构进行再贴现，确保这些机构的财务状况稳定。

过去，这一地区的中央银行已经承担过维护金融稳定的职能，而不仅局限于最后贷款人这一角色。具体而言，在"大西洋模式"（阿根廷、巴西、巴拉圭和乌拉圭）下建立的中央银行都有维护金融稳定的使命，并据此对商业银行进行管制；同时也蕴含着对金融危机的管控职责。总的来说，20世纪30年代到90年代，大多数中央银行通过对金融机构的票据再贴现来证实这些金融机构有着稳定的金融根基。通过这一行为，中央银行对金融稳定性进行监管，并对金融机构进行注资，因此减少了流动性短缺的可能性。但是，在90年代（中央银行刚进行改革），这一常用手段被废弃，取而代之的是金融机构更有效承担金融中介的角色，而中央银行将更多注意力集中于应对通货膨胀。

今天，赋予拉丁美洲中央银行维持金融稳定的职能有着不同的意义。一方面，在应对由金融因素导致的宏观经济波动时，中央银行有更充足的制度基础来进行"逆向干预"；另一方面，中央银行可能会被要求去发展一套宏观审慎监管体系，从而承担起监测系统金融风险累积过程的责任并为防御系统危机作决策，而决策关联方既包括银行，又包括其他金融中介。有一些拉丁美洲国家（如智利、墨西哥和乌拉圭）已经建立了金融稳定委员会，尽管这些国家中央银行的使命并没有改变。

当讨论到拉美国家中央银行是否应对国家经济增长或就业率问题负责时，结论就不那么明确了。在金融危机结束之后，大多数发达国家的中央银行都采取了适应性的货币政策应对衰退，避免经济恢复期过于漫长。拉丁美洲的中央银行在大萧条之后也已采取了类似手段，但因为它们在经济恢复常态之后仍继续沿用这些措施，所以产生了负面效果。拉美五国的部分中央银行在大萧条中也借用了这一政策，但仅作为最后手段，并且政策力度适中。从操作层面来看，拉丁美洲的中央银行是否应该将非常规政策纳入它们的货币政策调控工具栏中，并以此促进经济和就业率？长期来看，就像在其他发展中国家和新兴市场一样，在拉丁美洲，货币政策在促进经济增长和就业率方面很可能是无效的。在短期，经济活动非常依赖外部变量；长期而言，能促进就业和提高生产率的经济活动很大程度上更加依赖经济结构的改变。

与此同时，拉丁美洲的一些中央银行也面对着来自全球经济的挑战。具体而言，这一挑战就是在全球各地经济周期步调不一致的前提下，那些金融经济一体化的拉美国家能在多大程度上保证货币政策独立性。这些地区的货币政策决策似乎对美联储实际采取的（或仅是宣称要采取的）货币政策非常敏感。美联储的这些决策和宣告会导致资本流动逆转，引发这些国家的汇率贬值和通货膨胀，从而导致利率产生独立于国内因素的升值压力。包括本书的第四、第五章在内，越来越多的研究对发达国家中央银行的货币政策对新兴市场中央银行决策的影响进行了实证分析。中国是这一地区某些国家（如阿根廷、巴西、哥伦比亚、秘鲁以及其他）的主要贸易伙伴。对这些国家的中央银行而言，更糟的是，它们面临着是否该提高利率的困境，因为提高利率会使得中国经济减速，对这些国家的出口和产出产生更加严重的负面影响。

结论

拉美国家的中央银行花了大约80年的时间，才达到低水平且平稳的通胀水平。有大约50年的时间，中央银行被赋予不同的使命，政府也能够影响货币政策，这段路途漫长而艰难，许多国家经历了长时间的高通胀。但是，伴随着20世纪90年代货币政策当局的制度改革以及随后引入具有前瞻性的、以应对通货膨胀为首要目标的货币政策，许多中央银行终于达到了价格稳定目标。这之后，拉美国家的中央银行在帮助该地区成功渡过全球金融危机中作出了重大贡献。

全球金融危机和大萧条可能会令拉美国家的中央银行开启新的时代，如同发达经济体经历的一样。危机的严重性颠覆了许多经济学理论，包括中央银行应主要关注控制通货膨胀这一共识。作为回应，一种新的范式出现，它赋予中央银行在维持系统金融稳定方面发挥更大作用的职能。中央银行也被呼吁通过扩张资产负债表来引导经济活动。在某些拉美国家，金融改革刚开始立足。对这一地区而言，从历史中借鉴相关经验，也许能够提供关于如何塑造未来中央银行政策的不同视角。目前的挑战是如何避免一个新的机构和政策框架损害中央银行的自主权和职责，从而避免损害中央银行来之不易的公信力。

附录2.1 拉美国家中央银行成立时的主要职责和管理方式

国家	主要职责	委员会构成	所有权归属
阿根廷 (1935年)	➢ 发行本国货币 ➢ 根据经济需求对货币数量和信贷规模进行管制 ➢ 保存足够的国际储备以应对出口和外国投资的负面影响，从而保证本国货币的价值 ➢ 维持银行系统的流动性状况和信贷规模，并对其进行适当法律监管 ➢ 对政府负债进行管理，充当财政代理和咨询人的角色	中央银行主席和副主席由国家总统任命，并经参议院确认；行政部门任命1名成员；阿根廷国民银行任命1名；省级银行任命1名；私人银行任命3名；外资银行任命2名；另有4名代表商业联盟。	政府和银行体系
智利 (1925年)	➢ 发行国家货币 ➢ 与银行机构和公众进行贴现和再贴现操作 ➢ 在一定限额内为公共部门提供金融支持 ➢ 行使财政代理人职责 ➢ 从银行、公共部门和公众收取存款准备金 ➢ 提供支付清算 ➢ 决定再贴现率	国家总统任命3名成员；银行部门任命3名；商业联盟任命2名；公众股东任命1名；工会任命1名。	政府、银行系统和公众
哥伦比亚 (1922年)	➢ 发行国家货币 ➢ 与银行机构和公众进行贴现和再贴现操作 ➢ 在一定限额内为公共部门提供金融支持 ➢ 行使财政代理人职责 ➢ 从银行、公共部门和公众收取存款准备金 ➢ 提供支付清算 ➢ 决定再贴现率	国家总统任命3名成员；国内银行和国际银行分别任命4名和2名；公众任命1名。	政府、银行体系和公众

续表

国家	主要职责	委员会构成	所有权归属
厄瓜多尔（1927年）	➢ 发行国家货币 ➢ 承担银行体系最后贷款人职责 ➢ 与银行机构和公众进行贴现和再贴现操作 ➢ 在一定限额内为公共部门提供金融支持 ➢ 行使财政代理人角色 ➢ 从银行、公共部门和公众收取存款准备金 ➢ 决定再贴现率 ➢ 提供支付清算	国家总统任命2名成员；商业银行任命2名成员；商业联盟任命3名；工会任命1名。	私人部门银行、公众以及国家（但没有投票权）
萨尔瓦多（1934年）	➢ 发行国家货币 ➢ 控制信贷和货币规模 ➢ 维持货币的外部价值 ➢ 从政府部门收取准备金，充当财政代理人角色	中央银行股东任命5名成员。	商业银行和咖啡生产商联盟
墨西哥（1925年）	➢ 发行货币 ➢ 对货币流通、汇率和利率变动进行管制 ➢ 为银行提供再贴现服务 ➢ 为政府部门财政操作提供支持 ➢ 提供与银行体系类似的服务	总统任命5名成员，其余4名成员由股东任命。	政府和公众
秘鲁（1922年）	➢ 拥有货币发行垄断权 ➢ 从银行、公共部门和公众收取存款准备金 ➢ 对商业票据、财政部债券和其他金融工具进行贴现和再贴现 ➢ 决定再贴现利率 ➢ 提供支付清算 ➢ 在一定限额内为政府提供融资	国家总统任命3名成员，国内银行任命4名，外资银行任命3名。	国家和国际银行

附录2.2 在发展阶段拉美国家中央银行的主要职责和管理方式

国家	主要目标/职责	委员会构成	所有权归属
阿根廷 (1949年)	职责： ➢ 通过对国家外汇储备操作和资本管制来平滑货币和经济活动中的经常项目和资本项目的变动 ➢ 对货币和信贷规模进行管制，以保证高就业率和强劲的货币购买力 ➢ 监测流动性和信贷流动方向，落实银行法律 ➢ 监管证券市场的发展，在对内和对外的债券交易中充当财政代理人角色	财政部部长和副部长分别担任中央银行主席和副主席；下列四家银行的主席：阿根廷国民银行、阿根廷工业信贷银行、国家按揭银行和国家邮政储金；国家主席任命5名成员，分别代表农业、牧业、工业、贸易部门和工人的利益。	政府
智利 (1953年)	目标： ➢ 维持国家经济的有序和持续发展，实施货币和信贷政策以避免通胀或紧缩趋势，最大化利用国家生产资源	国家元首任命3名成员；银行部门任命3名；商业联盟任命2名；普通公众股东任命1名；工会任命1名。	政府、银行系统和公众
哥伦比亚 (1951年的目标以及1963年的货币委员会构成)	目标： ➢ 为哥伦比亚经济有序发展培养合适环境而实施货币、信贷和利率政策 职责： ➢ 发行国家货币 ➢ 与银行机构和公众进行贴现和再贴现操作 ➢ 在一定限额内为公共部门提供金融支持 ➢ 行使财政代理人角色 ➢ 从银行、公共部门和公众收取存款准备金 ➢ 决定再贴现率 ➢ 提供支付清算	货币委员会由财政部部长、经济部部长、农业部部长、计划委员会负责人和共和国银行总经理等人组成。	银行系统和公众

续表

国家	主要目标/职责	委员会构成	所有权归属
厄瓜多尔 (1948年)	职责： ➤ 根据国家需要调整货币供给和信贷流动方向 ➤ 适当调控通胀和紧缩趋势 ➤ 促进银行体系有效履职以及信贷的合理投放 ➤ 对可能影响到信贷和货币市场的经济和财政活动进行协调 ➤ 保持货币在国际市场的价值以及货币的可转换性 ➤ 维持国民生产在国际市场的竞争力 ➤ 防御或缓和资产负债表周期性不均衡给货币供给和通胀带来的负面影响	货币委员会的成员包括：由议会指定1名成员；财政部部长；国家经济委员会的1名代表；国家安全部的1名代表；沿海地区和安第斯地区的商业银行分别任命1名；还有1名成员由货币执行委员会其他成员任命。	政府和私人银行
危地马拉 (1945年)	目标： ➤ 发展和维持对经济有序发展最有利的货币、汇率和信贷环境 职责： ➤ 根据国家和生产活动的发展需求采取适当支付方式和信贷政策；防止通胀和紧缩趋势 ➤ 根据国际经济需要，为银行系统提供流动性和破产清算，并进行信贷调控 ➤ 协调货币政策、财政政策以及其他经济金融政策的关系 ➤ 维持本国货币的价值及可兑换性 ➤ 管理国际外汇储备 ➤ 保护国民生产的国际竞争力	货币委员会成员构成：主席和副主席由国家主席任命；财政部部长；经济部部长；农业部部长；圣卡洛斯大学的1名代表；来自私人银行的1名代表；来自国有银行的1名代表；以及来自商业联盟（农业、工业和贸易）的1名代表。	政府

第二章 拉丁美洲中央银行的历史透视

续表

国家	主要目标/职责	委员会构成	所有权归属
墨西哥 (1941 年以及改革期)	目标： ➤ 发行货币，维持信贷和汇率环境，以追求货币购买力稳定、金融体系稳步发展、经济平稳增长的局面 职责： ➤ 对货币发行和流通、信贷规模以及汇率进行管制 ➤ 承担最后贷款人职责以及维护支付体系 ➤ 行使政府对内和对外信贷操作的代理人角色；为政府部门提供财政服务 ➤ 为政府部门提供经济和金融方面的建议 ➤ 在财政部关于货币和信贷政策方面的指导下，在国际货币基金组织以及其他与中央银行国家目标和规划职能相关的多边组织中代表国家利益	指导委员会共有 11 名成员：财政部部长和副部长；预算部部长；贸易和工业部部长；墨西哥银行的局长；银行和保险委员会主席以及证券委员会主席；银行同盟的主席以及行政部门任命的 3 名外部委员。	政府
秘鲁 (1962 年)	目标： ➤ 在足够的财政和经济政策支持下，维持货币政策稳定、信贷和汇率环境，以促进经济有序发展 职责： ➤ 货币发行和货币管制 ➤ 管制银行信贷规模 ➤ 管理国家外汇储备	国家元首任命 3 名成员；其余 6 名分别代表发展银行、地区商业银行、在利马成立的商业银行、农业部门、工业部门以及贸易部门。	政府

附录2.3 在黄金时期拉美国家中央银行的政策目标和管理方式

国家	目标	委员会构成	任期
智利 (1989年)	维持本国货币在国内和国际支付中的价值稳定以及正常功能。	5名主管由行政官任命,并经参议院同意确认,实行交错式任期。	中央银行主席任期是5年,其他委员任期是10年。
哥伦比亚 (1992年)	维持价格稳定。	财政部部长(主席)担任中央银行总经理(由委员会任命),行政部门任命的实行交错式任期的5名执行委员。	包括总经理在内的6名委员任期均为4年,可连任。
哥斯达黎加 (1995年)	维持货币在国内和国外的价值稳定。	由行政部门任命中央银行主席以及5名委员,还有财政部部长。5名委员实行交错式任期并经议会确认。	中央银行主席任期4年,任期时间与国家主席相似。其他5名委员任期为90个月。
洪都拉斯 (1996年)	维持货币在国内和国外的价值稳定,确保支付体系的正常运转。	政府任命5名委员。财政部部长也是委员会成员,但没有决策权。	跟政府任期同期的4年。
墨西哥 (1993年)	确保货币购买力稳定性;促进金融体系的稳健发展和支付体系的正常运转。	5名成员均由国家主席任命,并经参议院同意。	中央银行主席任期是6年,其余成员任期是8年并实行交错式任期。
秘鲁 (1993年)	维持货币稳定。	行政部门提名4名委员,包括中央银行主席。议会批准这一决议和另行任命3名委员。	任期与国家主席任期一致。
乌拉圭 (1995年)	确保货币稳定,支付体系在国内和国外的正常运转,持有充足的国际外汇储备,促进金融体系的完善、破产清算以及正常运作。	行政部门在取得参议院同意的情况下任命中央银行主席、副主席以及1名执行委员。	任期由国家主席确定。
委内瑞拉 (1992年)	为货币稳定、经济均衡以及经济有序发展营造和维持良好的货币、信贷和汇率环境。	行政部门提名中央银行主席(需经参议院确认)以及6名委员,其中1名来自行政部门(不能由财政部部长担任)。	中央银行主席任期5年,其他委员(不包括来自行政部门的那名委员)实行交错式任期,时间为6年。

参考文献

[1] Aizenman, J., M. D. Chinn, and H. Ito. 2016. "Monetary Policy Spillovers and the Trilemma in the New Normal: Periphery Country Sensitivity to Core Country Conditions", *Journal of International Money and Finance* 68: 298 – 330.

[2] Barro, R., and D. Gordon. 1983. "A Positive Theory of Monetary Policy in a Natural Rate Mode", *Journal of Political Economy* 91 (4): 589 – 610.

[3] Braun – Llona, J., M. Braun – Llona, I. Briones, J. Diaz, R. Luders, and G. Wagner. 2000. *Economia Chilena 1810 – 1995: Estadisticas Históricas*. Santiago: Pontificia Universidad Católica de Chile.

[4] Bruno, M., G. Di Tella, R. Dornbusch, and S. Fischer. 1988. *Inflation Stabilization: The Experience of Israel, Argentina, Brazil, Bolivia, and Mexico*. Cambridge, Massachusetts: MIT Press.

[5] Bruno, M., S. Fischer, E. Helpman, and N. Liviatan. 1991. *Lessons of Economic Stabilization and Its Aftermath*. Cambridge, Massachusetts: MIT Press.

[6] Canales – Kriljenko, J., L. I. Jácome, A. Alichi, and I. de Oliveira Lima. 2010. "Weathering the Global Storm: The Benefits of Monetary Policy Reform in the LA5 Countries", IMF Working Paper 10/292, International Monetary Fund, Washington, DC.

[7] Carbo, L. A. 1978. *Historia Monetaria y Cambiaria del Ecuador*. Quito: Banco Central del Ecuador.

[8] Carrasco, C. 2009. *Banco Central de Chile 1925 – 1964: Una Historia Institucional*. Santiago: Banco Central de Chile.

[9] Carstens, A., and L. I. Jácome. 2005. "Latin American Central Bank Reform: Progress and Challenges", IMF Working Paper

05/114, International Monetary Fund, Washington, DC.

[10] Corbo, V. 1985. "Reforms and Macroeconomic Adjustment in Chile during 1974 – 1984", *World Development* 13 (8): 893 –916.

[11] ——, and L. Hernández. 2005. "Ochenta Años de Historia del Banco Central de Chile," Working Paper 345, Central Bank of Chile, Santiago.

[12] Cukierman A., S. Webb, and B. Neyapti. 1992. "Measuring the Independence of Central Banks and Its Effect on Policy Outcomes", *World Bank Economic Review* 6 (September): 352 – 98.

[13] Díaz, J., R. Lüders, and G. Wagner. 2010. "La República en Cifras", EH Clio Lab – Iniciativa Científica Milenio, Pontificia Universidad Católica de Chile, Santiago.

[14] Dincer, N., and B. Eichengreen. 2014. "Central Bank Transparency and Independence: Updates and New Measures", *International Journal of Central Banking* (March): 189 – 253.

[15] Dornbusch, R., and S. Edwards. 1990. "Macroeconomic Populism", *Journal of Development Economics* 32 (2): 247 – 77.

[16] Fernandez, R. 1985. "The Expectations Management Approach to Stabilization in Argentina during 1976 – 1982." *World Development* 13 (8): 871 – 92.

[17] Fleming, M. 1962. "Domestic Financial Policies under Fixed and Floating Exchange Rates", *IMF Staff Papers* 9: 369 – 79.

[18] Frenkel, J., and H. Johnson. 1976. *The Monetary Approach to the Balance of Payments.* London: Allen & Unwin.

[19] Grupo de Estudios de Crecimiento Económico. 2001. *El Crecimiento Económico Colombiano del Siglo XX.* Bogotá: Banco de la República.

[20] Haddad, C. 1978. "Crescimento do Producto Real Brasileiro 1900/1947", *Revista Braileira de Economia* 29 (1): 3 – 26.

[21] International Monetary Fund (IMF). 2013. "The Dog That Didn't Bark: Has Inflation Been Muzzled or Was It Just Sleeping?", In *World Economic Outlook*. Washington, DC, April.

[22] ——. 2015. "To Hike or Not to Hike: Is That an Option for Latin America? Assessing Monetary Policy Autonomy", In *Regional Economic Outlook: Western Hemisphere*. Washington, DC, October.

[23] Jácome, L. I. 2008. "Central Bank Involvement in Banking Crises in Latin America", IMF Working Paper 08/135, International Monetary Fund, Washington, DC.

[24] ——. 2015. "Central Banking in Latin America: From the Gold Standard to the Golden Years", IMF Working Paper 15/60, International Monetary Fund, Washington, DC.

[25] ——, E. W. Nier, and P. Imam. 2012. "Building Blocks for Effective Macroprudential Policies in Latin America", IMF Working Paper 12/183, International Monetary Fund, Washington, DC.

[26] ——, T. Saadi-Sedik, and S. Townsend. 2012. "Can Emerging Market Central Banks Bail Out Banks? A Cautionary Tale from Latin America", *Emerging Markets Review* 13: 424–48.

[27] Jácome, L. I., and F. Vázquez. 2008. "Any Link between Legal Central Bank Independence and Inflation? Evidence from Latin America and the Caribbean", *European Journal of Political Economy* 24 (December): 788–801.

[28] Kydland, F., and E. Prescott. 1977. "Rules Rather than Discretion", *Journal of Political Economy* 85 (3): 473–92.

[29] Laurens, B., M. Arnone, and J.-F. Segalotto. 2009. *Central Bank Independence, Accountability, and Transparency – A Global Perspective*. London: Palgrave Macmillan for the International Monetary Fund.

[30] Lora, E. 2001. "Structural Reforms in Latin America: What

Has Been Reformed and How to Measure It", IDB Publication 39858, Inter – American Development Bank, Washington, DC.

[31] Mundell, R. 1963. "Capital Mobility and Stabilization Policy under Fixed and Flexible Exchange Rates", *Canadian Journal of Economic and Political Science* 29 (4): 475 – 85.

[32] Obstfeld, M. 2015. "Trilemmas and Tradeoffs: Living with Financial Globalization", In *Global Liquidity, Spillovers to Emerging Markets and Policy Responses*, edited by C. Raddatz, D. Saravia, and J. Ventura. Santiago: Central Bank of Chile.

[33] Polak, J. 1957. "Monetary Analysis of Income Formation and Payments Problems", *IMF Staff Papers* 6 (November).

[34] Rey, H. 2015. "Dilemma Not Trilemma: The Global Financial Cycle and Monetary Policy Independence", NBER Working Paper 21162, National Bureau of Economic Research, Cambridge, Massachusetts.

[35] Rogoff, K. 1985. "The Optimal Degree of Commitment to an Intermediate Monetary Target", *Quarterly Journal of Economics* 100: 1169 – 89.

[36] Sánchez, F., A. Fernández, and A. Armenta. 2005. "Historia Monetaria de Colombia en el Siglo XX: Grandes Tendencias y Episodios Relevantes", Documento CEDE 2005 – 30 (May), Universidad de los Andes, Bogotá Colombia.

[37] Suzigan, W., and A. Villela. 2001. *Política de Governo e Crescimento da Economia Brasileira* 1889 – 1945. Brasilia: Instituto de Pesquisa Econômica Aplicada.

第三章　拉丁美洲的中央银行：
前进之路

国际货币基金组织
严·卡里尔·斯沃洛　路易斯·雅阁美
尼古拉斯·马古德　亚历杭德罗·维尔纳

2008年的全球金融危机及其余波为全世界中央银行开创了一个新纪元。发达经济体发生了许多重要变化，许多发达经济体通过法制改革赋予中央银行更加积极维护金融稳定的职责。为了避免本国金融体系瘫痪，并支持后续的经济复苏，这些中央银行还采取了特殊的非常规货币政策[1]。同时，新兴市场经济体的中央银行需要面对一些新的重大挑战，并且某些中央银行仍然需要处理传统的问题。拉丁美洲中央银行面临的挑战可划分为三大类。

第一，在通胀率始终居高不下且波动较大的地区，一小部分经济体仍然需要保持价格稳定的传统挑战。尽管在许多情况下，财政政策是导致通胀率高的根本原因，但加强中央银行独立性也是降低通胀的重要方面。

第二，在那些已建立明确、可信的通胀目标制的国家，核心挑战是在不确定性不断提高的背景下制定有关政策。具体而言，在潜在产出水平及其增长率、自然利率与均衡实际汇率高度不确定时期，执行适当的货币政策将会更加复杂。此外，为了更好地锚定通胀预期，并改善货币政策传导，中央银行应加强与外界的信息传递与沟通。某些国家应认识汇率、外汇干预和合适的国际储备水平所

---

[1] Joyce等人（2012）清楚而全面地概括了这些特殊措施，而Borio和Zabai（2016）、IMF（2013a）讨论了这些措施的有效性。

发挥的作用。

最后一项重要挑战源自全球因素的影响以及近期金融危机中吸取的教训。外部金融周期越来越强劲，可以影响甚至压制本国货币政策的制定，也可以动摇本国金融系统的稳健。因此，许多拉丁美洲中央银行正在重新审视它们在维护金融稳定方面所扮演的角色，以及建立货币政策与宏观审慎政策相互协调的方式。

本章的第一节回顾了拉丁美洲在过去几十年实施货币政策的历史进程，并重点介绍历史进程中的几次倒退，为将来的改革作铺垫。第二节探讨该地区通货膨胀目标机制的改进和完善。第三节回顾了该地区汇率对货币政策的制定所承担的作用，认为加强对外信息传递可让公众更清楚地了解中央银行的应对机制。最后，在引出最终结论前，探讨了中央银行应肩负以确保金融稳定为目标的使命。

抗通胀：前进与倒退

20世纪90年代以来，为实现物价稳定，拉丁美洲在货币政策方面完成了一系列重要改革。在第一个五年中，该地区席卷起一股法制改革浪潮，某些国家将中央银行的独立性职责写入了国家宪法。上述变革的核心旨在限制中央银行为公共部门的赤字"买单"，而这些赤字是曾经导致整个拉丁美洲高通胀的根本原因。这些改革与严格控制公共部门赤字的努力是分不开的。与此同时，各国逐渐实现了外部经常项目和资本项目的自由可兑换，提高了金融系统的稳定性，在核心经济部门建立市场化价格发现机制。由于上述改革，在该地区的大多数国家中，高通胀已成为历史。

起初，各国中央银行并未意识到独立性是落实货币政策、在弹性汇率下稳定国内经济周期的有效方式。相反地，为降低通胀或进一步巩固低通胀的成果，许多中央银行继续将钉住汇率作为货币政策的主要操作工具。直到后来各国才逐渐正式采用浮动汇率制和通货膨胀目标制。经历上述两阶段后，大多数经济体的价格稳定得到了恢复，货币政策对逆周期调控发挥了重要作用。

中央银行改革

拉丁美洲中央银行新立法的四个主要支柱如下：一是对中央银行职能的准确和清晰的定义；二是形成独立的中央银行政策执行机构；三是执行货币政策的自主性；四是中央银行应履行的职责义务。这四个方面也是同期东欧转型经济体建立新的中央银行的主要法律基础。上述四个方面应用于许多国家的改革中，但具体应用方式各有千秋。

1989年，智利在拉丁美洲率先实行机构变革和中央银行立法，其他国家紧随其后。萨尔瓦多在1991年，阿根廷、哥伦比亚、厄瓜多尔、尼加拉瓜和委内瑞拉在1992年，墨西哥和秘鲁在1993年，玻利维亚、哥斯达黎加、巴拉圭和乌拉圭在1995年，洪都拉斯在1996年，多米尼加共和国和危地马拉在2002年先后批准了新的中央银行立法。不过有一例外就是巴西，该国自1964年发布中央银行法以来从未进行过修订。不过，阿根廷、玻利维亚、厄瓜多尔和委内瑞拉等国立法改革后又再次倒退重新修正立法，有损之前确定的中央银行独立性[①]。

物价稳定成为许多中央银行的单一目标或主要目标（见表3.1）。中央银行的职责不在于直接推动经济发展，而是在立法的要求下致力于遏制通货膨胀，因为通胀被认为是间接影响经济增长从而增加社会福利的方式[②]。许多国家将中央银行这一明确的工作使命提升到宪法的高度，包括智利、哥伦比亚、墨西哥和秘鲁。此外，明确赋予这项工作使命也有利于保留中央银行的职责。

在某些国家（如智利、洪都拉斯和尼加拉瓜），中央银行除了

---

① 近期，巴西政府宣布计划向国会提交一项法案，拟赋予巴西中央银行执行政策独立性。

② 在中央银行立法改革前，促进经济增长或经济发展的货币政策任务是拉丁美洲国家的共同模式（详见第二章）。

维护物价稳定的职责外，同时还承担维护支付结算系统安全的职责，另有一些国家（如阿根廷、巴西、巴拉圭和乌拉圭），中央银行还被赋予了监管银行的职责。因此，金融稳定也是上述国家以及哥斯达黎加、墨西哥等其他国家中央银行的目标之一。巴西未曾修改过中央银行法，法律上未限制其使用货币政策来推动经济增长。相比之下，阿根廷在 2012 年将金融稳定的目标重新引入中央银行宪章。委内瑞拉为实现其"国家最高目标"，自 2001 年起，要求中央银行将货币政策与政府目标相协调。

为实现物价稳定目标，新立法还将中央银行制定货币政策的自主权引入宪法。其理论依据是为了防止独立董事会制定的货币政策受短期政治周期的影响，以防通货膨胀与目标相背离。[①] 更为重要的是，新立法将政府部门排除在中央银行委员会之外（少数国家除外，如哥伦比亚和危地马拉）。[②] 在少数国家中，这种政治自主权的基础是中央银行委员会成员仅在违反了立法内容的情况下，并通过司法或立法复审才能被除名。此外，在大多数情况下，中央银行负责自主制定汇率政策。

表 3.1　　2016 年拉丁美洲中央银行立法的关键特征

	主要目标		政治独立性		对政府部门授信	职责
	价格稳定	经济发展	委员会任职年数	禁止或严格限制	有一定限制	向国会提交报告
阿根廷	✓	✓	6			✓
玻利维亚	✓		5 或 6		✓	
巴西		✓	不确定	✓		✓
智利	✓		5 或 10	✓		✓
哥伦比亚	✓		4	✓		✓

---

①　参见 Barro 和 Gordon（1983）、Rogoff（1985）的早期著作。为了实现中央银行不受政府影响能独立作出决策，任命委员会成员需经历两个步骤。首先，由执行机构提名候选人，然后再由立法机关确认（Carstens 和 Jácome，2005）。在多数情况下，委员会成员的任期很长，甚至比总统任期更长，因此会导致任期重叠。但巴西是典型的例外，因为中央银行委员会成员在任命时将不会确定具体任期。还有秘鲁的委员会成员的任期与总统任期一致。

②　智利允许财政部长出席中央银行委员会会议，但并不拥有投票权。

第三章 拉丁美洲的中央银行：前进之路

续表

	主要目标		政治独立性		对政府部门授信	职责
	价格稳定	经济发展	委员会任职年数	禁止或严格限制	有一定限制	向国会提交报告
哥斯达黎加	√		4或8.5	√		
多米尼加共和国	√		2	√		
危地马拉	√	√	4	√		√
洪都拉斯	√		4	√		
墨西哥	√		6或8	√		√
尼加拉瓜	√		4	√		
巴拉圭	√		5	√		√
秘鲁	√		5	√		√
乌拉圭	√		5	√		
委内瑞拉	√	√	7		√	

注：当总统的任期年数与一般委员会成员的任期年数不同时，两个年数均列示于表格中。
资料来源：各国中央银行立法。

经历了持续的高通胀后，拉丁美洲部分国家赋予中央银行的独立性并不仅限于货币政策工具的选择，还包括明确提出调控目标。而后者意味着中央银行可以单方面设定通胀目标，而发达经济体的中央银行一般并不会这么做。可见，赋予中央银行执行货币政策的独立性或使用调控工具的独立性保证了它们免受政府干扰，独立自主使用各项政策工具以对抗通胀。此外，智利、哥伦比亚、厄瓜多尔、危地马拉、墨西哥和秘鲁等一些国家在宪法层面严格限制甚至禁止中央银行为政府赤字提供资金支持，而为政府赤字提供融资曾是该地区通胀的根源。

上面提到的第四个改革支柱是中央银行的职责。这主要是要求中央银行向执行和立法机构提交一份报告，这份报告通常向公众披露了中央银行为实现货币政策目标的决策与实践。某些国家在召开国会前，要求中央银行行长报告货币政策的执行情况，同时说明中央银行为实现政策目标的执行情况。

中央银行独立性的衡量

随着机构改革，中央银行的合法独立性在大多数国家日趋重要。经著名指标进行衡量测算,该地区许多中央银行的独立性指标在改革后至少翻倍(见表3.2)。① 中央银行的各方面都得到了提升,尤其在中央银行职权的界定、限制对政府授信和明确中央银行所履行的职责方面。在发展中经济体的中央银行排名中,拉丁美洲最具独立性的中央银行排名前列。(Canales 等,2010)

如 Jácome 和 Vázquez(2008)② 所述,中央银行独立性越高,通胀越低,且结构性改革和中央银行法律上的独立性在数量统计上具有显著正相关性。因此,中央银行法律地位的改革是伴随着拉丁美洲实施更广泛的结构性改革而进行的。③

表3.2　　拉丁美洲部分中央银行改革前与改革后情况表

国家	改革时间	改革前	改革后	国家	改革时间	改革前	改革后
阿根廷*	1992年	0.31	0.83	洪都拉斯	1996年	0.39	0.68
玻利维亚*	1995年	0.33	0.83	墨西哥	1993年	0.39	0.81
智利	1989年	0.26	0.85	尼加拉瓜	1992年	0.41	0.73
哥伦比亚	1992年	0.29	0.83	巴拉圭	1995年	0.37	0.7
哥斯达黎加	1995年	0.51	0.74	秘鲁	1993年	0.50	0.84
多米尼加共和国	2002年	0.44	0.77	乌拉圭+	1995年	0.44	0.70
危地马拉	2002年	0.57	0.73	委内瑞拉*	1992年	0.40	0.69

注:中央银行独立性指标基于各国中央银行法与相关立法的有关法律条文。指标显示的数值在0~1之间连续波动,指标越高说明中央银行独立性越高。以*标记的国家是在后来的立法中改革在某种程度上有所倒退的国家。以+字号标记的国家在后续的改革中进一步增强了中央银行独立性。

资料来源:各国中央银行立法,Jácome 和 Vázquez(2008)。

---

① 请参见 Cukierman、Webb 和 Neyapti(1992)。指标修正后加入了更广义的政治独立性,它不仅包括中央银行的管理层,还包括所有中央银行委员会成员,以及中央银行财政独立性(中央银行是否始终拥有资产),以及它们的责任与透明度。
② 该分析文章将1985—2002年的数据进行面板回归,国际通胀、银行危机和汇率机制作为控制变量。
③ 研究表明,中央银行独立性和通胀之间的因果关系并不成立。只有在将中央银行管理层的更换率作为中央银行实际独立性指标时,因果关系才成立。

新政框架

中央银行的独立性并不视作通胀目标制工作框架的先决条件，但却是降低通胀与保持物价长期稳定的有力保证。早期阶段，该地区的许多中央银行采用爬行钉住浮动汇率制或爬行区间浮动汇率制以降低通胀。直到某些国家（如巴西、哥伦比亚和墨西哥）出现货币危机，才影响了其他国家（如智利）对货币政策和中央银行的认知发展，导致到21世纪初，该地区最盛行的汇率制度变为浮动汇率制，并为完善通胀目标制的贯彻执行开启了一扇大门（见图3.1）。

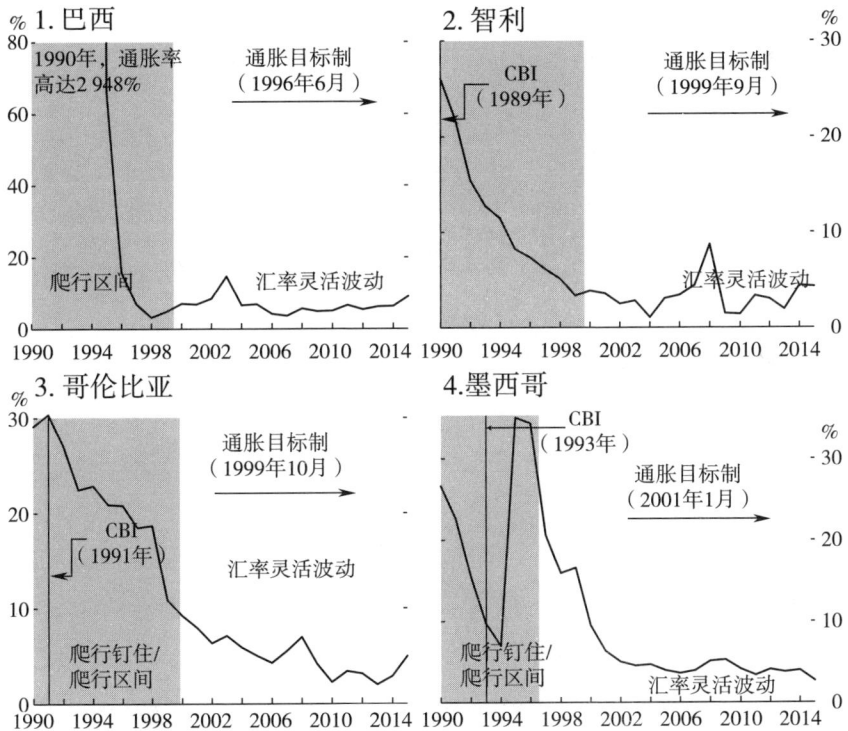

注：阴影部分所涉及的年份是上述国家以汇率为目标抵抗通胀的时期。巴西并未批准授予中央银行独立性的立法。CBI指赋予中央银行独立地位的时间。

资料来源：各中央银行网站；IMF发布的《汇率安排与汇率限制年度报告》以及《国际金融统计信息》。

图3.1 部分拉丁美洲国家的通胀、中央银行独立性、汇率机制和通胀目标制

步入新世纪后,该地区有更多国家引入了加大汇率波动弹性的机制。该地区的18个国家中,采用浮动汇率制的国家从1990年的6个上升至2015年的15个,仅有5个国家仍然保持温和的钉住汇率制,有3个国家使用美元作为法定货币(见图3.2)。然而,随着国家屡次干预外汇市场,限制汇率波动并提高国际储备时,拉美国家的汇率弹性机制最初遭受了重大非议。① 但随着对冲市场的发展与成熟,名义汇率波动的不确定性降低,外汇波动所付出的成本也随之降低,拉丁美洲国家汇率的波动性与小型发达、开放经济体的汇率波动性趋同(见图3.3)。

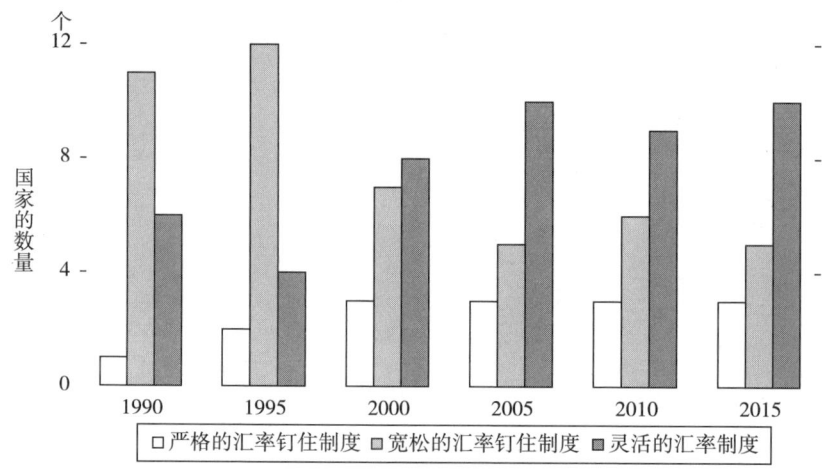

资料来源:各国中央银行网站;IMF发布的《汇率安排与汇率限制年度报告》。

图3.2 拉丁美洲的汇率机制

为了缓冲反复发生的金融震荡造成的冲击,加强国际储备成为各国更为一致且相同的趋势所在。一个典型事例是玻利维亚和秘鲁,它们的国际储备(以总储备减去黄金测算)从1990年的占本国GDP比重不足5%增长至2015年占本国GDP的比重超过30%。到2015年,巴西和墨西哥也将国际储备水平分别提升至占各国GDP

---

① Calvo和Reinhart(2002)将这种现象称之为"害怕汇率浮动",并质疑这些国家是否真的努力实现汇率浮动。

第三章 拉丁美洲的中央银行：前进之路

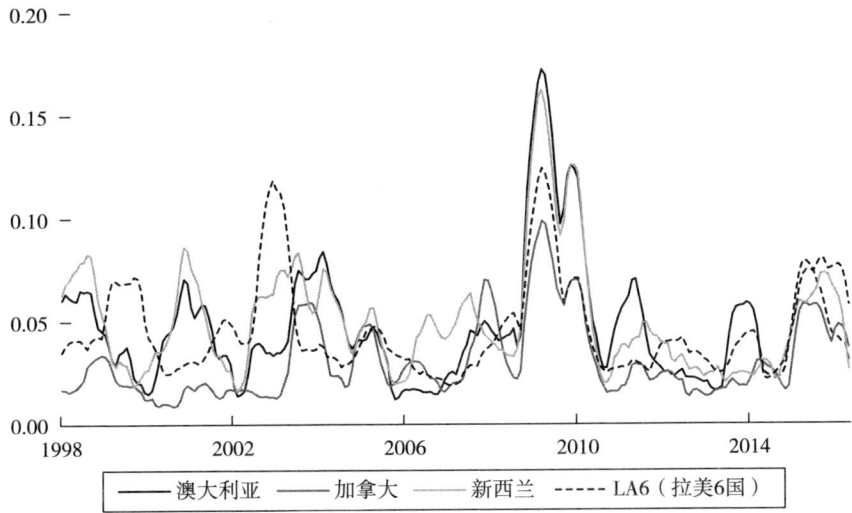

注：拉美六国通过计算巴西、智利、哥伦比亚、墨西哥、秘鲁和乌拉圭六国波动率的算术平均值得出。

资料来源：IMF 的信息通知系统数据库以及 IMF 工作人员的统计。

图3.3 名义汇率波动（12 个月的波动系数）

的 20% 和 15%。大多数国家的外汇储备增长受益于全球大宗商品价格超级周期的有利外部条件。

随着汇率波动的弹性增强，通胀目标制在该地区也日渐盛行。明确了中央银行具有稳定物价的职能，并通过汇率目标制降低通胀后，越来越多的中央银行采用通胀目标制以继续保持物价稳定。大多数国家在采用通胀目标制时走的是渐进式发展的道路，在其发展过程中逐渐引入信息透明度和责任制的精髓。然而，巴西在 1999 年初的货币危机中，则直接果断引入通胀目标制。智利和哥伦比亚也在同一年引入通胀目标制，墨西哥和秘鲁分别在 2001 年和 2002 年引入通胀目标制。①

---

① 如需详细了解各国案例，请参见 Schmidt-Hebbel 和 Werner（2002）对巴西、智利、墨西哥的介绍；Gomez、Uribe 和 Vargas（2002）对哥伦比亚的介绍；秘鲁、哥斯达黎加、多米尼加共和国、危地马拉和巴拉圭后来采用的通胀目标制等相关情况可参见 Armas 和 Grippa（2005）。

通胀目标制为通胀预期设定了锚,同时也加强了货币政策的灵活性。为监测政策效果,拉美五国(即巴西、智利、哥伦比亚、墨西哥和秘鲁)选定了具有一定通胀容忍度范围的目标点(见表3.3),以消费者价格指数作为物价稳定的测量指标。

表3.3 通胀目标、决策、信息传递和政策制定的透明度情况

	通胀目标	政策会议召开频率	发布新闻稿	发布会议纪要	公布选票结果	通胀报告
巴西	4.5%(±2)	每年8次	是	是	票数	每年四次
智利	3%(±1)	每月	是	是	票数	每年四次
哥伦比亚	3%(±1)	每月	是	是	是多数通过还是一致通过	每年四次
墨西哥	3%(±1)	每年11次	是	是	不	每年四次
秘鲁	2%(±1)	每月	是	是	不	每年四次

资料来源:各中央银行网站;Hammond(2009)。

此外,各国中央银行加强了对外信息传递及政策透明度,以此提高货币政策的有效性。中央银行的政策利率由货币政策会议确定,会议召开时间提前公布于众,大多每月召开一次(详见表3.3)。拉美五国中除秘鲁以外,其他国家中央银行均通过发布公报的形式公布货币政策结果,随后再发布货币政策会议纪要。巴西和智利还将货币政策会议的投票情况公布于众。除此以外,各国中央银行均公布季度通胀情况报告,用于说明基于内部和外部宏观经济环境而制定的货币政策立场的理论依据。

拉丁美洲中央银行还更新了其操作框架。在引入通胀目标制的同时,巴西、智利和哥伦比亚均设定了短期利率为操作目标。墨西哥银行历经多步发展,取代了之前量化基础的操作目标(借入储备目标,也就是所谓的"货币回笼额")(Carstens和Werner,1999),并在2008年1月采用政策利率作为其操作目标。秘鲁的金融系统主要以美元进行计价结算,秘鲁中央银行逐渐从使用货币供应量过渡到2003年后期以政策利率作为其操作目标。秘鲁还使用外汇储备要求作为资本流动管理和鼓励去美元化的手段。拉美五国中央银行全

部采用以市场为基础的隔夜利率作为政策利率的目标。①

实现持续低通胀目标的成功及失败案例

直到 20 世纪 90 年代中期,中央银行机构改革和政策调整才解决了该地区一直延续的通胀问题。经历了几十年的高通胀期,大多数拉丁美洲国家将通胀率降至个位数,并最终在 2005 年前后实现了稳定的低通胀目标(见图 3.4 中的图 1、图 2)。由于基本保持了通胀目标区间,许多中央银行由此树立了威信,尤其是那些在 21 世纪初已采用通胀目标制为货币政策机制的中央银行。

然而,拉丁美洲的平均通胀水平仍然高于具有同等发展水平的其他地区的国家(见图 3.4 中的图 3),主要归因于近年来少数国家物价的高速增长。尤其是委内瑞拉的通胀率自 2014 年激增至三位数,而同期阿根廷的平均通胀率预计超过 30%。截至 2016 年中期,上述两国成为世界上拥有最高通胀率的国家。这是公共金融和财政领域一次重大的倒退,因为政府向中央银行施加压力,强制要求其为财政赤字提供资金支持。此外,巴西和乌拉圭的通胀水平也在 10% 左右徘徊(见图 3.4 中的图 4)。导致此类情况的原因有很多,包括中央银行的制度环境薄弱,汇率下行压力和通胀上行压力导致的宽松财政政策,以及工资指数化。

在此背景下,拉美中央银行面临着重大挑战。在高通胀经济中,政府加强其财政架构的同时,也必须提高中央银行的独立性,从而才能为稳定价格打下基础。拉美各国尽管已经成功地稳定了通胀,但其通胀目标制仍然面临重要挑战,这一点我们将在下一小节论述。

---

① 中央银行还通过常设工具来提供流动资金和吸收流动性,这样一来,围绕政策利率制定的利率走廊可有助于保持市场利率接近目标利率。

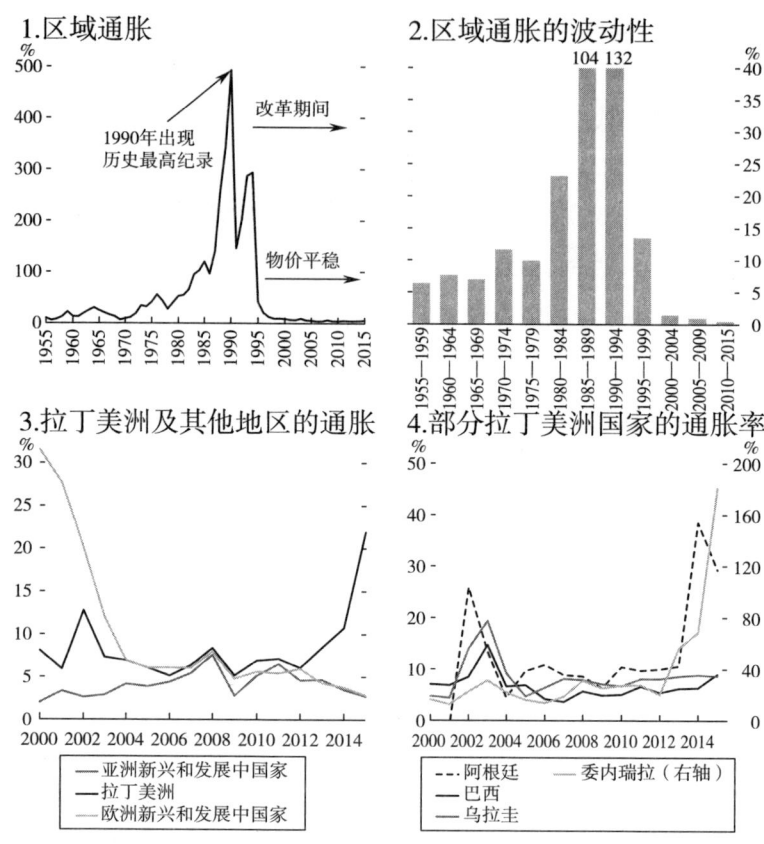

注：该数据指的是某时期内消费者物价平均上涨幅度。2007年开始，阿根廷的通胀水平与IMF工作人员的预测相一致。

资料来源：IMF发布的《国际金融统计信息》；IMF发布的《世界经济展望》。

图3.4　拉丁美洲的通胀

增加通胀目标制的有效性

面对极不稳定的国际环境以及国内的重大变化，尝试评估区域中央银行货币政策的正确立场变得更为困难。异常宽松的全球金融形势、大宗商品价格下降和发达经济体更低的中性利率是造成不确定性的重要外部因素。同时，国内方面，潜在产出水平和增长率正在被重新评估。当政策制定者试图确定实际汇率的新均衡水平、中性利率和经济放缓程度时，这些外部和国内的不确定性因素混杂在一起，决定了适当的货币政策立场。在这些挑战性的因素中，巨大而持久的汇率贬值对通货膨胀的影响，引发了一场艰难讨论，即何为拉美中央银行恰当的货币政策反应，以及如何对外传递这些决定。

改进对经济放缓和政策立场的评估

明确传递中央银行对产出缺口的估计已被证明能够提高通胀目标制度的有效性。它为市场参与者提供潜在货币政策假设的信息，从而使其能更好地预测未来的政策决策路径。但在可以明确传递产出缺口信息之前，全世界中央银行（包括发达经济体的中央银行）都面临一个操作性挑战：首先必须可靠地估计产出缺口。由于经济的潜在产出是不可观察的，对其评估会不可避免地受到不确定性的影响，并且依赖于主观判断。操作的核心是确定对经济的冲击和对通货膨胀的推动是暂时的还是永久的。

Orphanides 和 van Norden（2002）对美国的研究，以及 Grigoli 等人（2015）借鉴国际货币基金组织《世界经济展望》（*World Economic Outlook*）扩大国家样本，发现对产出缺口的实时估算往往受到实质性修正。事后看来，似乎存在一种估计偏差，即实时高估经济衰退；如初步判断为经济放缓的通常在随后几年被修正为经济过热。估计偏差来自两个主要因素：首先，经济产出的初始发布数据往往在后续年份遭到重大修改；其次，很难区分暂时性和永久性冲击，而这导致对潜在产出的评估出现偏差。令人惊讶的是，产出缺口估计的修订往往在初始数据发布之后很久才发生[①]。

比较不同国家可以发现，发达经济体的产出缺口修正幅度显著小于新兴市场经济体，并且实施通胀目标制的国家修正幅度也较小。但即使在已建立通胀目标制的拉丁美洲经济体中，产出缺口估计值的历

---

① 第一年，中位数修正达到 0.9 个百分点，即使在两年后额外修订还将近 0.5 个百分点。在经济衰退时期，这种偏差更大。

史修正幅度也表明精确地实时评估过剩产能是极端困难的。鉴于存在大幅修正，政策利率决策往往大幅度偏离最应作出的选择。

随着时间的推移，测量产出缺口的难度及其可能导致的政策失误的规模将会增加，尤其是在潜在产出（通常是缓慢移动的变量）本身遭遇重大修正的时期。如图3.5所示，大宗商品价格超级周期的结束已经导致对拉丁美洲和加勒比海的中期增长前景大幅下调。在此背景下，近期对经济衰退的评估已经受到相当大的不确定性的影响。

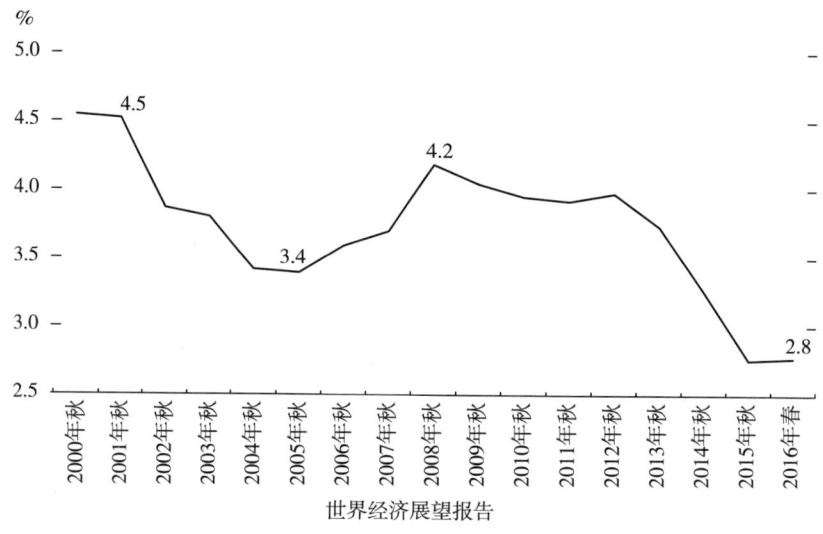

资料来源：国际货币基金组织，《世界经济展望》（多期）。

图3.5　拉丁美洲和加勒比海中期增长预测

近期文献认为，具有较长周期的变量（例如世界大宗商品价格或全球金融变量）可能导致产出在较长时期内偏离其可持续潜在产出，而不一定产生通货膨胀压力，从而使产出缺口的估计进一步复杂化①。令人欣慰的是，Borio、Disyatat和Juselius（2013）以及Borio等人（2016）发现调整金融周期产生的产出缺口实时估计不太容

---

① 例如，拉巴纳尔和拉赫里·桑贾尼（2015）说明金融摩擦的存在放大了对欧洲地区产出缺口的测量。

易进行后续修正。Alberola 等人（2016）估计最近的全球大宗商品价格超级周期将导致对拉丁美洲的产出缺口实时估计过分顺周期，从而使货币政策在某些情况下跟随仿效。但在一定条件下根据这些低频因素调整产出缺口估计可能仅具有概念上的吸引力，目前尚不清楚在连贯的货币政策框架内应如何传递这种决策。特别是，这样做可能需要延长货币政策使通货膨胀回归其目标的预期时间，从而进一步检验中央银行公信力的界限。

尽管利用不完美的实时数据和估计作出政策决策是一种内在挑战，但并不意味着中央银行应该放弃使用产出缺口。相反，应该努力改进对产出缺口的测量，最重要的是用更详细的研究和指标来补充信息（特别是国家劳动力市场指标和产能利用率）。虽然每一个估计经济衰退的指标都受到估计产出缺口类似的局限，但使用更广泛的信息可能有助于进行更准确的实时评估。中央银行必须着重提高对产品和要素市场紧张度的解读。这可以通过更好地理解劳动力市场指标和产能利用率来实现，而非仅关注产出缺口的单变量估计。

一个相关的问题是对货币政策立场的评估。自 2013 年以来，拉美中央银行实施维持不变或相对温和上涨的政策利率，以应对主要因汇率贬值导致的持续通货膨胀压力。这项政策的意图是维持宽松的货币政策条件，以支持经济增速迅速放缓背景下的疲软的总需求。但是政策利率要有多宽松？答案关键取决于中性利率水平。

自 2009 年危机以来，全球金融环境高度宽松，这种趋势造成了全球储蓄过剩，并被认为系统和大幅度地降低了拉美的中性实际利率（Magud 和 Tsounta，2012）。但在标准模型中，中性利率被认为是潜在产出增长率和国际中性利率的增函数。因此，潜在产出增长率迅速放缓很大程度上与大宗商品繁荣期结束有关，并且发达经济体下行的中性利率将进一步降低整个拉丁美洲的中性利率①。如果是这种情况，稳定政策利率下看似宽松的政策实际上可能与逐渐收紧的货币立场对应。

加强名义锚

自该地区采取通胀目标制以来，随着通货膨胀率及其波动的下降，市场对未来通货膨胀的预期反映了中央银行实现其承诺目标的公信力不断上升。这个辛苦赚来的资产被认为是货币传导及有效性的关键决定因素②。但是，锚定预期的尝试还不彻底，对部分国家而言，确保通货膨胀预期与中央银行通货膨胀目标一致仍然是一个挑战。

通货膨胀预测至少从两个方面提供了关于中央银行名义锚的相关信息。首先，通货膨胀预测与中央银行目标要在多大程度上一致？图3.6展示了自2006年1月以来，所选经济体短期和中期通胀预期与中央银行通胀目标的偏离。面板1基于12个月的短期期望值，强大的中央银行公信力并不一定意味着短期预测等于所宣布的目标，因为它们捕捉的是暂时性冲击对通货膨胀的影响。但是，如果预期被高度锚定，短期通货膨胀预期将会围绕通货膨胀目标上下对称波动，就像澳大利亚和智利一样。反过来，面板2显示了在两年的中期期限上通胀预测的偏离，通常预计其受短暂冲击导致的波动较少。因此，当预期与目标的偏差在一个方向上延续时可能会出现问题，因为这表明对中央银行实现通胀目标的看法出现了偏差。

---

① Magud 和 Sosa（2015）阐明，新兴市场经济体的潜在产出一直受到商品贸易减速和投资增长放缓的影响，反过来又降低了资本存量增长率。此外，Adler 和 Magud（2015）的研究表明，虽然拉丁美洲大宗商品出口商从近期的繁荣中获得大量的意外收入，但几乎不进行储蓄，从而下调其中期增长前景。

② 参见 Woodford（2003）的综合讨论。引用智利经验，Céspedes 和 Soto（2007）描述了与通货膨胀目标过渡相关的可信度增长是如何提高中央银行货币政策效率的，部分原因是允许决策更具有前瞻性。

第三章 拉丁美洲的中央银行：前进之路

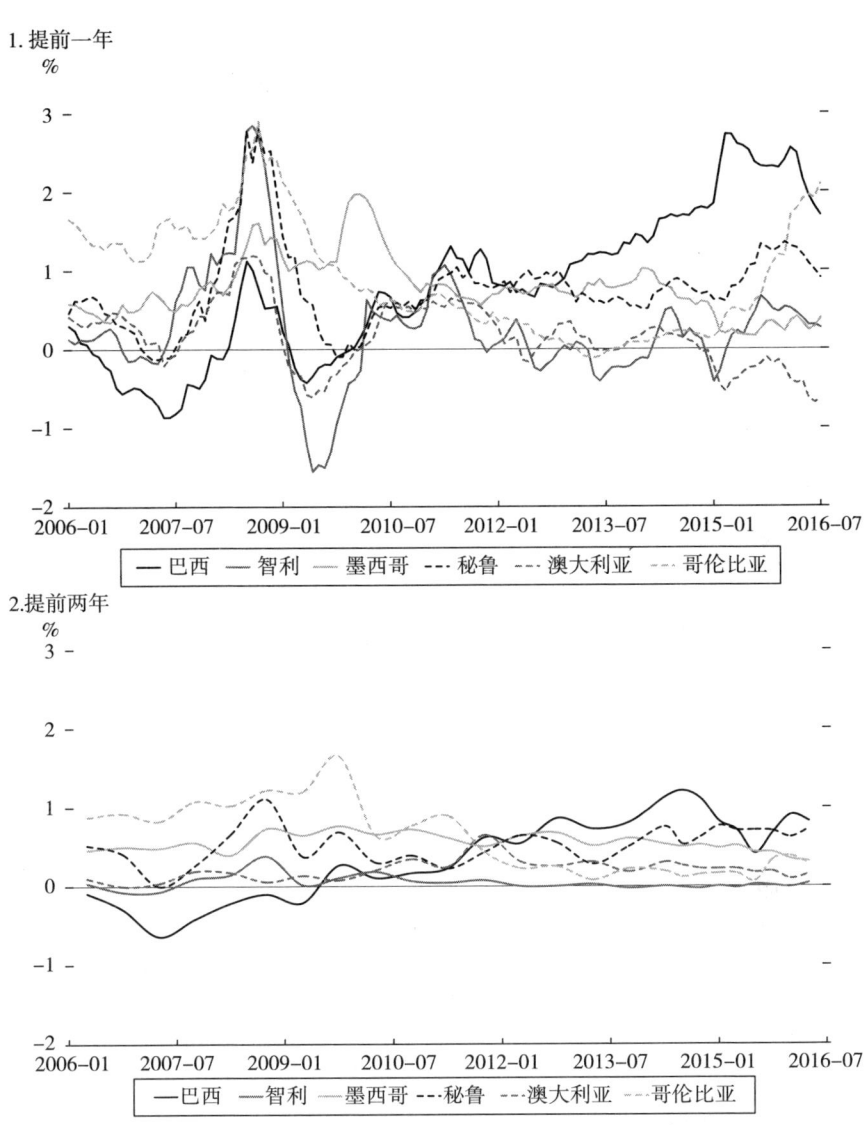

注：提前一年的预测是按月进行，并依据当期和下一年固定事件预测的线性组合进行计算。提前两年的预测是按季度进行，根据历年后 2 年的年度通胀预期对应。

资料来源：作者的计算根据共识经济学（Consensus Economics）和国家中央银行数据。

图 3.6 短期通胀预期与中央银行目标的偏差

在某些情况下，通货膨胀预期长期高于中央银行目标的中点。在巴西，通货膨胀预期在过去六年均超过中央银行目标，2015 年按年度计算偏差高达 250 个基点。在秘鲁，自 2010 年初以来，通胀预期也高于中央银行目标，持续高于中点 75 个基点。在墨西哥，自 2006 年初以来，市场参与者均未预期在两年内通胀率会实现中央银行目标。即使在 2015 年初以来全球石油价格走低导致的强力的通货紧缩压力下，通胀预期仍未降至中央银行目标的中点。促进通货膨胀预期和中央银行目标一致，可以通过（至少是部分通过）改进中央银行货币政策传递，明确价格稳定目标的首要地位来实现。

通胀预期的另一个相关方面是市场参与者就通货膨胀未来走向的相互认同程度。在这方面，拉美各国的进展较为平均。越来越多的文献认为对通胀的不同看法与通货膨胀水平及其波动相关（Mankiw、Reis 和 Wolfers，2003）。但是，Dovern、Fritsch 和 Slacalek（2012）认为，即使给定通胀水平，预测者们也存在分歧，这些分歧包含一些额外信息，如可信的货币政策能在多大程度上锚定对名义变量的预期；同时他们认为中央银行独立性限制越大的国家，分歧就越大①。在发展中国家经济体中，Capistrán 和 Ramos – Francia（2010）发现采用通胀目标制能减少预期的分歧，反映出高度锚定的通胀预期。这项著作表明，通货膨胀预测之间的分歧体现了中央银行的反应机制被充分理解的程度。

图 3.7 显示了对未来 12 个月通货膨胀率的专业预测的标准化分歧的演变，采用共识经济学公司的月度调查汇总数据。自 2000 年初以来，私人机构对未来通胀演变与发达经济体（如澳大利亚和加拿大）一致的认可程度，是一项重要的成就。也就是说，即使在那些预测者没有预见到未来通胀将与中央银行宣布的目标一致的国家，他们似乎也一致同意对未来通胀的看法。Carrière – Swallow 和 Gruss 在第四章回到预测分歧的概念上，他们估计它是中央银行实施自主货币政策能力以及汇率传导通货膨胀程度的关键决定因素。

---

① 这些结果是对七国集团的经济估计所得。见 Brito、Carrière – Swallow 和 Gruss（即将出版）。探索大样本组国家的预测分歧，并衡量货币表现指标和替代指标之间的关系。

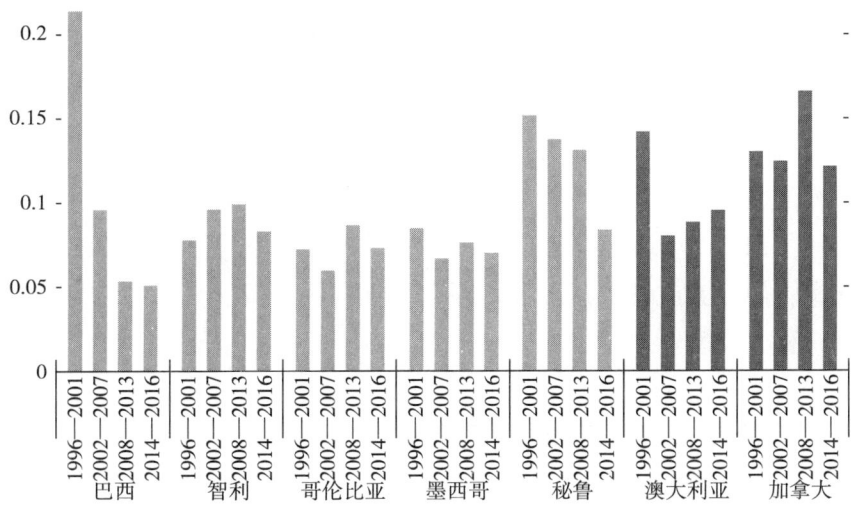

注：柱状图表示各个时期的平均标准化分歧，等于预测值的标准差与通胀预测均值的比率。

资料来源：作者根据共识经济学（Consensus Economics）的数据计算。

图 3.7　对未来 12 个月通货膨胀的预测者分歧

重新审视汇率的作用

在描述拉丁美洲通胀目标制的政策框架时，应注意纳入新兴小型经济体与发达开放经济体区分的具体特征，比如，金融市场欠发达、容量较小，机构内在波动性较高且疲软。因此，拉丁美洲通胀目标制的决策者在面对这些挑战性的情况时表现出相当大的灵活性。正如 Céspedes、Chang 和 Velasco（2014）的研究所指出的，该地区中央银行近期的货币政策决策已经远远超出了标准利率变动，涉及大量的货币干预、资本账户措施及使用非常规政策。当利率工具不足以支撑国内需求和满足通胀目标时，这些措施用于繁荣时期，应对资本流入导致的货币升值及由此产生的对财务脆弱性的担忧；也用于危机期间，应对利率工具不足以支撑国内需求并满足通胀目标的情况。[1]

全球金融危机之后，在较长的一段时期内大宗商品价格过高，强劲资本流入，许多拉美国家为减轻全球性推动因素对其资本账户和汇率的影响，配置了大量工具。最近几年来，全球商品价格呈现突然改变，全球金融环境正常化开启颇具不确定性的进程，成为上文（见图3.5）讨论过的拉丁美洲中期前景恶化的决定因素。这些发展使得传统挑战重新出现，即在大规模汇率变化的背景中制定适当的利率政策。

大量外部冲击后的货币政策

对于拉丁美洲的通胀目标制，近期全球大宗商品价格和金融形势的转变引发了汇率大幅贬值。这种相对价格变化有助于经济适应不利的外部环境，有助于避免失衡累积导致的国际收支平衡危机。通过采取浮动汇率制作为减震器发挥关键作用，货币政策可以持续朝向稳定国内需求这一目标[2]。但是这些发展给通胀目标制带来了挑战，因为尽管国内需求疲软，它们仍然引起了通货膨胀率较长时期的上升（尽管其幅度小于过去大贬值时期）。

汇率贬值通过提高以本国货币计价的可贸易商品和投入的价格，给通货膨胀带来上行压力。尽管如此，由于缺乏广泛的指数化实践，这种相对价格的调整预计只会使价格水平发生一次性增长。货币政策应忽略对通货膨胀的短期影响，并清楚地说明冲击的暂时性特征。政策决策应伴有前瞻性的交流策略，且要重视根据潜在需求压力（对未来通胀更好的预测）而不是已发生的通货膨胀来制定货币政策。

---

① 也见于 Calani、Cowan 和 Garcia–Silva（2011）对全球金融危机后拉美中央银行采用非常规政策措施的介绍，以及 De Gregorio（2014）对该区域危机前、危机期间和危机后经济政策决策的全面说明。

② 最近，Rey（2015）质疑了在面对全球金融冲击的情况下，浮动汇率使中央银行能够实施自主的货币政策的程度。见第四章对这些问题的讨论，因其适用于拉丁美洲。

与以上观点一致，采用通胀目标制的国家通过保持宽松的货币政策来支持疲弱的国内需求，而在最初都经历了贬值。不过，汇率调整的两个特点给货币政策制造了压力。首先，近期对美元汇率贬值幅度较大。图3.8中的图1在自1995年以来各国货币对美元汇率的历史轨迹构成的扇形图上绘制了18个月的贬值期。对产油国巴西、哥伦比亚和墨西哥而言，最近的贬值期开始于2014年6月，恰好与全球价格暴跌同时发生。对金属生产商智利和秘鲁而言，贸易条件恶化的冲击发生得更早一些，因此贬值窗口开始于2013年3月。在所有案例中，除秘鲁之外，由于转向更大幅度的浮动汇率制，近期的汇率贬值是其所发生过的贬值中幅度最大的一次。

其次，最近的贬值期时间延长，可能反映了同一个方向的冲击序列。相比之下，在雷曼兄弟破产后（引发了2008年9月的全球金融危机），拉美汇率同样受到影响，但是时间更为短暂。在巴西、智利、哥伦比亚和秘鲁，最初的大幅度贬值在一年之内完全恢复到受冲击之前的水平。这与近期的情况形成鲜明对比，各国货币对美元在超过两年的时间内持续贬值。

近期贬值幅度和持续时间推动通胀率持续上升超过中央银行目标范围，这给中央银行家留下了难题：一系列特定的冲击如何使他们多次错过通货膨胀目标。政策制定者面临着双向的压力：（1）维持政策对国内疲弱需求的支持，并承认通货膨胀率可能在一段时间内持续高于目标，从而使他们面临无法稳定价格的指控；（2）实行顺周期货币紧缩，以抵消来自货币的通货膨胀压力，从而使经济放缓持续恶化。

可信的货币政策能在相关政策期限上较好地锚定通货膨胀预期，这对成功实施第一项策略至关重要。对于政策期限较短的国家，要实现这一点则更具有挑战性，因为一次性通货膨胀冲击将改变短期预期。在未来，当面对导致通胀率同向移动的多重冲击时，中央银行可能需要更加灵活地承诺通胀水平回归目标的期限，以维持其公信力。比如英格兰银行，其承诺"将在合理的时间内使通货膨胀率恢复到目标值，而不会造成经济过分不稳定"①。货币政策委员会通常将这一期限解释为两年到三年，在特定情况下允许其与目标存在较长时间的偏差。2008年至2011年，尽管通胀在较长时间内高于目标，但这种弹性使得货币政策委员会能够对外沟通其实施积极扩张政策的必要性，理由则是基于经济面临价格冲击的短暂性，经济放缓的潜在程度，以及长期市场预期依然被锚定这一事实。

虽然过去数年不少拉美国家通货膨胀率高于通胀目标，但在绝大多数情况下，有两个缓解因素有助于控制偏差的大小，并保持通胀预期得到较好的锚定。的确，与数十年前的货币大贬值时期相比，最近的通胀率上升幅度较小。

第一个因素是，过去几十年里整个拉美的国内价格对汇率的敏感性下降。正如第四章所估计的那样，汇率传递系数大幅下降，尤其是在该地区使用通胀目标制的国家。汇率传递系数在一定程度上反映了一国经济的开放程度：进口在国内消费篮子中的占比越大，汇率对消费价格的影响就越大，就这方面来说，过去几十年拉美经济的逐步开放会提高通胀对汇率的敏感性。但关键是，汇率传递系数是货币政策框架及其公信力的内生因素，如果锚定通胀预期，使私人机构就未来通胀的演变达成一致，汇率传递系数就会较低，相反汇率传递系数则可能会上升。

如前文所述，使用通胀目标制的拉美国家在锚定通胀预期方面已经取得了相当大的进步，与此同时，汇率传递系数大幅下降，智利、哥伦比亚、墨西哥和秘鲁已经降至与发达经济体持平。但是在那些苦于实现价格稳定的地区，许多国家的进口开放程度还不足以解释较高的汇率传递系数，在这些情况下，如果实施稳定物价的货币政策，并且能够清晰地传导，从而使通胀下降，更好地锚定私人部门的通胀预期，汇率传递系数仍然有机会降低。

第二个因素是，在强美元背景下，这些地区的贸易伙伴也出现

---

① 见"货币政策框架"，载于 bankofengland. co. uk/monetarypolicy。

第三章 拉丁美洲的中央银行：前进之路

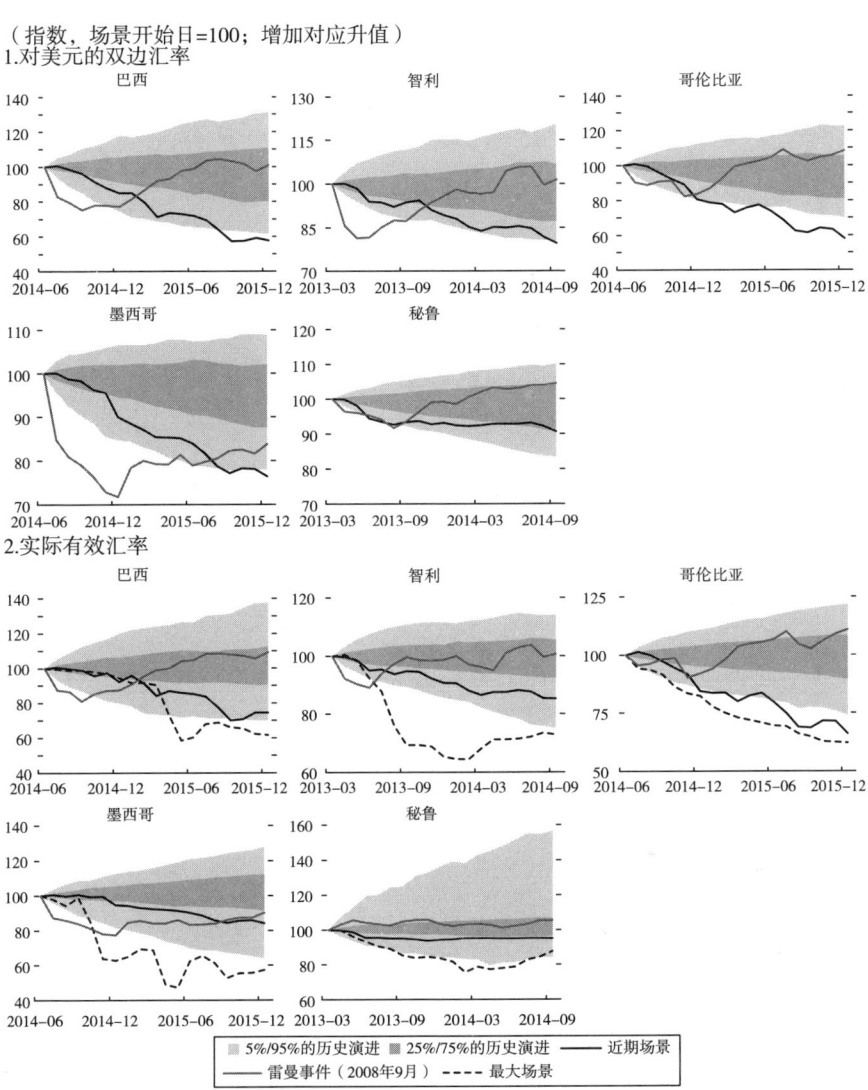

注：置信区间报告了汇率变动的经验分布，基于1995年1月以来给定国家18个月的轨迹（名义汇率）和1980年1月以来给定国家18个月的轨迹（实际有效汇率）。最大场景对应于自1980年1月以来最大的年度同比实际有效汇率贬值，开始日期根据国家不同：1998年3月（巴西），1982年3月（智利），1985年3月（哥伦比亚），1981年10月（墨西哥）和1984年9月（秘鲁）。

资料来源：国际货币基金组织信息通知系统，国际货币基金组织《国际金融统计》，以及国际货币基金组织工作人员的计算。

图 3.8　历史背景下的近期汇率贬值

了汇率大幅贬值的情况。双边汇率贬值关乎制定货币政策的多个方面，包括未来通胀预期的形成以及资产负债表的健康状况，然而多边汇率才是实际通胀的重要驱动力。图 3.8 的面板 2 显示了同一时期实际有效汇率的演变过程，并将其与 1980 年以来的历史轨迹分布进行了比较。美元的全球强势意味着，拉美多边汇率的贬值程度要小于对美元的双边汇率，因为在某些情况下双边汇率受到的外部调整有限。但相对于各国的历史经验，巴西和哥伦比亚最近的汇率波动程度仍然很大。这些抑制因素尽管只对该地区的通胀施加了有限的压力，但都强调了与通胀预期形成相关的风险。各国中央银行必须极其关注通胀预期的演变，如果不锚定通胀预期，汇率传递系数就会上升，而公众并未广泛理解多边汇率和双边汇率之间的技术性差异，后果便是，货币对美元大幅贬值，这可能引发人们对通胀上升、通胀预期以及潜在金融稳定风险的过度担忧。如果短期的通胀效应足够强并且持久，或者对美元贬值的历史经验持续影响通胀预期，那么前瞻性的沟通政策可能需要得到利率政策上的支持。事实上，由于人们担心通胀预期没有被锚定，哥伦比亚和墨西哥被迫提高了政策利率。

外汇干预和国际储备

为什么各国干预外汇市场？

外汇干预通常是为了实现以下部分或全部目标：（1）价格稳定；（2）金融稳定；（3）建立缓冲。为了实现这些目标，货币当局认为在某些情况下外汇干预比利率工具更加有效，或者对利率工具有补充作用。通过避免通胀压力，遏制汇率过度贬值可以促进价格稳定目标的实现，进而维护中央银行的公信力。限制汇率过度波动可以降低货币错配的风险，有助于保持金融稳定，而且能够避免金融市场动荡，降低在金融不稳定时期中增加的不确定性，有助于支持经济增长。最后,积累国际储备有助于建立更大的缓冲,以应对外部冲击,并降低因外汇流动性短缺而导致多重均衡的可能性。

现有文献在理论上提出了外汇干预影响汇率的四种途径。

- 释放信号。中央银行可能希望通过向市场释放信息,来表明它们未来的货币政策意图。具体来说,中央银行想要释放与未来货币政策立场一致的汇率信号(Mussa,1981)。

- 资产组合平衡渠道。国内资产不是国外资产的完美替代品,就这方面来说,国内资产带有风险溢价。所以,当国内资产相对存量较高时,中央银行通过出售国内资产来购买国外资产(即冲销干预)将会增加国内资产的风险溢价(反之亦然,购买国内资产以使货币升值)。投资组合套利的存在意味着国内资产的价值将会降低,从而使国内货币贬值(Kouri,1976)。

- 市场微观结构。有关汇率微观结构的文献发现,市场交易量和汇率波动正相关(Frankel 和 Froot,1990),新闻、外部冲击和流动性问题通常使交易量增大,从而使汇率波动加剧,这可能会干扰金融市场、资产配置以及定价。此外,Aghion 等(2009)的研究表明,较高的汇率波动率会降低全要素生产率的增长速度,从而降低经济增长速度。具体来说,较高的汇率波动会使不确定性增加,从而导致投资减少(考虑到非金融企业的信贷限制)。

- 预防性储蓄渠道。20世纪90年代的亚洲金融危机以及全球金融危机的影响,促使各国中央银行建立国际储备,从而对外部冲击有更大的缓冲空间。

聚焦于拉美,采用通胀目标制的中央银行利用外汇干预应对汇率的大幅变动和过度波动,其干预属于传统的利率政策,目标是通过总需求实现通胀目标,同时也影响通胀预期[1]。

如果通胀预期的形成机制更强调变动本身,而不是基础的结构化价格形成过程,那么通过外汇干预限制汇率过度波动或贬值,可

---

[1] 更早的模型请参考 Heller(1966)及 Frenkel 和 Javanovic(1981);更多最近的研究请参考 Jeanne 和 Rancière(2011)及 Bianchi、Hatchondo 和 Martinez(2013)。

以支持中央银行所扮演的主要角色，即通胀目标制。此外，当外汇干预与金融稳定目标相关时，各国中央银行可以通过干预来降低汇率波动（例如哥伦比亚、墨西哥和秘鲁），以解决资产负债的货币错配和流动性问题。就其本身而言，2009年智利增加了一个流动性工具，以缓和全球金融危机的影响。值得一提的是，尽管该地区许多中央银行的目标并不是金融稳定，但缺乏金融稳定可能会降低通胀预期。

外汇干预的另一个动机是通过积累国际储备来建立缓冲。各国通常倾向于对意外冲击采取更强的缓冲措施，如上文所述的预防性动机。对于小而开放的经济体来说，建立更高水平的国际储备就是为了实现这个目标，尽管在理论上纯粹的浮动汇率制度不需要高水平的国际储备。事实上，从2010年到2015年，拉美五国中央银行积累了大量的国际储备，比如巴西的国际储备占到了GDP的7%（见图3.9）。某些情况甚至对占比有明确的要求，例如2011年智利的目标是将其提高到与之有类似发展水平和政策框架国家的水平。然而，应该冲销国际储备的积累，以避免更高的通胀水平，使得通胀预期不能被锚定。

通过对外汇干预目标最近相关证据的调查，Adler和Tovar（2014）研究了从2004年到2010年拉美15个经济体外汇干预的动机。他们指出，减少过度波动通常是外汇干预的主要动机，而最常见的理由是：为自我保险目的建立储备，并遏制汇率波动。

中央银行如何干预？

要研究外汇干预实际上是如何实施的，我们需要关注几个方面。首先是外汇干预的框架，一些国家的框架是基于规则来运作的，而另一些国家则是根据潜在的优势和劣势自由裁量。反过来，各国选择何种框架也可以随时间而调整。第二个方面是实际工具，有些国家干预即期市场，有些则在期货市场上使用掉期交易。下面我们讨论工具的选择主要取决于目标。在大多数情况下，干预的频

第三章 拉丁美洲的中央银行：前进之路

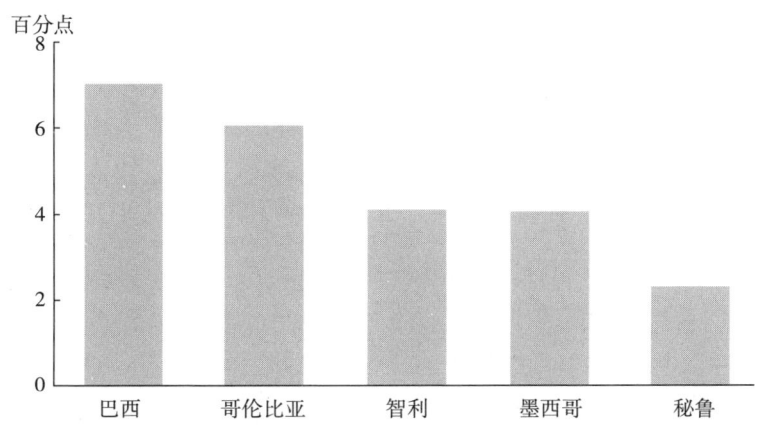

数据来源：国际货币基金组织，世界经济前景数据库（2016年6月）；国际货币基金组织工作人员的计算。

图3.9 2010—2015年国际储备总值占GDP比重的变化

率会受到框架选择的影响。最后，本章关注冲销的外汇干预。我们研究以下每一个问题，研究不同的工具在什么时候能更好地服务于中央银行的目标。

值得强调的是，对于拉美来说，外汇干预主要是为了金融稳定和预防（即建立缓冲区）。考虑到汇率急剧下跌的幅度，即使是在那些汇率传递系数相比国内物价较低的国家，价格稳定目标也一直是在汇率大幅贬值情况下的焦点。

在外汇干预的框架方面，有些拉美国家使用基于规则的方法。这些规则可以明确干预规模及形式，并且可以自由裁量地决定干预时机。例如，哥伦比亚和墨西哥设定了一定的幅度，当汇率的每日变动超过这个幅度时，外汇干预就会被触发，不过两国分别在2016年5月和2月终止了这种规则。巴西也曾短时间内使用过基于规则的外汇干预政策。在所谓的"QE缩减恐慌症"之后，巴西中央银行于2013年8月启动了一项预先宣布的干预计划，涉及每日拍卖外汇互换和回购，每周的量相当于30亿美元。尽管拍卖量较低，但是该项目一直在不断扩大，原计划2013年底到期，但直到2015年3月才结束。在其鼎盛时期，外汇余额约为1 100亿美元。

其他国家更倾向于自由支配的外汇干预,包括巴西(除了上述项目之外)和秘鲁,最近还有哥伦比亚和墨西哥(见表3.4的第1、第2条)①。尽管市场参与者通常意识到中央银行在买卖美元,但在中央银行自由裁量的操作下,他们也只能在事后才能知道实际买卖的规模。

不同的方法各有利弊。向外界宣布干预措施应该更为可取,至少从释放信号(尤其关乎实施通胀目标制的中央银行)的角度来看是这样的。更高的透明度有助于缓解中央银行的担忧,即担忧干预措施会扰乱其释放的通胀目标信号。从拉美来看,新西兰中央银行在不影响货币政策目标的前提下,采用了一种透明的规则来决定干预时机。只有当先决条件得到满足时,外汇干预才会被触发,其目的是为了限制汇率的过度波动,以及相对于其基本面过度升值或贬值的汇率水平。②

表3.4　　外汇干预框架、主要工具、总销量和采购量

1. 干预框架

	基于规则/自由裁量		即期或掉期	
	基于规则	自由裁量	即期	掉期
巴西	√	√	√	√
智利		√	√	
哥伦比亚	√	√	√	
墨西哥	√	√	√	
秘鲁		√	√	√

---

① 例如,秘鲁的中央银行出台了一项政策,旨在抑制过度汇率波动,以减少汇率大幅波动带来的负面影响。一般而言,中央银行干预外汇有三种途径:(1)即期干预,通过直接在市场上买卖美元;(2)定期存单(CDs),与汇率挂钩,以本币计价,但根据外币价格变动进行调整(旨在为市场提供对冲资产);(3)货币掉期,以本币结算的无本金交割远期合同,外汇掉期用本币结算,而且与汇率变动(估值的收益和损失)相关的任何调整都归到名为"第89条"的账户。

② 细节请见 RBNZ 公告第1期第68条(2005年1月)。关于触发外汇干预……银行需要如下所有条件都得到满足:(i)汇率必须极高或极低;(ii)汇率与经济基本面不相称;(iii)干预必须与 PTA(通胀目标)一致;(iv)市场条件必须是适当的,允许干预作为成功的一个合理机会。为了知道政策制定者的决策,该期公告对这些条件进行了精确的定义。

2. 总销量和采购量（10亿美元）

	外汇总销量						外汇总采购量					
	2010	2011	2012	2013	2014	2015	2010	2011	2012	2013	2014	2015
巴西	0.0	6.7	26.2	130.4	153.3	122.6	42.0	66.4	30.4	5.5	16.8	8.3
智利	0.0	0.0	0.0	0.0	0.0	0.0	0.0	12.0	0.0	0.0	0.0	0.0
哥伦比亚	0.0	0.0	0.0	0.0	0.0	0.0	3.1	3.7	4.8	6.8	4.1	0.0
墨西哥	0.0	0.0	0.7	0.0	0.2	24.5	20.6	23.2	16.9	17.3	14.3	2.8
秘鲁	0.04	10.3	2.9	10.5	16.9	22.2	9.2	10.3	13.0	6.3	6.3	8.7

注：总销量和采购量包括即期交易和掉期交易。

数据来源：国家当局。

表3.4的面板1还总结了拉美使用的外汇干预工具。智利、哥伦比亚和墨西哥主要通过即期汇率进行干预，特别是为了其金融稳定目标。巴西和秘鲁同时使用即期和掉期干预。如上文所述，巴西使用掉期主要是出于释放信号的需要，而秘鲁的货币错配则与金融稳定有关。

即期干预有助于补充外汇流动性短缺，而掉期干预主要有助于缓解外汇对冲需求。当银行或公司有外汇债务到期时，需要实际的即期美元来支付。在经济体外汇流动性普遍短缺的情况下，掉期干预就不如即期干预有效。反过来，如果外汇需求的增加是由于对冲担忧（比如，因为汇率风险被重新评估），那么掉期干预则可以满足这一需求。也就是说，如果远期和即期市场没有被分割，那么选择何种干预手段可能就不那么重要了。掉期通常以本币结算，对缓解由外汇干预所导致的国际储备变动特别有用。以本币结算的掉期交易到底是否会导致储备存量仍是争论的主题，因为从会计意义上并不会这样，但从经济或市场参与者的角度来看可能会导致这样的结果。干预的频率取决于两个方面。一方面，干预措施是基于规则还是自由裁量。如果干预是基于规则的，那么只有市场结果才会触发干预，从而影响干预频率，在这种情况下，我们至少可以部分地评估干预频率。自由裁量的干预有可能会放大不稳定性，因为当观察到市场动态时，干预的可能性更难以估计。另一方面，货币当局的核心基础和公信力既可以提高也可以降低外汇干预的频率。无论哪个方面，提高政策透明度和传导性都倾向于缓和这两种因素，从而降低中央银行实际干预外汇市场的可能性。

当汇率明显超过其均衡水平、货币错配程度高并且外汇储备充足时，使用冲销外汇交易通常会更好。汇率过高可能是外汇市场陷入困境的一种症状，在这种情况下，干预带来的潜在好处可能很大。而且给定其他条件不变，对过高汇率的外汇干预能够降低其预期成本，因为一旦干预成功，货币当局将会获利。

当汇率渐进调整至更低（而不是过高）的均衡水平时，冲销外汇交易的成本会更高。利用外汇干预来缓和贬值过程，可能会给中央银行带来巨大的预期损失，并延缓原有的汇率调整节奏。因此，它应该主要考虑到金融稳定风险（如当资产负债表中存在货币错配问题时）和无序的市场状况。当决定是否以及如何干预时，国际储备是否充足是一个值得考虑的重要因素。如果外汇储备不足，外汇干预可能会适得其反，因为外汇储备的进一步减少会增加脆弱性。

干预的影响是什么？

关于外汇干预在降低汇率波动方面的有效性，其证据是两面的，正如外汇干预对汇率水平的影响一样，原因可能是市场不能清晰地了解政策的制定细节，比如政策公告中很少定义波动率。同样，据 Adler 和 Tovar（2014）的调查，实施外汇干预的国家也没有提及汇率水平是其政策的目标。政策缺乏传导及透明度（通胀目标制的主要内容）可能会限制外汇干预的有效性。[①]

早期对外汇干预的实证研究聚焦于发达经济体，主要使用投资组合平衡模型，用来识别汇率水平的变化。研究发现，几乎没有证据表明外汇干预是有效的。[②] 考虑到投资组合效应的局限性，这并

---

① 最近，Adler、Lama 和 Medina（2016）研究了最优外汇干预。
② 见 Sarno 和 Taylor（2001）的调查，或者 Fatum 和 Hutchison（2005）关于日本的冲销干预，只在短期内对汇率有系统性影响。

不奇怪，因为相对于这些经济体债券市场的深度，干预的规模非常小。①

相反，近期关于新兴市场的实证文献却发现了一些支持性的证据。② 例如，Adler 和 Tovar（2014）以及 Adler、Lama 和 Medina（2016）研究了这些新兴市场经济体的证据，发现冲销干预对经济确实有积极的影响，在资本流入时进行干预可以降低升值的速度。Daude、Levy–Yeyati 和 Nagendgast（2014）也得到了类似的结果。Barroso（2014）以及 Chamon、Candido de Souza 和 Garcia（2015）的研究表明，外汇干预对巴西施加的升值压力有限，但对经济影响的程度不同。这些研究通过含蓄地或明确地测试投资组合平衡方法，评估了汇率水平。Fratzscher 等（2015）发现，外汇干预对于平滑汇率、稳定那些使用窄幅波动制度国家的汇率有很好的效果。

IMF（2015）的研究显示，在 2013 年"QE 缩减恐慌症"事件期间，外汇干预降低了巴西的波动性。Barroso（2014）也考察了汇率波动问题，测试了外汇干预对实现金融稳定目标的有效性。同样，Tashu（2014）发现外汇干预有效地降低了秘鲁的汇率波动，而 Domac 和 Mendoza（2004）、Chamon（2015）和 IMF（2015）在墨西哥也发现了类似的证据。尽管智利关于外汇干预的案例和研究比较少，但 Claro 和 Soto（2013）通过研究 2008 年和 2011 年购买储备的有效性，发现这些外汇干预虽然成功，但是需要付出代价。

然而，Disyatat 和 Galati（2005）发现，捷克共和国的外汇干预对即期汇率和风险逆转的影响很小，而且统计显著性很弱。他们还发现，干预对短期汇率波动有影响，而且，捷克当局似乎主要是为了应对 koruna 升值加速。

---

① 从物质的角度看，广场协议的干预总额约为 180 亿美元，即使考虑通胀，也要小于近几年拉美五国的外汇干预。

② 最近的研究见 Menhkoff（2013），附件 3.1 中列举了文献及其对影响的估计。

关于评估工具，Nedeljkovic 和 Saborowski 最近的研究比较了巴西现货和不可交割期货的相对有效性。他们发现这两种工具都能有效地影响汇率及其波动性，两种工具之间有显著的联系。他们还指出，巴西中央银行倾向于更多地依赖即期外汇干预，以缓和资本流动的压力，同时利用期货来影响汇率走势。

对外汇干预的挑战：透明度是关键

展望未来，拉美增强通胀目标机制与外汇干预的主要挑战是什么？考虑到标准利率政策和外汇干预之间的明显冲突，货币政策在这方面还有很大的改善空间。

在某种程度上，通胀目标制的效力强烈依赖于公信力，即政策的透明度和清晰传导在协调和锚定通胀预期上的公信力。透明度和适当的沟通使经济代理人能够准确地推断中央银行的利率应对机制。在这个意义上，通过锚定通胀预期就已经实现了协调。但在外汇干预方面缺乏这种透明度，包括基于规则进行外汇干预的中央银行。为使市场更轻易地了解外汇干预过程，有必要设置更明确的目标（包括汇率水平、金融稳定或储备积累）和操作框架（基于规则或自由裁量）。最终，释放信号目标应该关系到中央银行的公信力。这一点尤其重要，因为在某些情况下，外汇干预政策实际上可能会放大金融不稳定性，而不是降低。

一旦政策变得更加透明，私人部门的参与者就能更好地理解中央银行外汇干预政策的应对机制。更畅通的传导、透明和更可信的外汇干预政策可以减少实际干预的必要性，因为市场参与者能够预期中央银行对汇率变动的反应。市场微观结构对汇率的影响将减少，反过来，这将增强通胀目标制的有效性。

中央银行和系统性金融稳定

与全球趋势一致，拉美的中央银行正在重新考虑它们在维护金融稳定方面的作用。金融危机的深度和成本使全球产生一种共识，即需要从维护金融稳定、防范再次系统性危机的角度，也要从宏观维度完善金融监管或者宏观审慎监管。这种新的金融监管方法有两个要素：一个是强调将金融体系视为整体，而非各个机构的总和；另一个是扩大监管范围，包括整个金融行业，而不仅仅是银行业。这一共识还表明，中央银行在制定宏观审慎政策方面应该发挥核心作用。相应地，大多数发达国家已经在实施宏观审慎政策，而新兴市场也正逐步向同一方向发展。[①] 然而，尽管宏观审慎政策带来了不可否认的好处，但是如果设计不得当，它可能会产生额外的成本。因此，拉美各国中央银行面临的挑战是设计出一种有效的宏观审慎政策，将成本降至最低，同时避免在执行货币政策的过程中削弱中央银行的独立性。

拉美的宏观审慎政策：进展

不像其他地区，拉美一直以来都容易遭受大规模的银行业危机。从1970年到2012年，该地区发生了多达28次系统性银行业危机，没有一个大国幸免。与其他地区相比，拉美在危机总数方面排名第三，但平均到每个国家，则排名第一（见图3.10）。此外，某些国家在同一时期发生了不止一次银行业危机，阿根廷最多，一共有4次（1981年、1989年、1995年和2002年），许多国家遭受过2次银行业危机。在这些银行业危机中，有14次同时发生了货币危机，9次发生了主权债务危机。[②]

然而，拉美相对较好地经受住了全球金融危机的不利影响。几十年来第一次，在很大程度上避免了无序的情形，尽管受到了巨大的外部金融冲击的影响。大宗商品超级周期结束和贸易条件恶化，

[①] 英国、美国、欧盟及其一些成员国家通过对金融稳定框架进行法律改革，为宏观审慎政策奠定基础，许多新兴市场（包括马来西亚、泰国和土耳其）也都如此。

[②] 系统性银行业危机数据库见 Laeven 和 Valencia（2013）。

带来了强大的外部冲击,但大宗商品出口国的金融体系表现也很好,有效抵御了这种不利影响,以及美国货币政策可能正常化后出现的大规模资本外流。这两次冲击产生了巨大的货币贬值,但在很大程度上金融体系仍然保持稳定。

然而也不能因此自满,因为没有哪个国家能够免受金融危机的影响。全球金融危机已经表明,脆弱性可以通过系统之间的联系不断发展,并且可以在金融行业的不同活动之间(银行、保险公司、证券市场)转移。

拉丁美洲国家对于宏观审慎政策持有谨慎态度,尽管步伐慢于发达经济体,但一些国家还是取得了进步。智利、墨西哥和乌拉圭已经正式成立金融稳定委员会,而且各国之间不尽相同(专栏3.1)。巴西也对金融行业的监管作了类似的部署,建立了中央银行和其他监管机构的信息协调机制。① 智利、墨西哥和乌拉圭建立的宏观审慎政策框架借鉴了美国的结构,尽管智利的中央银行不是金融稳定委员会的正式成员,而只是作为受邀成员参会。

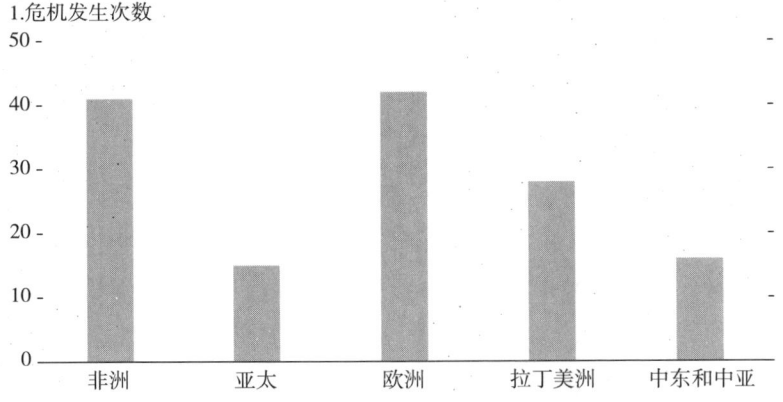

数据来源:Laeven 和 Valencia(2013)银行业危机数据库。

---

① 关于巴西制度安排的解释请见 Jácome、Nier 和 Imam(2012)。

2.平均每个国家危机发生次数

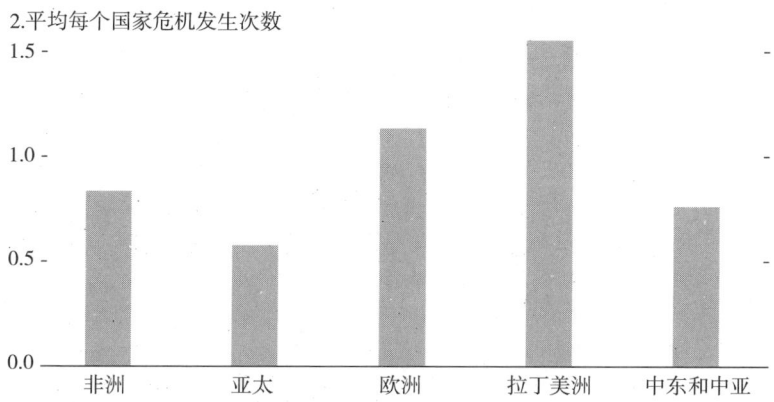

数据来源：Laeven 和 Valencia（2013）银行业危机数据库。

图 3.10　1970—2012 年拉丁美洲和其他地区系统性银行业危机

专栏 3.1　智利、墨西哥和乌拉圭的金融稳定委员会

对拉丁美洲而言，如何设计一个有效的宏观审慎政策框架正引发越来越多的关注。自全球金融危机以来，智利、墨西哥和乌拉圭已经在这个方向上作出了一些决定，在改善金融稳定框架方面取得了进展，为实施宏观审慎政策奠定了基础。2011 年智利成立了金融稳定理事会（Financial Stability Council），2010 年墨西哥成立了金融体系稳定理事会（Financial System Stability Council），2011 年乌拉圭成立了金融稳定委员会（Financial Stability Committee），这些新的制度安排存在许多共同特点。

1. 上述制度安排都有防范系统性风险累积的职能，在必要的情况下可以建议相关机构采取宏观审慎措施，但它们都没有决策权并且不对决策负责任，尽管墨西哥理事会必须就评估金融稳定以及维护金融稳定采取的相应措施公布报告。三种制度安排都授权有关机构从所有金融行业及其参与机构获得信息，以发挥协调作用，确保努力维持金融稳定的一贯性。

2. 墨西哥和乌拉圭的金融稳定委员会有明确的治理金融危机的权力，而智利的危机管理机构隶属于各个机构，理事会扮演协调的角色，并且明确指出危机管理是成立理事会的首要原因。三个国家的金融稳定委员会都由财政部长主持，其他成员由金融监督机构和中央银行的负责人组成（智利除外，虽然中央银行负责人应邀参加，但不是委员会的正式成员）。因此，这在很大程度上模仿了美国金融稳定监督委员会的结构。墨西哥的金融稳定委员会由8名成员组成，包括国家银行及证券业委员会主席、国家保险委员会和国家养老保险委员会主席、银行存款保护协会执行秘书、财政部副部长和墨西哥银行的行长及两位副行长。乌拉圭的金融稳定委员会由乌拉圭中央银行行长、金融服务署负责人和银行储蓄保护署主席组成。智利的金融稳定委员会由证券及保险监管委员会首长、银行及金融机构监管委员会首长以及养老金管理委员会负责人组成。智利中央银行行长不是委员会的正式成员，否则与宪法所规定的中央银行的独立性和法定职权相冲突。

某些金融稳定委员会还有其他具体职责，比如智利的委员会还拥有对监管机构预算标准的建议权，乌拉圭的金融稳定委员会还负责就金融稳定问题与其他国际机构的协调工作。这三个国家的金融稳定委员会定期举行日常会议，智利至少每月举行一次，墨西哥至少每季度举行一次，乌拉圭至少每年举行一次。

当前主要的宏观审慎政策工具与全球金融危机之前的监管工具相同。玻利维亚、哥伦比亚、秘鲁和乌拉圭实施了动态准备金制度，尽管许多国家还使用了其他手段，例如限制净头寸敞口和银行间风险敞口，但通常都采用了微观审慎方法。巴西在使用宏观审慎工具方面最活跃，该国有时综合采用贷款价值比和风险权重系数的变化来应对金融脆弱性（Afanasieff等，2015）。有趣的是，尽管大多数拉丁美洲国家的前两大银行的市场份额总和超过了40%，但这些国家普遍并未对其系统重要性金融机构实施特殊化的资本金要求。

建立一个有效、平衡的宏观审慎政策机制所面临的挑战

在过去15年里,尽管拉美国家总体上取得了重大进展,提高了金融体系的稳健性及其应对实体和金融冲击的能力,但是仍然需要努力应对系统脆弱性。由于20世纪80年代和90年代银行业危机造成了巨大损失,大多数国家制定了新的立法来加强审慎监督和管理,不仅对资本金要求高于巴塞尔标准,还备有大量流动性缓冲机制,监管机构从合规检查转向以风险为导向的监管。各国不仅制定了现代化的立法制度以应对银行倒闭,同时还加强金融安全网的建设。然而,拉丁美洲国家仍然需要建立有效的宏观审慎政策,从结构性方面及时地监测和处理系统脆弱性。全球金融危机表明,系统性风险的来源和程度很可能随着时间的推移而发生变化,在传统的静态审慎监管下,风险的分布可能会迅速转移。此外,监管还必须考虑到金融部门风险与宏观经济发展之间较强的关联性。

在现有的制度环境(比如大西洋和太平洋模式)以及制度结构的关键方面,拉丁美洲宏观审慎政策的设计还需要完善。① 在大西洋模式(阿根廷、巴西、巴拉圭和乌拉圭)下,货币政策和审慎监管都由中央银行负责,而在太平洋模式(智利、哥伦比亚、墨西哥和秘鲁等国)下,分别由中央银行和另一个单独的机构负责。② 各国根据使用模式的不同,建立有效宏观审慎政策的起点也不同。至于金融行业与宏观审慎政策相关的其他领域,各国的制度结构各不相同。③

使用大西洋模式国家的关键问题是明确法律职责,承担明确的

---

① 这些制度安排具有历史根源(见第二章),并写入一些国家的宪法。
② 这两种制度模式已经在 Jácome、Nier 和 Imam(2012)的论文中有所论及。
③ 在阿根廷和巴西,保险公司和证券市场被专门的机构监管,但是在智利,它们由同一个机构监管。在哥伦比亚,保险公司和证券市场被银行监管机构管理,然而在墨西哥,银行和证券市场业被统一机构监管。在秘鲁,银行和保险公司被统一机构监管,但是在乌拉圭,银行、保险和证券市场都被中央银行监管。

问责义务。各国需要区分宏观审慎政策目标（金融稳定）和货币政策目标（价格稳定），这关乎相应的宏观审慎政策制定权的分配。各国还应进一步协调努力，同其他监管机构一起解决系统性风险。让决策者对其制定的政策负责，本身是一项艰巨的任务，因为问责制的基础是制度明确的、对政策执行可量化衡量的目标，然而金融稳定本来就很难衡量，较容易衡量的是不稳定性，而这正是宏观审慎监管部门所希望避免的。在这一点上，责任义务的履行被简化为事后问责，而不是事先阻止负面结果的发生。

以太平洋模式为起点的国家，对强化宏观审慎政策还有其他挑战，因为相关信息、专长和监管权力分散在中央银行和银行业监管部门，以及其他监管机构（就如大西洋模式一样），宏观审慎政策要成功实施非常困难，因为成功实施取决于多个机构的合作（Nier等，2011）。一些国家的应对方式是成立金融稳定委员会，然而这些委员会执行宏观审慎政策缺乏有效性，因此，尽管它们可能建议采用宏观审慎措施，但它们的建议没有法律约束力。据推测，立法者试图通过避免行政权力的干预来维护中央银行和金融监管机构的独立性（金融稳定委员会由财政部长担任主席），但代价是责任制失效，因为没有任何机构最终为宏观审慎政策负责。加强这些委员会有效性的另一种方法是，赋予它们与现有的建议条款相关联的"遵守或解释"的权力。

无论拉丁美洲国家采用何种制度安排模式，加强或建立宏观审慎框架都应遵循如下标准：（1）实现对系统风险有效的识别、分析和监测；（2）确保及时有效地利用宏观审慎政策工具，设置合适的授权，并确保强有力的权力和责任；（3）在风险评估和缓解方面确保有效协调，以减少差距和重叠，同时保留单独政策职能的自主权。① 这表明，支持宏观审慎政策的机构设置不应破坏中央银行来之不易的独立性及可信度。既然维护金融稳定不可避免地涉及政府

---

① 请参见 Nier 等（2011）对这些原则的讨论。

的介入，考虑到金融危机是由纳税人买单，那么让货币政策制定免受政府的干预就很重要。另一种选择是保持不同决策制定者有清晰的、不同的目标以及不同的主要工具（货币政策使用利率工具，金融稳定使用宏观审慎工具）。加强沟通来解释中央银行的履职作用也很重要。

拉丁美洲国家还必须确定如何更好地协调宏观审慎政策与其他经济政策，特别是货币和微观审慎政策（IMF，2013b）。人们普遍认为，货币和宏观审慎政策具有很强的互补性和相互作用，但是缺乏确保有效协调的标准方法。因此，必须了解这些政策之间的相互作用、潜在冲突和协同效应，以及如何最好地利用它们以实现价格稳定（与货币政策相关）和金融稳定（与宏观审慎政策相关）的目标。作为协调的原则，这两种政策应该相辅相成，主要是分配利率工具和宏观审慎工具的运用，前者用来影响总需求，并实现价格稳定，后者主要是为了实现金融稳定。宏观审慎和微观审慎监管更加紧密相关。在与货币政策的关系中，原则上宏观审慎和微观审慎政策有不同的目标（分别是整个金融体系的稳定性和对存款人的保护），尽管它们具有互补的特点，但在某些时候，这两个目标可能是相互冲突的。例如，某个国家可能需要引入一种宏观审慎措施，比如在经济下行周期中运用银行发行特别条款以维持信贷流动。相比之下，微观审慎监管机构可能会建议采取更为保守的政策，并认为宏观审慎监管可能危及存款的安全或机构的偿付能力。面临的挑战是如何设计一个能够有效协调这两项政策的体制框架，同时要考虑它们的共同边界是不清楚的这个因素，因为这两种监管方式使用了类似的工具。

结论

在提供价格稳定的环境、支持可持续经济增长方面，拉丁美洲的独立中央银行取得了实质性进展。本章回顾了这些成就的理论基础，并讨论了该地区中央银行接下来面临的挑战。

对那些通胀居高不下且波动性较大的国家来说，实现持久的价格稳定不仅需要解决财政失衡，还需要加强中央银行的独立性。对那些以通货膨胀为目标的国家来说，接下来的挑战包括：评估经济萧条和政策立场；进一步锚定通胀预期；在长期存在的短期冲击的背景下，传达货币政策并阐明汇率在货币政策框架中的作用。最后，宏观审慎政策在维护金融稳定方面的作用必须与现有目标相协调，必须注意维护中央银行独立性，保持价格稳定目标的首要地位。

附录 3.1　　外汇干预的经验证据

研究	影响
跨国	
Adler 和 Tovar（2014）	每 0.1% 的国内生产总值外汇干预减缓了国内 0.3% 的货币升值速度。
Adler、Blanchard 和 Carvalho（2015）	每 0.25% 的国内生产总值外汇干预减少了每 1.5% 的货币升值速度。
Adler、Lisack 和 Mano（2015）	每 1% 的国内生产总值外汇干预使名义汇率和实际汇率分别贬值 1.7%～2.0% 和 1.4%～1.7%。
Daude、Levy-Yeyati 和 Nagengast（2014）	每增加 1% 的外汇干预使本币贬值了 0.18%。
巴西	
Barroso（2014）	10 亿美元的购买干预≥0.45%～1.18% 的贬值。10 亿美元的销售干预≥0.46%～0.66% 的升值。平均国内货币估值变化 0.5%。
Chamon、Candido de Sousa 和 Garcia（2015）	在 2013 年的货币互换计划宣布后，升值幅度超过了 10%。
墨西哥	
Domac 和 Mendoza（2004）	1 亿美元售汇业务使比索升值 0.08%。
Chamon（2015）	2015 年外汇干预公告发布后升值了 2.5%。
秘鲁	
Tashu（2014）	售汇业务有效地降低了波动性和贬值。外汇买入没有效果。
土耳其	
Domac 和 Mendoza（2004）	1 亿美元的售汇业务使里拉升值 0.2%。

参考文献

［1］Adler, G., O. Blanchard, and I. de Carvalho Filho. 2015. "Can Foreign Exchange Intervention Stem Exchange Rate Pressures from Global Capital Flow Shocks?", NBER Working Paper 21427, National Bureau of Economic Research, Cambridge, Massachusetts.

［2］Adler, G. , R. Lama, and J. P. Medina. 2016. "Foreign Exchange Intervention Under Policy Uncertainty", IMF Working Paper 16/67, International Monetary Fund, Washington, DC.

［3］Adler, G. , N. Lisack, and R. Mano. 2015. "Unveiling the Effects of Foreign Exchange Intervention: A Panel Approach", IMF Working Paper 15/130, International Monetary Fund, Washington, DC.

［4］Adler, G. , and N. Magud. 2015. "Four Decades of Terms-of-Trade Booms: A Metric of Income Windfall", Journal of International Money and Finance 55: 162 – 92.

［5］Adler, G. , and C. E. Tovar. 2014. "Foreign Exchange Interventions and their Impact on Exchange Rate Levels", Monetaria II (1): 1 – 48.

［6］Afanasieff, T. , R. L. P. Coelho, E. C. de Castro, J. Gregrio, and F. L. C. A. Carvalho. 2015. "Implementing Loan-to-Value Ratios: The Case of Auto Loans in Brazil (2010 – 11)", Working Paper 380, Central Bank of Brazil, Brasilia.

［7］Aghion, P. , P. Bacchetta, R. Rancière, and K. Rogoff. 2009. "Exchange Rate Volatility and Productivity Growth: The Role of Financial Development", Journal of Monetary Economics 56: 494 – 513.

［8］Alberola, E. , R. Gondo, M. Lombardi, and D. Urbina. 2016. "Output Gaps and Policy Stabilization in Latin America: The Effect of Commodity and Capital Flow Cycles", BIS Working Paper 568, Bank for International Settlements, Basel.

［9］Armas, A. , and F. Grippa. 2005. "Targeting Inflation in a Dollarized Economy", IDB Working Paper 538, Inter – American Development Bank, Washington, DC.

［10］Barro, R. J. , and D. B. Gordon. 1983. "Rules, Discretion and Reputation in a Model of Monetary Policy", Journal of Monetary Economics 12 (1): 101 – 21.

[11] Barroso, J. B. 2014. "Realized Volatility as an Instrument to Official Intervention", Working Paper 363, Central Bank of Brazil, Brasilia.

[12] Bianchi, J., J. C. Hatchondo, and L. Martinez. 2013. "International Reserves and Rollover Risk", NBER Working Paper 18628, National Bureau of Economic Research, Cambridge, Massachusetts.

[13] Borio, C., P. Disyatat, M. Drehmann, and M. Juselius. 2016. "Monetary Policy, the Financial Cycle, and Ultra – Low Interest Rates", BIS Working Paper 569, Bank for International Settlements, Basel.

[14] Borio, C., P. Disyatat, and M. Juselius. 2013. "Rethinking Potential Output: Embedding Information About the Financial Cycle", BIS Working Paper 404, Bank for International Settlements, Basel.

[15] Borio, C., and A. Zabai. 2016. "Unconventional Monetary Policies: A Re – appraisal", BIS Working Paper 570, Bank for International Settlements, Basel.

[16] Brito, S., Y. Carrière – Swallow, and B. Gruss. Forthcoming. "Disagreement about Inflation and Monetary Policy Performance", IMF Working Paper, International Monetary Fund, Washington, DC.

[17] Calani, M., K. Cowan, and P. Garcia – Silva. 2011. "Inflation Targeting in Financially Stable Economies: Has It Been Flexible Enough?", In Monetary Policy under Financial Turbulence, edited by L. F. Céspedes, R. Chang, and D. Saravia. Santiago: Central Bank of Chile.

[18] Calvo, G. and C. Reinhart. 2002. "Fear of Floating", Quarterly Journal of Economics 67 (2): 379 – 408.

[19] Canales – Kriljenko, J., L. I. Jácome, A. Alichi, and I. de Oliveira Lima. 2010. "Weathering the Global Storm: The Benefits of Monetary Policy Reform in the LA5 Countries", IMF Working Paper 10/

292, International Monetary Fund, Washington, DC.

[20] Capistrán, C., and M. Ramos-Francia. 2010. "Does Inflation Targeting Affect the Dispersion of Inflation Expectations?", Journal of Money, Credit and Banking 42 (1): 113 – 34.

[21] Carstens, A., and L. I. Jácome. 2005. "Latin American Central Bank Reform: Progress and Challenges", IMF Working Paper 05/114, International Monetary Fund, Washington, DC.

[22] Carstens, A., and A. Werner. 1999. "Mexico's Monetary Policy Framework under a Floating Exchange Rate Regime", Documento de Investigación 9905, Banco de México, Mexico City.

[23] Céspedes, L. F., R. Chang, and A. Velasco. 2014. "Is Inflation Targeting Still on Target? The Recent Experience of Latin America", International Finance 17 (2): 185 – 207.

[24] Céspedes, L. F., and C. Soto. 2007. "Credibility and Inflation Targeting in Chile", In Monetary Policy under Inflation Targeting, edited by F. Mishkin and K. Schmidt – Hebbel. Santiago: Central Bank of Chile.

[25] Chamon, M. 2015. "The Effects of FX Intervention in Mexico", IMF Country Report 15/314 (November), International Monetary Fund, Washington, DC.

[26] Chamon, M., L. Candido de Souza, and M. Garcia. 2015. "FX Interventions in Brazil: A Synthetic Control Approach", Textos para discussao 630, PUC Department of Economics, Rio de Janeiro.

[27] Claro, S., and C. Soto. 2013. "Exchange Rate Policy and Exchange Rate Interventions: The Chilean Experience", BIS Papers 73: 81 – 94.

[28] Cukierman A., S. Webb, and B. Neyapti. 1992. "Measuring the Independence of Central Banks and Its Effect on Policy Outcomes", World Bank Economic Review 6 (September): 352 – 98.

[29] Daude, C., E. Levy-Yeyati, and A. Nagendgast. 2014. "On the Effectiveness of Exchange Rate Interventions in Emerging Markets", Working Paper 324, Organization for Economic Cooperation and Development, Paris.

[30] De Gregorio, J. 2014. How Latin America Weathered the Global Financial Crisis. Washington, DC: Peterson Institute for International Economics.

[31] Disyatat, P., and G. Galati. 2005. "The Effectiveness of Foreign Exchange Intervention in Emerging Market Economies: Evidence from the Czech Koruna", BIS Working Paper 172, Bank for International Settlements, Basel.

[32] Domac, I., and A. Mendoza. 2004. "Is There Room for Foreign Exchange Interventions under an Inflation Targeting Framework? Evidence from Mexico and Turkey", Policy Research Working Paper 3288, World Bank, Washington, DC.

[33] Dovern, J., U. Fritsche, and J. Slacalek. 2012. "Disagreement Among Forecasters in G7 Countries", Review of Economics and Statistics 94 (4): 1081 – 96.

[34] Fatum, R., and M. Hutchison. 2005. "Foreign Exchange Intervention and Monetary Policy in Japan, 2003 – 04", International Economics and Economic Policy 2 (2 – 3): 241 – 60.

[35] Frankel, J., and K. A. Froot. 1990. "Exchange Rate Forecasting Techniques, Survey Data, and Implications for the Foreign Exchange Market", NBER Working Paper 3470, National Bureau of Economic Research, Cambridge, Massachusetts.

[36] Fratzscher, M., O. Gloede, L. Mekhoff, L. Sarno, and T. Stohr. 2015. "When Is Foreign Exchange Intervention Effective? Evidence from 33 Countries", Discussion Paper 1518, German Institute for Economic Research, Berlin.

[37] Frenkel, J., and B. Jovanovic. 1981. "Optimal International Reserves: A Stochastic Framework", Economic Journal 91: 507–14.

[38] Gómez, J., J. D. Uribe, and H. Vargas. 2002. "The Implementation of Inflation Targeting in Colombia", Paper presented at the conference "Inflation Targeting, Macroeconomic Modeling and Forecasting", Banco de la República and Bank of England, Bogotá, January.

[39] Grigoli, F., A. Herman, A. Swiston, and G. Di Bella. 2015. "Output Gap Uncertainty and Real-Time Monetary Policy", IMF Working Paper 15/14, International Monetary Fund, Washington, DC.

[40] Hammond, G. 2009. "State of the Art of Inflation Targeting", Handbook No. 29, Centre for Central Banking Studies, Bank of England, London.

[41] Heller, R. H. 1966. "Optimal International Reserves", Economic Journal 76: 296–311.

[42] International Monetary Fund (IMF). 2013a. "Unconventional Monetary Policies—Recent Experience and Prospects", IMF Policy Paper, International Monetary Fund, Washington, DC.

[43] International Monetary Fund (IMF). 2013b. "Key Aspects of Macroprudential Policy", IMF Policy Paper (June), International Monetary Fund, Washington, DC.

[44] International Monetary Fund (IMF). 2015. "Selected Issues Papers for the 2015 Article IV Consultation with Brazil", IMF Country Report 15/122, International Monetary Fund, Washington, DC.

[45] Jácome, L. I., E. W. Nier, and P. Imam. 2012. "Building Blocks for Effective Macroprudential Policies in Latin America", IMF Working Paper 12/183, International Monetary Fund, Washington, DC.

[46] Jácome, L. I., and F. Vázquez. 2008. "Any Link Between Legal Central Bank Independence and Inflation? Evidence from Latin America and the Caribbean", European Journal of Political Economy 24:

788 – 801.

[47] Jeanne, O., and R. Rancière. 2011. "The Optimal Level of International Reserves for Emerging Market Countries: A New Formula and Some Applications", Economic Journal 121 (555): 905 – 30.

[48] Joyce, M., D. Miles, A. Scott, and D. Vayamos. 2012. "Quantitative Easing and Unconventional Monetary Policy—an Introduction", Economic Journal 122: 1 – 88.

[49] Kouri, P. 1976. "The Exchange Rate and the Balance of Payments in the Short Run and in the Long Run: A Monetary Approach", Scandinavian Journal of Economics 78: 280 – 308.

[50] Laeven, L., and F. Valencia. 2013. "Systemic Banking Crises Database", IMF Economic Review 61 (2): 225 – 70.

[51] Magud, N., and S. Sosa. 2015. "Investment in Emerging Markets: We Are Not in Kansas Anymore, Or Are We?", IMF Working Paper 15/77, International Monetary Fund, Washington, DC.

[52] Magud, N., and E. Tsounta. 2012. "To Cut or Not to Cut? That Is the (Central Bank's) Question: In Search of the Neutral Interest Rate in Latin America", IMF Working Paper 12/243, International Monetary Fund, Washington, DC.

[53] Mankiw, N. G., R. Reis, and J. Wolfers. 2003. "Disagreement about Inflation Expectations", In NBER Macroeconomics Annual, Vol. 18, edited by M. Gertler and K. Rogoff. Cambridge, Massachusetts: MIT Press.

[54] Menkhoff, L. 2013. "Foreign Exchange Intervention in Emerging Markets: A Survey of Empirical Studies", World Economy 36: 1187 – 208.

[55] Mussa, M. 1981. "The Role of Official Intervention", Group of Thirty Occasional Paper, New York.

[56] Nedeljkovic, M., and C. Saborowski. Forthcoming. "The

Relative Effectiveness of Spot and Derivatives Based Intervention: The Case of Brazil", IMF Working Paper, International Monetary Fund, Washington, DC.

[57] Nier, E. W. , J. Osinski, L. I. Jácome, and P. Madrid. 2011. "Institutional Models for Macroprudential Policy", IMF Staff Discussion Note 11/180, International Monetary Fund, Washington, DC.

[58] Orphanides, A. , and S. van Norden. 2002. "The Unreliability of Output – Gap Estimates in Real Time", Review of Economics and Statistics 84 (4): 569 – 83.

[59] Rabanal, P. , and M. Raheri Sanjani. 2015. "Financial Factors: Implications for Output Gaps", IMF Working Paper 15/153, International Monetary Fund, Washington, DC.

[60] Rey, H. 2015. "Dilemma Not Trilemma: The Global Financial Cycle and Monetary Policy Independence", NBER Working Paper 21162, National Bureau of Economic Research, Cambridge, Massachusetts.

[61] Rogoff, K. 1985. "The Optimal Degree of Commitment to an Intermediate Target", Quarterly Journal of Economics 100 (4): 1169 – 89.

[62] Sarno, L. , and M. P. Taylor. 2001. "Official Intervention in the Foreign Exchange Market: Is It Effective, and, If So, How Does It Work?", Journal of Economic Literature 39 (3): 839 – 68.

[63] Schmidt – Hebbel, K. , and A. Werner. 2002. "Inflation Targeting in Brazil, Chile, and Mexico: Performance, Credibility, and the Exchange Rate", Working Paper 171, Central Bank of Chile, Santiago.

[64] Tashu, M. 2014. "Motives and Effectiveness of Forex Interventions: Evidence from Peru", IMF Working Paper 14/217, International Monetary Fund, Washington, DC.

[65] Woodford, M. 2003. Interest and Prices: Foundations of a Theory of Monetary Policy. Princeton, New Jersey: Princeton University Press.

第二部分

全球一体化背景下的货币政策独立性

第四章 全球金融一体化对拉丁美洲国家货币政策的影响

国际货币基金组织
严·卡里尔·斯沃洛 贝特朗·格鲁斯

全球金融资产市场之间的联系日益紧密,很多拉丁美洲经济体也不例外。本章分析了拉丁美洲国家货币政策在两个方面深受金融一体化的影响:全球金融环境下的货币政策自主权和汇率传递。在此基础上,本章探讨如何通过增强货币政策的可信度、建立坚固的名义锚,来更好地权衡以上两方面。

我们将考虑的第一个方面是拉丁美洲国家货币政策在多大程度上受到外国货币政策的制约。在对全球金融危机后美国货币政策正常化的讨论中,有学者提出,在国内需求疲软的情况下,拉丁美洲各国中央银行是否能够维持适应性货币政策,从而允许汇率调整以应对利差扩大的情况,还是需要跟随美国收紧货币政策。

第二个方面是重新审视拉丁美洲地区汇率变动和通货膨胀的关系。在金融一体化程度加深和汇率波动幅度加大的背景下,中央银行能否维持稳定的通货膨胀率在相当大程度上依赖于有限度的汇率传递。事实上,采用通胀目标制的一个重要担忧就是历史上拉美地区的汇率传递效应较强。

由于全球金融危机之后许多发达经济体都采取了非常规货币政策,新兴市场经济体汇率在一连串全球金融冲击下经历了巨大的波动,以上两个论题在近期的研究文献和政策讨论中都备受关注。

金融一体化及其对货币政策的影响

过去四十年,拉丁美洲经济体逐步解除了对国际资本流动的限制。图4.1中的1展示了20世纪70年代以来,选定的拉丁美洲国家资本账户的政策变化的理论估计值(指标取值区间为0至1,数值越大表示开放程度越高)。虽然在这个阶段资本流动限制逐渐减少,但是显著的资本流动开放始于20世纪90年代初。

拉丁美洲储蓄率一直很低,开放资本账户首先能够使更多充足的外国储蓄进入本地区,为生产性投资融资,从而推动经济发展。其次,外国金融中介的进入会加大国内市场的竞争,从而能够提高本土金融中介的效率。最后,能够从国外借贷也使政府和企业能够平稳应对异质性冲击。

随着国际资本流动限制的消除,流入和流出拉丁美洲的资本逐渐增多。图4.1中的2基于Lane和Milesi-Ferretti(2007)汇编的数据,描述了金融一体化的实际值,其值等于国外资产和负债之和与GDP的比值。

1. 理论估计(Chinn和Ito,2008)

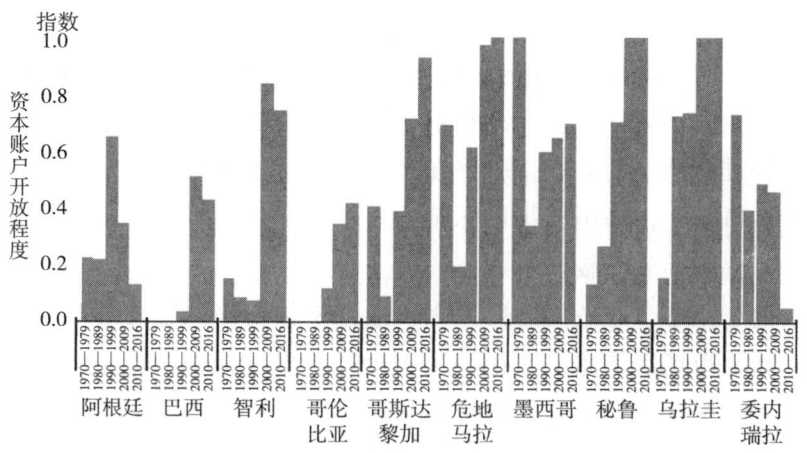

2. 实际值（Lane 和 Milesi–Ferretti，2007）

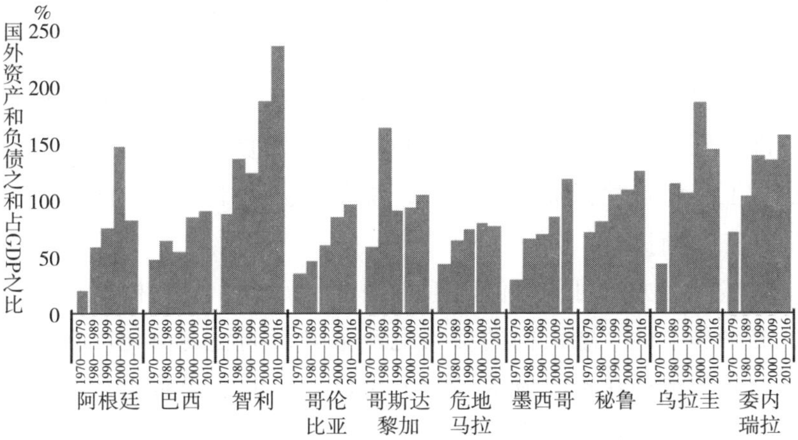

注：Chinn 和 Ito 的指数基于 IMF《年度汇率安排与管制报告》，其取值是标准化为 0 到 1 之间的数值，数值越大表示跨境资本交易的开放程度越大。

数据来源：Chinn 和 Ito（2008）；Lane 和 Milesi–Ferretti（2007）；作者计算。

图 4.1　20 世纪 70 年代以来拉丁美洲金融一体化程度估计

参与全球市场金融一体化也会带来一些公认的负面影响。风险方面，一体化程度高的经济体，对突然撤资等国外风险的敞口更大，可能会带来巨大的损失，在极端情况下甚至会引发金融危机。请见 Obstfeld（1988）的讨论。

开放程度的加大对货币政策制定具有重要影响。在相互联系更为紧密的金融市场中，国内资产的国际套利现象越加普遍，政策制定者面临开放经济的困境：要么管制汇率而放弃货币政策的自主性，要么任由汇率波动，从而保持货币政策自主权，即能根据国内通胀目标和经济活动设定政策利率。

在 20 世纪 70 年代部分拉丁美洲国家实施的金融开放进程中，货币政策当局选择了固定汇率。20 世纪 90 年代的开放进程则采取了更加折中和渐进的方式，且在大多数情况下都采用提高汇率灵活性的措施。这种转变一方面是由于 20 世纪 80 年代早期发生的债务危机导致了严重的外部失衡，另一方面也是由于货币当局越加认识到在巨大外部冲击面前，尤其是逆周期的财政政策难以实施的情况下，保持货币政策自主权十分重要。

图 4.2 中的 1 表明到 20 世纪 90 年代，采用钉住汇率制的国家数量开始减少。相比完全浮动汇率制或者钉住汇率制，目前采用有管理的浮动汇率制或软汇率钉住（soft peg）的拉美国家数量正在增加，部分原因是一些国家将美元也作为法定货币。如图 4.2 中的 2 所示，汇率稳定性指标数值减小，说明过去几十年间，此地区汇率灵活性在逐渐提升。

虽然没有方法可循，但随着金融逐步开放，监管机制也越加成熟，更多非本地金融机构的参与也使金融市场更为深化。在很多情况下，各国选择在资本流动措施上保持一定的自由裁量权，这也是IMF 基于国际经验广泛认同的一种策略（IMF，2012）。

在汇率波动更大的情况下，货币错配会加剧公司和银行负债表脆弱性。很多国家试图增加金融工具的可获得性和可用性来对冲货币错配。在现行政策框架下，汇率灵活性更高，这催生了私营部门为汇率风险投保的内生激励，同时也相应减轻了独立的中央银行干预外汇市场的压力。

监管和审慎改革同样有助于在货币波动更大的情况下解决金融脆弱性问题。一个明显的例子是几个拉丁美洲国家实施的去美元化计划，相关政策包括引入审慎措施以建立内化美元化风险的激励机制[1]。这些措施包括对存款准备金差异采取积极管理、提高外币贷款的准备金要求、对银行净头寸实施更严格的限制。通过发行长期本币公债来促进本币资本市场发展的明确策略也起到了关键作用，有助于银行融资和长期本币公债的定价。在宏观经济稳定、通胀水平显著降低和汇率持续升值的背景下，玻利维亚、巴拉圭、秘鲁、乌拉圭的金融美元化比例平均降低了 30 个百分点（Garcia-Escribano 和 Sosa，2011）。尽管如此，部分拉丁美洲国家的美元化程度仍然很高。

---

[1] 见 Armas、Ize 和 Levy（2006）关于应对金融美元化的政策讨论，以及第九章对秘鲁案例的深度讨论。

1. 汇率制度分类（Klein 和 Shambaugh，2008）

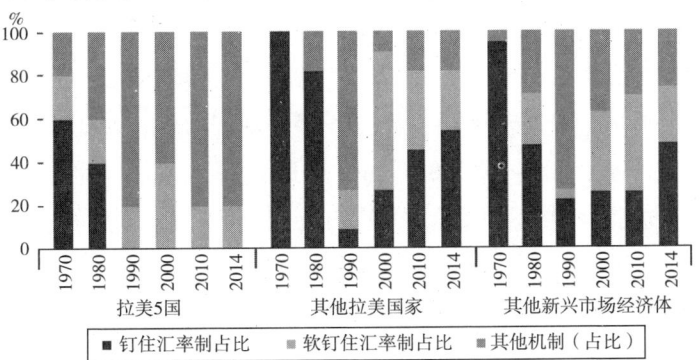

2. 汇率稳定指标

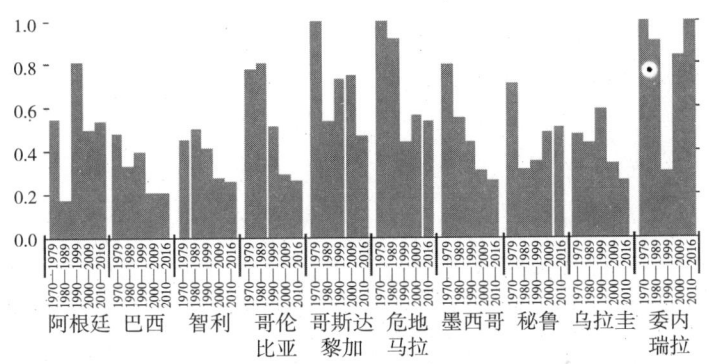

注：Klein 和 Shambaugh（2008）对钉住汇率机制和软钉住汇率机制的分类很大程度上遵循了 Obstfeld 和 Rogoff（1995）的方法。Chinn 和 Ito（2008）的指标基于每个国家月度汇率相对于基准国的年度方差，且标准化为 0~1 的数值，数值越大表示汇率灵活性越低。EME 指新兴市场经济体，拉美 5 国指巴西、智利、哥伦比亚、墨西哥和秘鲁。

数据来源：作者的计算。

图 4.2　向更高汇率灵活性的转变

为了成功转型为浮动汇率下国内物价稳定的货币政策机制，建立坚固的名义锚至关重要。很多拉丁美洲国家在 20 世纪 90 年代晚期和 21 世纪初采用了通货膨胀目标制，以这种简单、易与公众沟通的货币政策框架作为设立名义锚的方法。但由于该方法一定程度上受立法监督，因此一旦目标没有达到就意味着中央银行会受到审查。由于历史上拉丁美洲地区的汇率调整与恶性通货膨胀期相关，遏制汇率传递对实现通胀目标构成了挑战。

这些国家建立国内名义锚的进展如何？如上文所述，更高的开放程度会带来规模更大的资本流动和更剧烈的汇率波动。图 4.3 中的 1 显示选定的拉丁美洲国家 20 世纪 90 年代以来的通胀变动情况。柱状图对应 1990—1995 年、1996—2001 年、2002—2007 年、2008—2013 年、2014—2016 年的平均通胀率。采用了通胀目标制的国家，其通胀率大幅降低。然而，在其他国家，将通胀率维持在 10% 以下仍然是一个挑战。10% 的通胀率是一个阈值，一些实证研究认为超过 10% 的通胀率会造成产出和就业错配，从而给经济发展带来极高的成本（Reis，2013）。

物价不稳定是中央银行致力于消除的福利成本的最终来源，因此，通胀率的变化性和平均水平同样重要。图 4.3 中的 2 显示相同时间段通胀率的标准差。非常重要的一点是，通胀率的下降同样伴随着通胀率波动程度的显著降低。最后，如第三章所述，以上成效带来了更好的通胀预期锚定效应，通胀预期与目标一致，预测者之间的分歧也大大减少。换言之，私营部门对未来物价轨迹的认知越加趋于一致，且其预测大体上与中央银行所公布的目标一致。

货币政策绩效的提高是否能够归功于通胀目标制还未有定论，实施这一货币政策框架的国际经验效果不一[①]。现在开始分析拉丁美洲国家货币政策制定框架的两个方面，这两方面能够阐明货币政策框架演变和货币政策绩效之间的关系。

第一个方面是中央银行在金融一体化程度更高的情况下根据国内目标调整货币政策的能力。开放经济政策的三元悖论（Mundell，1963；Obstfeld 和 Taylor，1998）指出，如果一个金融开放的经济体采用固定汇率，那将无法针对保证产出或维持物价稳定等国内目标来调整货币政策。其推论是只要允许汇率浮动，货币政策自主权就

---

① 例如，Goncalves 和 Salles（2008）发现，采用通胀目标制的国家与不采用通胀目标制的国家相比，通胀率的降幅更大、通胀率的波动性更小。但是，Brito 和 Bystedt（2010）发现，这种通胀率的降低是以平均产出增长率的降低为代价的。所以，尽管通胀目标制使中央银行能够更有力地控制通胀，但是可能并没有降低通胀紧缩政策给经济活动带来的负面影响。请参考 Cespedes、Chang 和 Velasco（2014）对部分拉丁美洲国家近期实施通胀目标制情况的评论。

第四章 全球金融一体化对拉丁美洲国家货币政策的影响

是可能的。但是，许多研究发现，即使是汇率灵活性高的国家，国际利率对国内利率的传递效应依然很显著（Edwards，2015）。鉴于一体化经济体之间的利率和其他资产价格在很大程度上是联动的，有学者甚至质疑三元悖论的有效性（Ray，2015）。那么，在开放资本账户后，拉丁美洲中央银行是否实现了货币政策自主权？

第二个方面是在汇率波动性更大的情况下是否能够保持物价稳定。即使中央银行能够保持政策自主权，设定符合国内目标的政策利率，但如果消费者价格指数对汇率高度敏感，较高的汇率波动可

1. 通胀率（时期平均值）

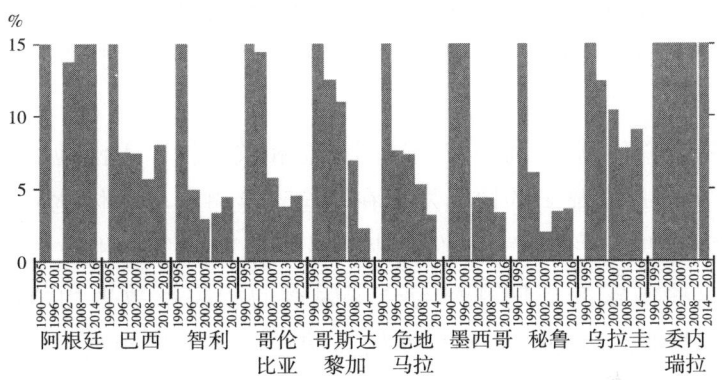

2. 通胀波动性（时期标准方差）

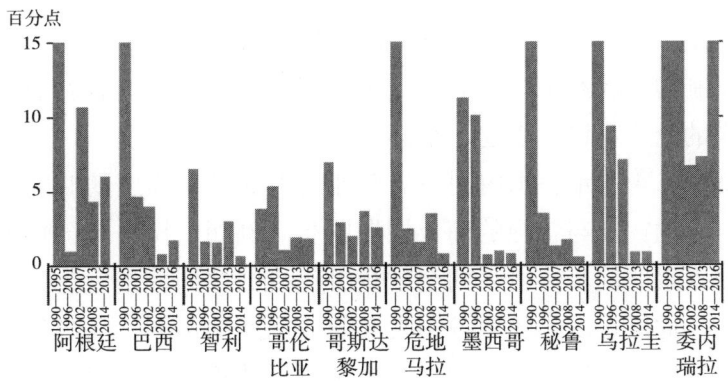

注：为了清晰起见，图中数值的上限为15。2006年12月以后阿根廷的CPI数据与私人分析机构估计的相一致。

数据来源：IMF，信息通知系统。

图4.3　20世纪90年代以来通胀水平和波动性的降低

能会导致较高的通胀率波动。在这种情境下,由于货币政策传导机制漫长,不可能通过货币政策抵消物价波动,这给锚定通货膨胀预期造成了困难。那么,拉丁美洲地区货币政策的改革是否伴随着汇率传递效应的减弱?

拉丁美洲地区的溢出效应和货币政策自主权

21世纪初以来,很多发达和新兴市场经济体的利率呈现显著的协动效应[①]。我们通过测算由短期和长期利率、实际产出增长、消费者物价指数通胀率构成的全球因素来分析全球金融周期的联动效应,这些全球因素对应60个国家在上述变量的时间序列的主成分[②]。

多数国家的短期利率与全球因素正相关。拉丁美洲地区与全球因素联动效应最显著的情况发生在与全球金融市场一体化程度最高的国家(巴西、智利、哥伦比亚、墨西哥和秘鲁,用拉美5国表示)。这些国家的短期利率与全球因素的相关系数平均值略高于0.7,这与亚洲金融一体化程度较高的经济体水平相当。哥斯达黎加、洪都拉斯、巴拉圭等其他拉丁美洲国家的短期利率与全球短期利率的联动效应比以上国家小。长期利率的情况与短期利率类似。

但是,国内利率与全球利率的高度相关性,是否意味着采用灵活汇率制的开放经济体没有制定独立货币政策的自主权?通过我们接下来的论述可以发现这不是必然的。

如图4.4所示,国内利率与全球因素的联动程度随时间发生变化,且波动往往与各国的商业周期同步。例如,拉美5国短期利率与全球因素的同步性在受到全球金融危机的共同冲击后达到非常高的程度。危机之后,随着各国真实商业周期的不同,同步程度有所减弱。这说明在通过利率独立性推断货币政策自主权时,必须仔细

[①] 此部分分析出自IMF(2015)。
[②] 主成分对应最能反映数据总方差的基础序列的线性组合。

第四章　全球金融一体化对拉丁美洲国家货币政策的影响

考虑商业周期内的联动性，本章后续将会讨论这一问题。

我们运用向量自回归（VARs）方法，采用21世纪初期以来的一组国别月度数据来量化美国与其他43个发达和新兴市场经济体之间的利率关系[1]。根据相应的问题，所有的模型以短期或长期利率的变动作为国内变量，以美国联邦利率或10年期国债收益率作为外部或外生变量[2]。根据 Chen、Mancini–Griffoli 和 Sahay（2014）的研究成果，我们将芝加哥期权交易所变动指数（VIX）也作为一个外部变量，表示全球风险情绪的变动。

我们首先分析国内短期利率对美国联邦利率变动的反应[3]。样本国家的短期利率对美国联邦利率的反应极为不同（见图4.4面板中的圆圈）[4]。联邦利率上升100个基点，拉丁美洲以外的样本新兴市场经济体的短期利率的平均变动小于10个基点，发达经济体则平均变动约30个基点。在拉丁美洲地区，墨西哥和秘鲁的短期利率变动分别高达95个基点和80个基点，阿根廷、玻利维亚、智利、哥斯达黎加、乌拉圭的变动仅为20~40个基点。然而，哥伦比亚的变动接近零，巴西的变动甚至是负的，尽管并没有统计学意义。

国内金融环境与国际金融环境一致不足为奇，且并不一定是不好的。例如，与美国具有紧密贸易和金融关系的加拿大、墨西哥等国，其经济周期与美国周期的一致性很高。在这种情况下，国内金融环境的变动可能与美国金融环境的变动大致相同，但这并不影响保持物价和产出稳定的目标。

但是，如果国内金融环境受外国金融环境影响而与国内商业周期不一致，所造成的影响则不同。在这种情况下，货币政策可能会

---

[1] 本章的定量分析集中考虑美国利率变动的影响，因其是全球金融环境的关键因素。

[2] 所有模型设定均假设国内变量不影响国际变量，拉丁美洲的小型开放经济体应符合这一假设。

[3] 我们采用（期限约为3个月的）政府债券利率，即使不是货币政策工具，短期市场利率的变动也与货币政策立场的变动密切相关。

[4] 在这一章中，我们都采用未来12月的累计脉冲响应函数，以使传导效应得以充分实现。

偏离本国中央银行的内生政策目标,从而影响产出和物价稳定。

美国利率变动造成的溢出效应会约束货币政策的自主性,为了将分析范围缩小到这种溢出效应,我们依据 Caceres、Carriere – Swallow 和 Gruss（2016）的两步骤程序,分离出对国内宏观经济环境变动的系统性政策响应①。此程序的原理为:首先,假设国内货币政策是内视的（inward – looking）,完全致力于维持国内产出和物价稳定。但是有时货币政策决策会偏离单纯基于国内发展情况的中央银行政策规则,因而我们估算此偏离是否是美国货币政策变动所造成的。如果是,则表明货币政策自主权在一定程度上受到了限制。

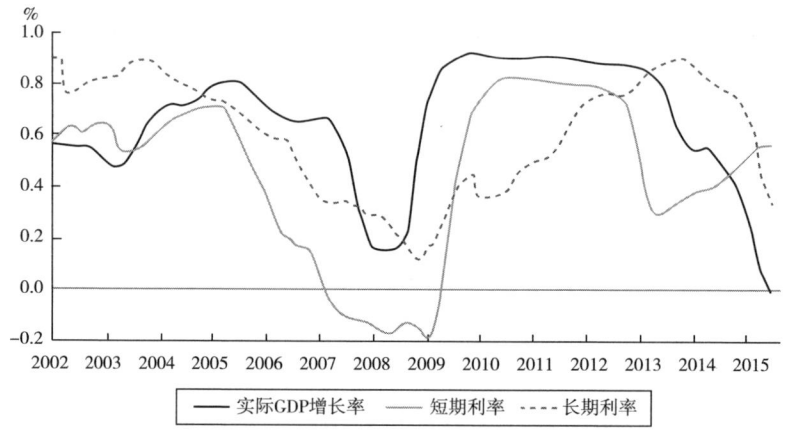

注:巴西、智利、哥伦比亚、墨西哥、秘鲁（拉美5国）选定变量与全球共同因素相应变量之间的相关性;为4年移动平均值。

数据来源:作者计算。

图4.4 选定拉丁美洲国家与全球共同因素之间的滚动式相关

具体而言,在第一步中,我们测算国内利率与未来12个月的通胀率和产出率之间的动态关系,即泰勒规则,这些数据由 Consensus Economics 公司报告。这些市场预测旨在捕捉由特质和全球因素造成的经济前景变动。

---

① 采用这种方法而不是其他实证方法来测算货币政策自主权的合理性详见 Caceres、Carriere – Swallow 和 Gruss（2016）。

第四章　全球金融一体化对拉丁美洲国家货币政策的影响

理想情况下，我们会采用用于传达政策决策的中央银行内部预测，但是只有一小部分国家的内部预测是公开的。而采用市场预测替代受两个潜在问题制约。第一个问题是时机问题，因为市场数据不是在制定货币政策决策当天收集的，这样的信息集合与政策制定者所获得的不同。这可能会使对货币政策自主权的测算有偏差[①]。作为稳健性检验，我们通过验证得出采用可预测到的年份值来替代不会显著改变结果。第二个问题是市场预测可能包含预期的政策响应。如果中央银行公信力很高，那么市场预测可能不会对国内经济条件的冲击作出反应，因为预测机构会预期中央银行将设法消除冲击所造成的影响。但是，众所周知，货币政策对经济结果的影响具有显著的滞后性，因此未来12个月的市场预测应该与中央银行的内部预测高度相关。

第一步的残差或未解释的部分可以解释为中央银行旨在稳定国内周期的历史政策反应函数所造成的偏差。当然，这些未解释的利率变动一方面可能反映了维持物价稳定以外的其他中央银行目标，包括与汇率波动相关的金融稳定目标；另一方面可能反映了福利的提升[②]。不管怎样，残差包括一些国内货币条件变动，这些变动不能归因于中央银行对通胀率和产出率变化的常规反应。

在第二步中，我们量化在多大程度上未解释的利率变动是由美国利率变动引起的。我们测算第二组国别 VAR 模型，包括第一步估计的残差、联邦基金利率和波动率指数（VIX）。如前文一样，系数矩阵是有约束条件的，以确保全球变量不受国内变量影响。我们预期泰勒规则的残差在货币政策受限制的情况下，对联邦基金利率冲击的脉冲反应不等于零，我们将这些反应称为削弱货币政策自主权

---

① 为了确保市场预测是先于货币政策所作出的，我们采用市场预测滞后数，虽然这样可能会进一步减少市场预测所包含的信息。

② 例如，中央银行在面临某冲击时选择提高利率，否则汇率将会贬值。我们的程序根据历史行为识别出可以解释为用于消除对通胀水平的第二轮影响而提高的利率部分。剩余部分被考虑为未解释的，虽然这可能与为了维持金融稳定而降低资产负债表错配脆弱性的明确意图相符。

的溢出效益。

与国内短期利率相应的削弱货币政策自主权的美国货币政策溢出效应（如图4.5上图中的柱形图所示）整体上比总体反应小（平均低20个基点）。这说明利率联动中很重要的一部分只是同步商业周期的反映，并不能说明中央银行缺乏自主权。

但是，所估算的削弱货币政策自主权的溢出效应在46个发达和新兴市场经济体样本中的8个经济体中具有统计学意义，包括：加拿大、中国香港特别行政区、以色列、墨西哥、秘鲁、沙特阿拉伯、新加坡、中国台湾[1]。这些经济体的平均溢出效应很大，约40个基点，但是各经济体间的异质性很大。有意思的是，这些经济体中包含一些采用完全灵活汇率制和中央银行公信力很高的经济体，如加拿大和以色列。

在拉丁美洲国家，墨西哥和秘鲁的削弱货币政策自主权的溢出效益较大，分别为70个基点和50个基点，其他国家则数值较小或不具有统计学意义。这可能是由于墨西哥与美国的密切金融关系和秘鲁的高度美元化。在美国和拉丁美洲国家商业周期不同步的情况下，我们的结果显示，与其他国家相比，与美国的利率联动更有可能发生在墨西哥和秘鲁。

总之，我们发现短期利率与美国利率联动大部分能够归因于国家间的商业周期同步。但是，我们同样发现，美国利率的变动对包括几个拉丁美洲国家在内的一些经济体会产生显著的溢出效应，超出常规经济周期联动所能解释的范围。总体而言，根据国内目标设定短期利率的能力存在一定的异质性，这是很重要的，因此下一节将会分析货币政策自主权的决定因素。

企业、家庭和金融机构作出的许多重要经济决策取决于长期利率。并且，在全球金融危机期间政策利率触及零下限后，美联储货币政策执行方式是通过量化宽松和前瞻性指引来影响收益率曲线的

---

[1] 需要指出这些估计反映的是历史平均效应，并不能充分反映2000年以后实施的政策框架。

长端利率。所以，在分析货币政策自主权的决定因素之前，我们先分析长端利率对美国利率变动的反应。为此，我们测算国别VAR模型，将长期利率作为国内变量，将美国联邦基金利率或10年期国债收益率和VIX作为外部变量。

我们发现美国联邦利率的变动对其他国家的长期利率不具有显著影响（图4.5上图中的横线所示）。拉丁美洲国家中值得注意的一个例外国家是墨西哥，美国政策利率提高100个基点会导致墨西哥长期利率提高40个基点。

但是，美国10年期国债收益率对相应的国内利率的影响更大，并且各国的反应更为相似（如图4.5中的点所示）。当美国债券收益率上升100个基点时，新兴市场和发达经济体的长期利率分别平均上升35个基点和55个基点。拉美5国的长期利率平均变动值甚至更大，高达约90个基点。巴西的长期利率变动高达130个基点，哥伦比亚次之，为120个基点，其他国家在55~75个基点之间。

为了保证分析的完整性，我们还通过上文所述的两个步骤估算对长期利率的溢出效应，如图4.5中的柱状图所示。但是我们发现所得结果基本与简单的VAR模型所得出的总体反应一致。对此结果的一种解释是，短期国内宏观经济前景对长期主权利率的影响很小，而长期主权利率受相应美国利率的影响很大。

在另外一个计算中（受字数限制并未在本文展开），我们重新估算了国别VAR模型，国内变量包括长期利率，但是国外变量将美国债券收益率分解为短期利率和期限溢价。我们发现期限溢价比短期利率对拉丁美洲国家长期利率的影响更大。这意味着传统美国联邦政策不是国际长期利率的主要影响因素。虽然这可能意味着对于这一资产类别美国货币政策的作用是次要的，但是值得注意的是，全球金融危机后的非常规货币政策措施通过降低未来利率走势的不确定性，影响了期限溢价。

1. 联邦基金利率对国内短期利率的溢出效应

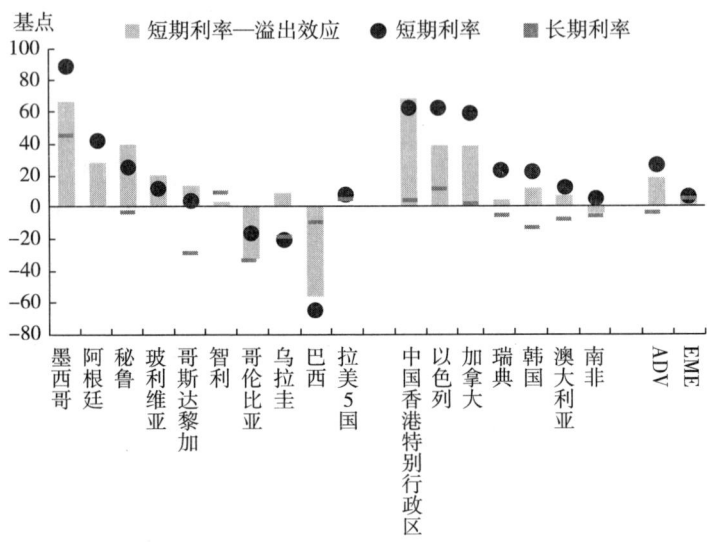

2. 10年期美国债券收益率对国内长期利率的溢出效应

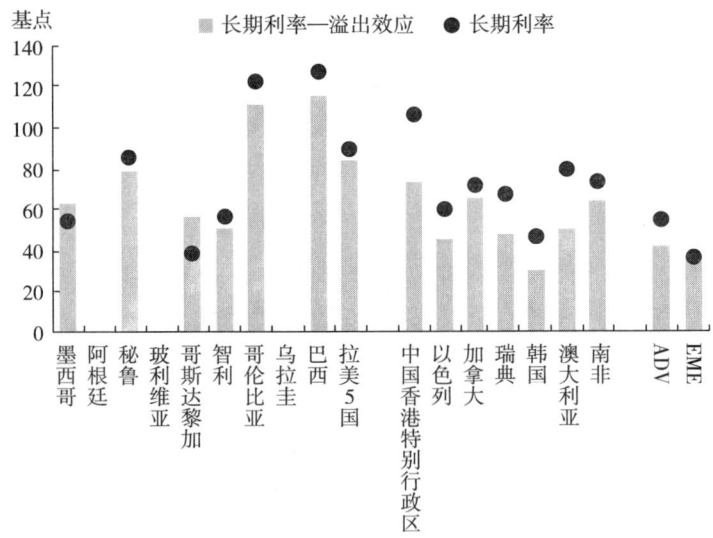

注：相应美国利率增长100个基点时，国内利率变动的基点数。ADV指发达经济体，EME指新兴市场经济体，拉美5国指巴西、智利、哥伦比亚、墨西哥、秘鲁。

数据来源：作者计算。

图 4.5　对短期和长期利率的溢出效应

货币自主权的决定因素

在上一节中我们指出，即便控制国内经济条件，不同国家的国内短期利率对美国联邦基金利率变化的反应差别明显。这表明货币自主权在某些情形下是受限的，但其他情况下却不受限制。如何解释货币政策自主权的这种差异性呢？根据三元悖论，货币自主权的主要决定因素是汇率灵活性和资本账户开放性的程度。而近年来，Rey（2015）认为自主权只能通过限制资本账户实现，挑战了三元悖论里中央银行必须在三个目标中作出权衡的结论。我们的研究结果似乎介于两者之间。一些灵活汇率的国家受到了全球金融形势显著溢出效应的限制。同时，拉丁美洲的许多其他国家似乎享有充分的自主权，可以根据国内目标制定货币政策，而无须考虑全球金融周期。我们应该注意到，这并不意味着这些国家与国外的金融形势隔绝，因为国外的金融形势很可能对本国宏观经济变量产生重要影响。或者要么是，全球发展形势不会使国内金融形势偏离稳定产出和通货膨胀的目标，因而与完全封闭的货币政策无异。

自主权受限的各个国家的溢出估计值差别很大，这表明，有可能还有其他因素影响货币自主权的权衡。这一部分采用面板 VAR 的估计方法来报告结果，研究不同国家之间溢出的差异，并探索这些差异是如何被政策框架和其他特性所影响的。在 Towbin 和 Weber（2013）的模型之后，交互面板 VAR（IPVAR）的模型被用来探究不同国家随着时间变化的基础数据的差异。该模型的变量与特定国别的 VAR 模型是一样的，但估计了面板背景下的动态关系。三个变量分别为一阶泰勒规则的残差、美国联邦基金利率和 VIX。

普通面板 VAR 模型要求所有国家的系数矩阵相一致。但在 IPVAR 模型中，模型的系数是特定国别的基础数据的方程式，这些系数会随时间的变化而变化。估算模型后，我们可以得到不同的脉冲反应方程式，这个方程以每个国家的基础数据的特定值为条件。

我们通过研究不同汇率制度下的脉冲反应方程来验证"三元悖论"的基本预测。图4.6的图1在开放资本账户条件下，比较了替代汇率制度下估计的自主权削弱溢出效应［在 Reinhart 和 Rogoff（2004）及 Ilzetzki、Reinhart 和 Rogoff（2009）中有定义］。我们发现，维持完全灵活的汇率制度大大降低了外国货币政策对国内短期利率的溢出程度。对于高度金融开放的国家，其溢出效应在固定汇率情况下约为40个基点，在浮动汇率情况下大约是14个基点，而在完全灵活的汇率制度情况下仅4个基点。实际上，完全灵活汇率制度下的溢出效应在10%的置信水平上是与零无差异的[①]。

其他结果（由于篇幅的考虑这里没有报告）也证实，限制资本流动性会降低削弱自主权的溢出效应的程度：当我们将浮动汇率设为条件，将资本账户开放的程度设置为我们样本中第一个十分位数的指标值，溢出水平从14个基点下降到几乎为零。

最后，我们探讨政策结构的强度是否会影响削弱货币自主权的溢出效应程度。为此，我们将模型扩展，加入了第三个基本变量，并且为通货膨胀预期锚定程度和货币政策可信度[②]建立了一个特定国别的指标。图4.6的图2表明，对于一个有关资本账户开放性和汇率灵活性方面的给定的政策选择，通货膨胀专业预测的分歧如果较小则会降低削弱货币自主权的溢出效应程度。当政策可信度指标从其分布中第三分位移动到样本中的最大值，溢出效应程度下降约10个基点。我们以为，更小的预测分歧意味着通

---

① 这一发现与 Obstfeld（2015）的面板分析结果一致，二者选择的样本国家相似；与 Claro 和 Opazo（2014）及 De Gregorio（2014）中智利的案例叙事方式一致。

② 通胀预期锚定程度是共识经济学中报告的一年期通胀预期标准差的四年移动平均数的相反数。这个度量值为货币政策可信度提供了一个替代值，因为中央银行的反应方程越能够被预测，预测者越不会否定通胀的未来走势。我们发现分歧也与中央银行独立性的法律措施密切相关（Dovern、Fritsche 和 Slacalek，2012）。

货膨胀预期锚定程度更好,原因可能是货币政策的可预测性和可靠性更强。

这个结果对于理解通胀目标制的好处很重要。虽然在灵活汇率政策下,可以实施可替代的政策结构,但当政策结构能更稳定地锚定通胀预期时,货币自主权的好处最大。通过促使私人机构对未来通胀走向的预期一致,通胀目标制或许有助于拉美国家在全球金融环境中获得更大的货币自主权。

因此,拉美国家已经能够在金融一体化趋势更强的时候,实现自主的货币政策了吗?Edwards(2015)认为,由于该地区施行通胀目标制的国家的货币政策很大程度上跟随美联储,因此最近该地区的政策自主性已相当受限。我们的结果更加复杂:虽然墨西哥和秘鲁表现出受到美国货币政策影响的溢出效应,但巴西、哥伦比亚和智利却没有。结果同样表明,在更灵活的汇率制度背景下锚定通胀预期有助于提高该地区的货币自主权。

1. 不同汇率制度下的削弱货币自主权的溢出效应

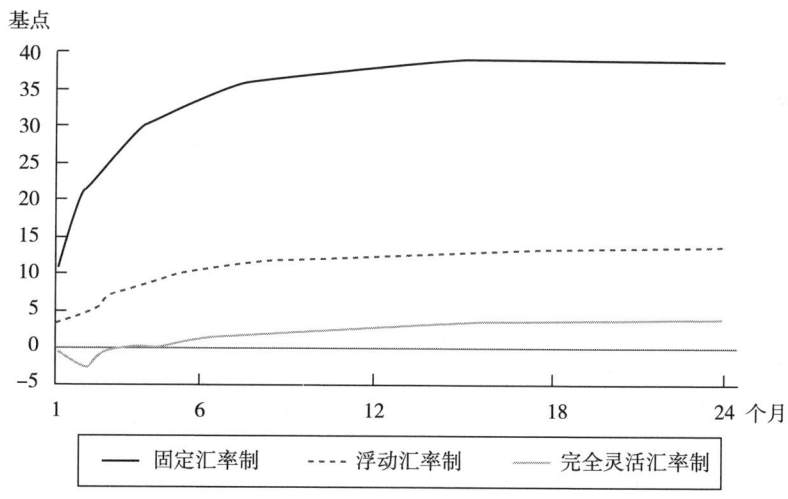

2. 不同通货膨胀预期锚定程度下的削弱货币自主权的溢出效应

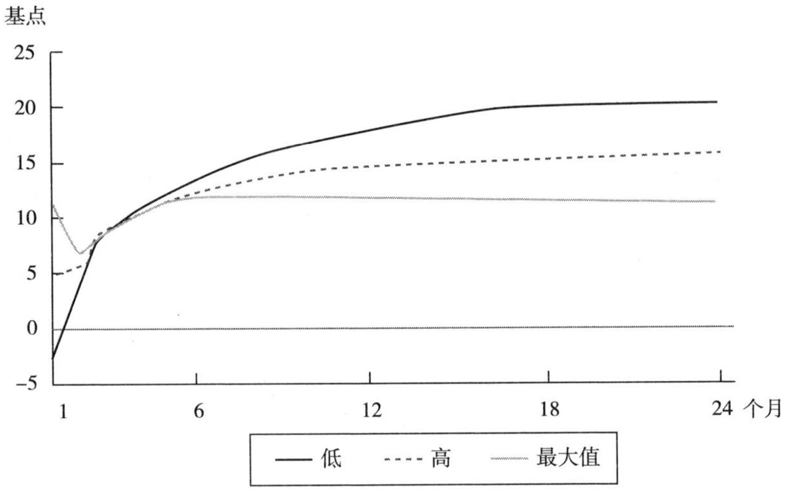

注：脉冲响应是用交互面板向量自回归估计的。用于面板1中条件脉冲响应的汇率制度分类采用 Ilzetzki、Reinhart 和 Rogoff（2009）书中的定义。4.6 中图 2 的脉冲响应是以反映通胀预期的锚定程度的指数的不同值为条件的，它与 Consensus Economics 公司的通胀预测之间的差异逆相关。"低"（高）对应于样本中指数分布的第三（第七）分位，而"最大"对应于它的最大值。

数据来源：作者计算。

图 4.6　货币自主权的决定因素

汇率传导

拉丁美洲在过渡到更灵活汇率制度时的一个关键问题是，这将在通胀波动方面带来什么影响[①]。历史上，国内物价对汇率的敏感度很高，实际上，在高通货膨胀时期，该地区已经广泛采用将本国货币钉住美元来稳定物价。在汇率对消费者价格指数的传递弹性较

[①] 这一部分的分析最初是在 IMF（2016）中报告的。一个地区的汇率政策过渡到灵活汇率并不总是一个有序渐进的过程，在许多例子中，当发生由于汇率贬值带来的创伤性事件时，大众对汇率传导的担忧会加剧。具体见 Carstens 和 Jácome（2005）和本文第二章中关于地区中央银行改革的讨论。

高的背景下,灵活汇率制度下要实现物价稳定会自然地对该地区的初期通胀目标制度形成重要的挑战。

正如我们之前已经阐述的,该地区实行通胀目标制一般都能够提供更低和更稳定的通货膨胀水平。尽管汇率波动性增大(见图4.2),但这种情况依然会发生。这表明,更稳定的通货膨胀似乎并不是由这段时间更稳定的外部环境带来的。

我们从探索拉丁美洲汇率传导的速度是否发生变化开始。我们对汇率传导到消费者价格的经验估计是根据(Campa 和 Goldberg,2005;Gopinath,2015)中的标准定义的。对每个国家的累积响应估计使用 Jordà(2005)的局部投影法(LPM):

$$p_{i,t+h-1} - p_{i,t-1} = \alpha^h + \sum_{j=0}^{6} \beta_j^h \Delta NEER_{i,t-j} + \sum_{j=1}^{6} \rho_j^h \Delta p_{i,t-j} + \gamma_j^h \Delta X_{i,t} + \varepsilon_{i,t}^h \qquad (4.1)$$

在公式(4.1)中,$p_{i,t}$ 表示国家 i 在 t 时间的国内价格水平的自然对数;$NEER$ 是进口加权的名义有效汇率的自然对数[①];Δ 是一阶差分算子;h 表示累积响应的范围;$\varepsilon_{i,t}$ 是一个随机扰动项。向量 X 包括一组控制变量(及其滞后项),这些变量可能会同时影响汇率和通货膨胀,此组变量用于减少关于遗漏变量偏差问题的顾虑:以美元计数的国际油价和食品价格;国家 i 进口的生产成本〔以贸易伙伴进口加权生产者价格指数替代,按照 Gopinath(2015)中的定义[②]〕;和本地需求情况(以 Hodrick Prescot 周期性的工业生产组成部分替代)。

图 4.7 展示了跨区域国家组合的汇率传导估计值 β_0^h,这是在三个有重叠的时间段估计的,分别是:1995—2007 年,1999—2011 年和 2003—2015 年。汇率传导的估计值从第一个到最后一个估计期有

---

① 和 Gopinath(2015)相似,我们使用名义有效汇率度量,将权重赋予进口量而不是总量,并且容许权重每年发生变化。
② 世界通货膨胀或贸易加权消费价格是控制出口国生产成本变化的常用替代办法。这些方案的缺点是非贸易商品和服务在消费价格指数中占据优势。贸易加权出口价格也存在问题,因为它们可能已经反映了出口商的价格决策。

很大的下降，新兴市场经济体下降尤为显著。在拉丁美洲，汇率传导效应普遍下降，但在这个地区采取通胀目标制的国家中，该效应已经达到极低值。这些国家的汇率传导水平已经能够与发达经济体相媲美。

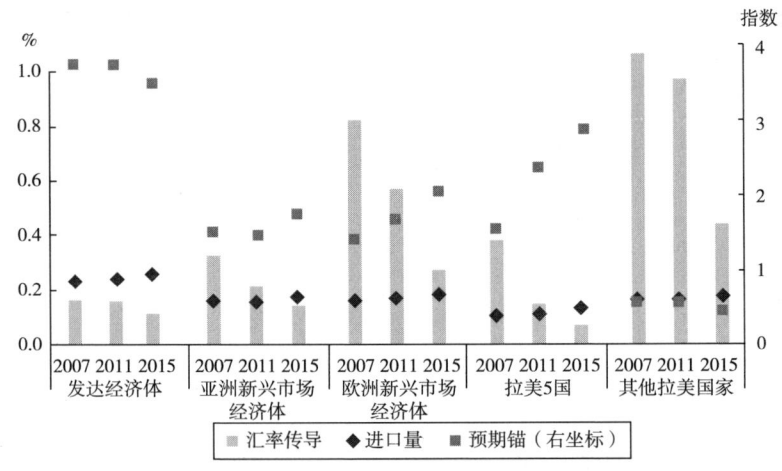

注：汇率传导系数指的是名义有效汇率每发生一个百分点的增值（贬值），两年之后价格水平的预期增长值。拉美5国指巴西、智利、哥伦比亚、墨西哥和秘鲁。

数据来源：作者计算。

图 4.7　不同时间汇率传导的估计值

如何解释在新兴市场，尤其是在拉丁美洲，汇率传导的下降趋势呢？接下来我们探讨这种现象是否可能与货币政策框架的变化和它对通货膨胀环境的影响有关。

汇率对消费者价格的传导效应可以被看作是一个两阶段的过程。第一阶段，边境价格和以本币标价的进口商品根据汇率变动进行调整。在第二阶段，汇率传导反映在消费价格中。因此，汇率对消费价格的总体传导将取决于以本币标价的进口价格对汇率变动的敏感性以及国内消费进口量的程度①。因此，汇率对进口价格的传

---

① 国内消费的进口量包括进口商品在消费篮子中所占的份额，以及在国内消费的国内商品和服务的生产时中间投入所占的份额。

导和最终家庭消费进口量的乘积为货币贬值对消费者价格的第一轮影响预期值提供了一个粗略的基准①。作为第一近似值,并与Gopinath(2015)中的结果一致,我们可以假设汇率完全传导到进口价格,在这种情况下,基准只和消费的进口量相对应②。

汇率对消费者价格的整体传导水平可能不同于与交易价格的调整相关的基准。举例来说,如果存在劳动力或产品市场的刚性,或不稳定锚定的通货膨胀预期,会导致货币运动的第二轮效应。特别是在不稳定的货币环境中,货币贬值对通货膨胀的影响会因通胀预期的变化而增强,进而影响价格和工资的设定,这会反映到实际通胀水平中。

图4.7也绘制出了汇率传导的不同估计值所对应的国内消费进口值。一些观察所得出的结论值得注意。首先,所有国家进口量都是随着时间的推移逐步增加的,这反映出贸易一体化进程的不断推进。其次,包括拉丁美洲在内的所有地区,汇率传导估计值和进口值基准之间的差距有所缩小。拉美5国经济体中,最近一段时间,汇率传导的估计实际上小于消费中的进口份额,这个特征此前只存在于发达经济体中。我们认为这是第二轮效应变得不那么普遍的迹象。

随着时间的推移,第二轮效应似乎有所缓解,货币框架的改善是汇率对消费者价格传导效应减弱背后的一个因素。从对进口的影响开始讨论,进口货物价格对开具发票所用货币是有价格黏性的。研究文献中记载着进口货物的价格(以外币还是本币计价)是如何影响汇率传导的。同样地,以外币计价的进口商品的比例越大,汇率对以本币计价的进口价格的传导效应就越大。事实上,Gopinath(2015)从包含18个发达国家和6个新兴市场国家的样本中发现,

---

① 与Burstein、Eichenbaum和Rebelo(2005)及Gopinath(2015)一样,我们用输入—输出表来衡量家庭最终需求的总进口内容。要了解更多细节,请参阅Carrière – Swallow和其他人即将发表的内容。

② Carrière – Swallow和其他人即将发表的内容报告了以通过估算汇率传导到本币计价的进口价格建立的另一种基准。

不管是从短期还是长期角度来看，汇率对进口价格的传导效应和外币发票的份额密切相关。

在拉丁美洲，关于发票以何种货币计价的数据很少，但是目前了解到的情况是美元被广泛使用。例如，Gopinath（2015）指出，过去几年，阿根廷和巴西在进口货物时以美元计价的平均比例分别是88%和84%。在哥伦比亚和秘鲁，这一比例分别高达99%和94%。其他拉美国家的美元使用份额也可能非常高，这表明汇率对进口价格的传导效应是很高的。事实上，Gopinath（2015）预计阿根廷、巴西和墨西哥为完全的进口价格传递。

发票的计价货币正是一个渠道，通过这种渠道，改进货币框架可能导致汇率对进口价格的影响，最终，对消费者价格的传导效应更弱。Devereux、Engel和Storgaard（2004）认为发票的计价货币是一个内生的决策，代理商会选择用最可靠的货币来定价他们的商品以保证其价值。根据这个观点，保证价格稳定性将带来汇率对进口价格传导效应的一种内生的减弱。

但是，发票计价货币的变化只是解释对消费者价格传导效应减弱的其中一个原因，可以说，到目前为止，在拉丁美洲这并不是最重要的原因。还有其他一些因素与第二轮效应的程度高度相关。例如，商品和服务合同明确的指数化也可以触发不可贸易商品价格的调整。如果名义锚是弱势的，市场参与者怀疑中央银行对物价稳定的承诺，指数化可能会更广泛。更普遍的观点是，可贸易商品的价格能观察到的变化很可能实际上反映了潜在的通胀压力，而不是在外部冲击之后的短暂的相对价格调整。如果名义锚不能很好地建立起来，更有可能引导价格制定者相应地提高他们的价格。

顺着以上思路，泰勒（2000）认为更低、更稳定的通货膨胀率是汇率传导效应减弱的一个因素。尤其是，他认为低通胀的环境与较低的成本和价格的变化预期持久性有关。使用价格设定的微观经济模型，泰勒指出，更稳定的通货膨胀率会降低企业将成本增加传导到产品价格的程度，包括那些由于汇率变化引起的成本增加。这个观点的一个直接意义是认为传导效应的变化是受通货膨胀环境影响的。

探索这个假设有效性的一种方法是看第二轮效应与通胀环境的相关程度。图4.8显示了我们估计的第二轮效应的相关系数,也就是传导效应的估计值和基准值之间的差值,基准值选取不同国家的平均通货膨胀率、通货膨胀的波动以及之前提到的通货膨胀预期锚定程度度量值作为评估样本。

事实上,第二轮效应的程度似乎取决于通货膨胀环境。尤其是,通货膨胀率越高并且越不稳定时,汇率传导与基准值之间的差距越大。同时,第二轮效应在通胀预期锚定程度较低的地方也更大。在对这些关系的更正式的分析中,Carrière-Swallow 和其他人(即将发表)强调对可能的逆向因果关系的担忧。结果表明,通胀预期锚定程度是决定消费者价格贬值的第二轮效应程度的一个关键因素。

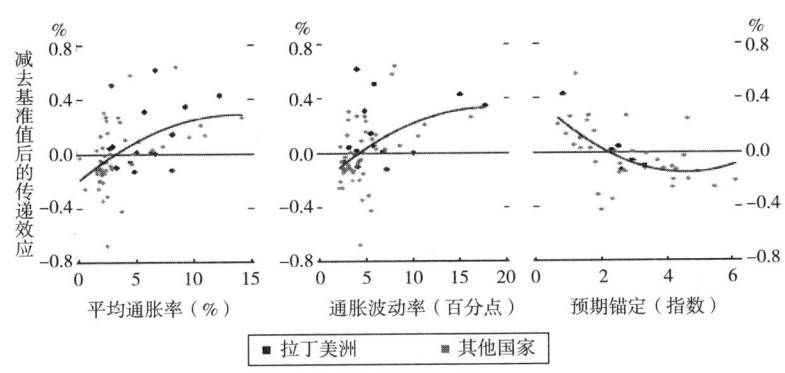

注:本图纵轴表示预期的第二轮效应,它是汇率传导的估计值和2000—2015年各国消费进口值之间的差值,横轴的坐标代表用来估计汇率传导的样本的平均值。

数据来源:作者计算。

图4.8 通胀环境和贬值带来的第二轮效应

在拉丁美洲,更稳定的通胀预期锚定是如何实现的呢?许多中央银行已经严格地采用了通胀目标制以实现通胀预期锚定。我们通过比较两组新兴市场经济体在通胀目标制和非通胀目标制下的汇率传导来探讨其与货币政策之间的关系。在图 4.9 中报告了每个评估样本的汇率传导的估计值和期望锚定的平均程度。通胀目标制的国家通胀预期锚定更稳定，并且汇率的传递程度都比较小。将不同样本的结果进行比较可以看出，随着通胀预期锚定的程度随时间推移而逐步稳定，两组的汇率传导率都在下降。

当然，因果关系不能从这些结果中推断出来。但是，汇率传导的估计值和通货膨胀环境的相关性，尤其是通胀预期的挂钩程度和货币政策的相关性均表明，由国家制度框架支持的可信的货币政策能够使中央银行独立履行财政和其他方面的职责，这有效地强化了汇率对消费者价格的传导效应。这样一来，可以减少中央银行对货币政策和汇率稳定的权衡，并使货币政策更容易实现。

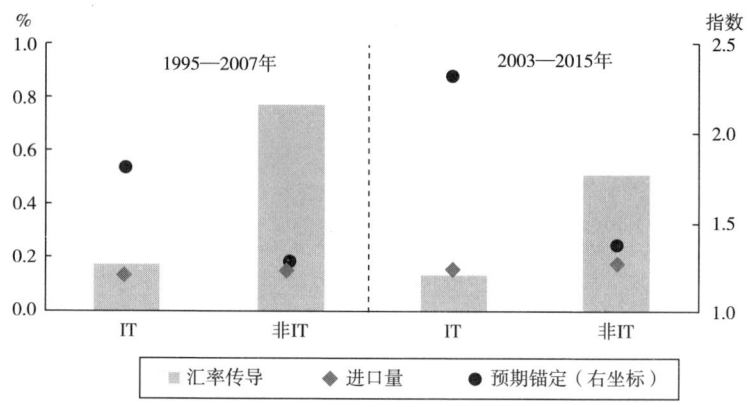

注：汇率传导的系数指的是名义有效汇率每下降（贬值）1 个百分点，两年后，消费价格水平的预期增长情况。期望锚定值与 Consensus Economics 公司通货膨胀预期的分歧反向相关，分歧越大，通胀预期挂钩越稳定。IT 指的是执行通胀目标制的国家，样本仅包括 31 个新兴市场国家。

数据来源：作者计算。

图 4.9　通胀目标制、通胀预期锚定值、汇率传导

正如图 4.10 所表明的那样，汇率传导在拉丁美洲的国家中仍然差别很大。在该地区的许多国家，汇率传导的估计值仍远远高于进口量的基准值，这表明第二轮效应仍然是相关的。这些国家中的有些经济体由于各种原因,一直不愿让汇率浮动,其中一个原因是在汇率波动更大的情况下,它们可能难以实现价格稳定。我们的研究结果表明,其他新兴市场经济体的近期经历在这方面给我们带来了希望。随着致力于价格稳定的政策框架和通胀预期锚定的有效建立,汇率传导效应似乎在大幅减弱。与泰勒(2000)的观点一致,货币政策体制和使用它实现价格稳定目标的容易度之间可能存在着良性的内生性。

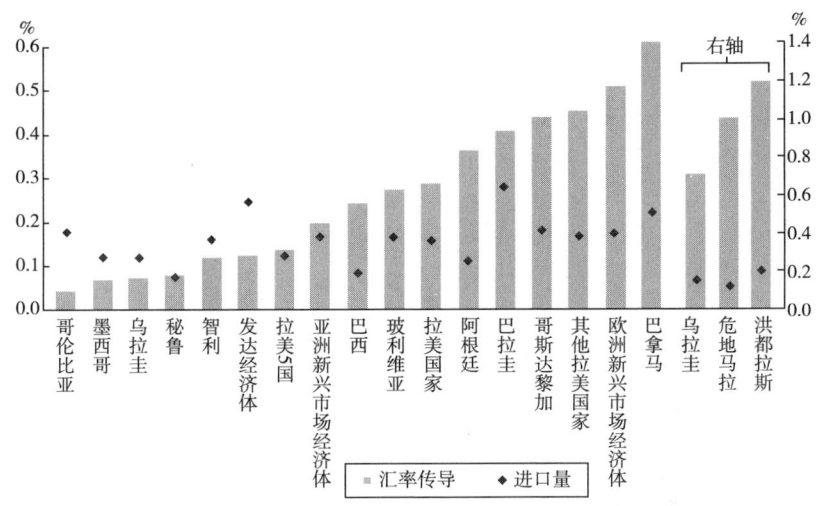

注:汇率传导的系数指的是名义有效汇率每增加(贬值)1个百分点,两年后,消费者价格增长的估计值。单一国家汇率传导的估计值是通过特定国别回归获得的,而地区平均的汇率传导与面板模型估计相对应。实心柱体代表在10%的置信区间上统计意义显著的反应。拉美5国指巴西、智利、哥伦比亚、墨西哥和秘鲁。

数据来源:作者计算。

图 4.10　拉丁美洲各国汇率传导估计值

结论

在过去的几十年里,拉丁美洲已经开始逐步移除对国际资本流动的限制,使全球金融市场一体化趋势更强。这对于该地区的货币政策制定有重要的意义，且需要对宏观经济框架进行全面改革。最值得注意的是，该地区许多国家从固定汇率制度转向更为灵活的制度——这是在资本流动不受限制的背景下维持货币政策自主权的必要条件。过渡到更强的金融一体化和更灵活的汇率机制，反过来又要求建立稳定的名义锚以实现价格稳定。20世纪90年代末和21世纪初，许多拉美国家采用了通胀目标制框架，作为建立名义锚的手段。

尽管在实施之前就有相反的观点和广泛的怀疑，但实施灵活汇率的通胀目标制似乎已经带来了好处，因为它有助于降低通胀和通胀的波动性，并使通胀预期锚定日益稳定。有两个因素加强了这样的疑问，即这样一个货币框架能否成功地实现该地区的物价稳定。首先，许多人认为，对古典货币"三难"的预测并不一定成立。也就是说，即使允许汇率自由浮动，小型开放经济体也可能缺乏货币自主权。其次，即使中央银行能够自主制定政策利率，但如果国内价格对汇率的敏感性很大，货币政策也可能无法实现价格稳定和通胀预期锚定。

本章提供了证据，表明该地区的通胀目标制定者似乎通过可信度增加、更低的汇率传导以及更强的自主权的良性循环克服了这些担忧。通过更好地锚定通胀预期，新的框架促进了货币自主权程度的增加和汇率传导程度的下降。这转而又增强了货币政策实现稳定价格目标的能力。

本章研究发现，各国利率之间存在着很大的相关性，并不一定反映为缺乏货币自主权，而很可能是商业周期共同作用的结果。考虑了国内经济状况后，更少有证据表明小型开放经济体，尤其是位于拉美地区的小型开放经济体，其利率对全球金融变量比如美国的政策利率有反应。但是也有证据表明，这些拉丁美洲的经济体不享有根据国内价格和产量稳定目标的情况来制定货币政策的完全自主权，并且会被引导去跟随国外普遍的金融环境。

重要的是，对跨国异质性的分析显示货币自主权的程度与现行的经济政策框架有关。我们的研究结果支持了经典的"三元悖论"的推论：即使在资本账户不受限制的情况下，更高的汇率灵活性允许更大的货币自主权。但是也强调了可预测和可信的货币政策的重要性。更稳定的通货膨胀预期锚定、更强的名义锚会带来更高程度的货币自主权。

这些发现并不意味着金融溢出效应与拉美地区无关。例如，我们确实发现，部分拉美国家国内长期利率对美国期限风险溢价的波动有特别大的外溢效应。但只要精心设计和实施政策框架，即使面对不断变化的国外金融环境，拉丁美洲的中央银行也可以享受到要实现其国内目标所需要的巨大的货币自主权。

通过汇率对消费价格的传导效应大幅减弱，拉丁美洲的国家也已经能够实现价格稳定。我们的研究结果表明，在许多国家，货币贬值带来的第二轮效应已经达到了无法感知的水平。这似乎很大程度上是由于通胀环境的改善，尤其是因为这些地区进行货币改革和实施通胀目标制框架而带来的通货膨胀预期锚定。

参考文献

[1] Aizenman, J., M. D. Chinn, and H. Ito. 2008. "Assessing the Emerging Global Financial Architecture: Measuring the Trilemma's Configurations over Time", NBER Working Paper 14533, National Bureau of Economic Research, Cambridge, Massachusetts.

[2] Armas, A., A. Ize, and E. Levy, eds. 2006. Financial Dollarization—The Policy Agenda. New York: Palgrave Macmillan for the International Monetary Fund.

[3] Brito, R. D., and B. Bystedt. 2010. "Inflation Targeting in Emerging Economies: Panel Evidence", Journal of Development Economics 91 (2): 198–210.

[4] Burstein, A., B. Eichenbaum, and S. Rebelo. 2005. "Large

Devaluations and the Real Exchange Rate", Journal of Political Economy 113 (4): 742 –84.

[5] Caceres, C., Y. Carrière – Swallow, and B. Gruss. 2016. "Global Financial Integration and Monetary Policy Autonomy", IMF Working Paper 16/108, International Monetary Fund, Washington, DC.

[6] Campa, J. M., and L. S. Goldberg. 2005. "Exchange Rate Pass – Through into Import Prices", Review of Economics and Statistics 87 (4): 679 –90.

[7] Carrière –Swallow, Y., B. Gruss, N. Magud, and F. Valencia. Forthcoming. "Monetary Policy Credibility and Exchange Rate Pass – Through", IMF Working Paper, International Monetary Fund, Washington, DC.

[8] Carstens, A., and L. I. Jácome. 2005. "Latin American Central Bank Reform: Progress and Challenges", IMF Working Paper 05/114, International Monetary Fund, Washington, DC.

[9] Cespedes, L. F., R. Chang, and A. Velasco. 2014. "Is Inflation Targeting Still on Target? The Recent Experience of Latin America", International Finance 17 (2): 185 –207.

[10] Chen, J., T. Mancini – Griffoli, and R. Sahay. 2014. "Spillovers from United States Monetary Policy on Emerging Markets: Different This Time?", IMF Working Paper 14/240, International Monetary Fund, Washington, DC.

[11] Chinn, M. D., and H. Ito. 2006. "What Matters for Financial Development? Capital Controls, Institutions, and Interactions", Journal of Development Economics 81 (1): 163 –92.

[12] Chinn, M. D., and H. Ito. 2008. "A New Measure of Financial Openness", Journal of Comparative Policy Analysis 10 (3): 309 –22.

[13] Claro, S., and L. Opazo. 2014. "Monetary Policy Independence

in Chile", BIS Working Paper 78, Bank for International Settlements, Basel.

[14] De Gregorio, J. 2014. "Some Challenges for Financial Policies in Emerging Markets", Paper presented at the Conference on Financial Sector Development: Policies to Promote and Strengthen Local Capital Markets, October 2 – 3, Graduate Institute, Geneva.

[15] Devereux, M. B., C. Engel, and P. E. Storgaard. 2004. "Endogenous Exchange Rate Pass – Through When Nominal Prices Are Set in Advance", Journal of International Economics 63: 263 – 91.

[16] Dovern, J., U. Fritsche, and J. Slacalek. 2012. "Disagreement among Forecasters in G7 Countries", Review of Economics and Statistics 94 (4): 1081 – 96.

[17] Edwards, S. 2015. "Monetary Policy Independence under Flexible Exchange Rates: An Illusion?", World Economy 38: 773 – 87.

[18] Garcia – Escribano, M., and S. Sosa. 2011. "What Is Driving Financial De – dollarization in Latin America?", IMF Working Paper 11/10, International Monetary Fund, Washington, DC.

[19] Goncalves, C. E., and J. M. Salles. 2008. "Inflation Targeting in Emerging Economies: What Do the Data Say?", Journal of Development Economics 85: 312 – 18.

[20] Gopinath, G. 2015. "The International Price System", NBER Working Paper 21646, National Bureau of Economic Research, Cambridge, Massachusetts.

[21] Ilzetzki, E., C. M. Reinhart, and K. Rogoff. 2009. "Exchange Rate Arrangements Entering the 21st Century: Which Anchor Will Hold?", University of Maryland, College Park, and Harvard University, Cambridge, Massachusetts. Unpublished.

[22] International Monetary Fund (IMF). 2012. "The Liberalization and Management of Capital Flows: An Institutional View", IMF Policy Paper, Washington, DC.

[23] International Monetary Fund (IMF). 2015. "To Hike or Not To Hike: Is That an Option for Latin America? Assessing Monetary Policy Autonomy", Chapter 3 in Regional Economic Outlook: Western Hemisphere. Washington, DC, October.

[24] International Monetary Fund (IMF). 2016. "Exchange Rate Pass-Through in Latin America", Chapter 4 in Regional Economic Outlook: Western Hemisphere. Washington, DC, April.

[25] Jordà, O. 2005. "Estimation and Inference of Impulse Responses by Local Projections", American Economic Review 95 (1): 161–82.

[26] Klein, M. W., and J. C. Shambaugh. 2008. "The Dynamics of Exchange Rate Regimes: Fixes, Floats, and Flips", Journal of International Economics 75 (1): 70–92.

[27] Lane, P., and G. M. Milesi-Ferretti. 2007. "The External Wealth of Nationals Mark II: Revised and Extended Estimates of Foreign Assets and Liabilities", Journal of International Economics 73: 223–50.

[28] Mundell, R. 1963. "Capital Mobility and Stabilization Policy under Fixed and Flexible Exchange Rates", Canadian Journal of Economics and Political Science 29 (4): 475–85.

[29] Obstfeld, M. 1998. "The Global Capital Market: Benefactor or Menace?", Journal of Economic Perspectives 12 (4): 9–30.

[30] Obstfeld, M. 2015. "Trilemmas and Tradeoffs: Living with Financial Globalization", In Global Liquidity, Spillovers to Emerging Markets and Policy Responses, edited by C. Raddatz, D. Saravia, and J. Ventura, 13–78. Santiago: Central Bank of Chile.

[31] Obstfeld, M. and K. Rogoff. 1995. "The Mirage of Fixed Exchange Rates", Journal of Economic Perspectives 9 (4): 73–96.

[32] Obstfeld, M., and A. M. Taylor. 1998. "The Great Depression as a Watershed: International Capital Mobility over the Long Run",

In The Defining Moment: The Great Depression and the American Economy in the Twentieth Century, edited by M. D. Bordo, C. Golden, and E. M. White. Cambridge, Massachusetts: National Bureau of Economic Research.

[33] Reinhart, C., and K. Rogoff. 2004. "The Modern History of Exchange Rate Arrangements: A Reinterpretation", Quarterly Journal of Economics 119 (1): 1 –48.

[34] Reis, R. 2013. "Central Bank Design", Journal of Economic Perspectives 27 (4): 17 –44.

[35] Rey, H. 2015. "Dilemma Not Trilemma: The Global Financial Cycle and Monetary Policy Independence", NBER Working Paper 21162, National Bureau of Economic Research, Cambridge, Massachusetts.

[36] Taylor, J. B. 2000. "Low Inflation, Pass – Through, and the Pricing Power of Firms", European Economic Review 44 (7): 1389 –408.

[37] Towbin, P., and S. Weber. 2013. "Limits of Floating Exchange Rates: The Role of Foreign Currency Debt and Import Structure", Journal of Development Economics 101: 179 –94.

第五章　美国期限溢价对新兴市场的影响

智利中央银行
阿尔贝托·诺顿　安德烈·雅尼

毋庸置疑，对于拉丁美洲和小型开放经济体来说，其中央银行面临的一个非常重要且持续存在的挑战就是如何应对全球金融周期。现阶段，随着地区金融环境越来越多地受到国外金融环境的影响，金融系统的日趋复杂和互联使得这一挑战相比以往更加重要。当然，这并不是一个新形势，已有大量文献试图揭示"发达经济体金融形势波动和新兴市场经济体经济周期之间的相关性"。然而，主要发达经济体通常实行积极的货币政策来应对全球金融危机的负面影响，该政策余温反过来又成为金融危机新的动因。一些学者认为资本账户开放和独立的货币政策两者无法兼容（Rey，2013）。鉴于此，本章将重点讨论以下两个问题：一是全球金融周期对新兴市场经济体的影响有多大？二是中央银行如何应对全球金融周期带来的挑战以及之后面临的主要问题？

本章对以上两个问题的研究提供了新的理论支撑。尤其是对美国期限溢价变化对小型开放经济体宏观经济和金融影响的关注，这不是一般意义上对美国货币政策变化的研究，而是出于以下两方面的考虑：一是现阶段文献已经对美国货币政策的全球经济效应做了大量研究（Mackowiak，2007；Canova，2005）。二是在过去十年，期限溢价已经成为中长期利率的重要决定因素，并且溢价会随着时间发生很大变化，但是变化的原因与货币政策无关。2000年的"格林斯潘难题（Greenspan conundrum）"和2013年的"削减恐慌（taper tantrum)"很好地印证了这个问题。

为了进行分析,本章研究了 2003 年以来 9 个小型开放经济体对美国期限溢价变动时金融变量和宏观变量的反应。样本包括 3 个发达经济体(澳大利亚、加拿大以及瑞典)和 6 个新兴市场经济体(其中 3 个来自拉丁美洲,包括智利、哥伦比亚和墨西哥;2 个来自亚洲,包括韩国和泰国;1 个来自非洲,即南非)。

首先,本章将每个国家的长期利率分解为两个要素:短期利率预期路径和期限溢价。拆解分析使得我们能够独立研究货币政策响应和融资渠道,因为货币政策响应与短期利率预期走势相关,同时融资渠道与期限溢价相关。

其次,我们研究美国期限溢价对这些变量的冲击响应[1]。我们采用结构向量自回归模型(SVAR)来估算,该模型根据 Aris、Rubio - Ramirez 和 Waggonerde (2014) "不可知方法",设计出具有特定身份识别的方案,当冲击被识别出来时,直接将符号和零限制应用于脉冲响应函数。该方法使我们能够识别各国模式和比较各国脉冲响应的差异。

对结构向量自回归模型(SVAR)的分析显示,全球金融冲击对小型开放经济体有巨大的影响。尤其是我们的研究结果表明,美国期限溢价冲击会明显地传导到样本国家的期限溢价,因此会提高长期收益率。我们也发现,在一些国家通货膨胀通过名义汇率贬值来影响消费价格,而对产出的影响则是相反的。

最后,我们将说明中央银行是如何应对美国期限溢价冲击的。我们发现各个国家货币政策响应存在差异,有的是削减利率,有的则是提高利率。这种差异性说明存在一定程度上对浮动汇率的恐惧,因为一些中央银行担心当地货币贬值会对通货膨胀和金融稳定产生负面影响。

---

[1] Ceballos、Naudon 和 Romero (2015) 对智利进行过相似的分析。他们的研究表明,长期利率的下降以及变动与期限溢价相关,并且融资渠道主要受名义变量(预期通胀和美国期限溢价)的影响。

下一节将介绍期限溢价计算的理论框架，回顾 9 个选定国家长期利率的演变及其与美国利率演变的关系。之后，本章将归纳概括经验方法和结果，然后得出结论。

收益分解

理论框架

我们分析的核心是长期收益率可以被分解为下面等式的两个元素。

$$R_t^n = \frac{1}{n}E_t\left\{\sum_{s=0}^{n-1}r_{t+s}\right\} + \rho_t^n \tag{5.1}$$

R_t^n 表示 n 期名义利率，r_{t+s} 表示一期名义利率，ρ_t^n 表示相关的期限溢价。

等式右边第一个元素是债券期限内短期利率预期值，文献通常称之为风险中性利率。中央银行通常将短期利率作为一项货币政策工具，因此我们用其来衡量货币政策立场。值得注意的是，与之前研究不同，我们的研究并没有使用货币政策利率，而是采用短期利率预期未来价值来量化货币政策。我们认为，这一指标至少在概念上能更好地衡量货币政策立场，因为货币政策不仅是设定每月利率，而且引导市场预期，强化前瞻性指引。

等式右边第二个元素是期限溢价。期限溢价是投资者持有长期债券所得额外收益，并非短期债券展期收益，因为长期债券涉及利率风险。期限溢价随时间发生改变，但是其决定机制还不是十分明确。期限溢价有时对货币政策直接响应，但通常它是独立运行，这在某种程度上使金融形势偏离预期货币政策立场，从而给货币当局带来挑战。例如，2004—2006 年，下降的期限利率抵消了上升的联邦基金利率，导致长期债券收益率保持不变，即"格林斯潘难题"（Bernanke，2013）。

第五章　美国期限溢价对新兴市场的影响

美国期限溢价变化被广泛研究（Ang 和 Piazzesi，2003；Wright，2011；Adrian 等，2013；Joslin，2014）。近期，美联储大规模实行资产购置计划或量化宽松政策，通过压缩期限溢价来降低长期债券收益率。最新估算显示，前两次量化宽松政策降低了期限溢价，从而带动10年期债券收益率下降约100个基点（Gagnon 等，2011）。

等式（5.1）有助于解释美国期限溢价变化如何影响其他经济体的长期利率。首先，地区长期利率变动主要取决于各国货币政策响应。例如，当美国期限溢价上升，地区货币当局为避免本币过度贬值而提高政策利率，从而导致长短期利率上升。其次，各经济体的期限溢价也会发生变化。例如，美国期限溢价变动促使投资组合重新配置，致使一些投资者抛售国内债券，给国内长期利率带来上行压力。

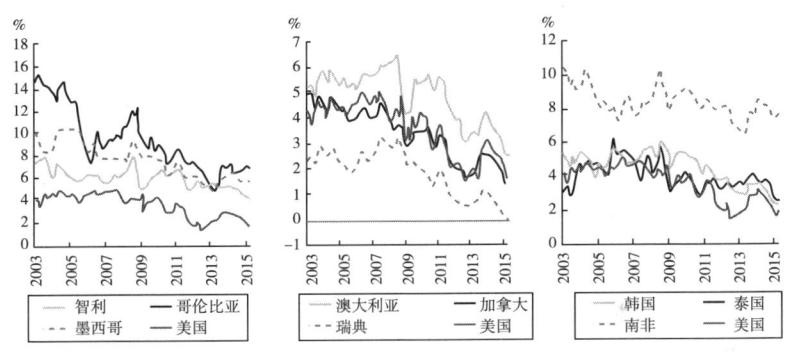

资料来源：彭博社。

图 5.1　美国和选定国家 10 年期名义利率

小型开放经济体的收益演变和期限溢价

本节回顾了 9 个小型经济体长期利率的演变以及与美国长期利率变动的关系。针对每个国家，我们将长期利率变动分解为期限溢价和风险中性利率两个元素，以此研究每个经济体长期利率定价行为并分析它们与美国相应序列的联动性。

图 5.1 显示了美国和 9 个选定国家自 2003 年以来 10 年期名义利

率的演变。很明显，全球金融危机后，大多数国家的长期利率不同程度下降，与此同时，美国长期利率也下降。各国利率跌幅普遍很大，大多数情况下，现在的利率水平是2003—2005年平均利率的一半。美国跌幅达到250个基点，其他发达开放经济体的降幅与之相当。拉丁美洲经济体的变化更大，特别是哥伦比亚10年期利率降幅超过600个基点，墨西哥降幅达350个基点，智利降幅达250个基点。

图5.2显示了选定经济体2003年以来期限溢价的演进。美国期限溢价显著下降，很明显样本国家的期限溢价也同样下降。大多数情况下，期限溢价下降会导致长期利率降幅超过2/3，如图5.1所示。表5.1分析了期限溢价对于每个经济体长期利率演进的重要性。对于每个经济体而言，长期利率的方差可以被分解为溢价协方差和风险中性利率协方差，结果在面板1中显示。在除了瑞典之外的其他国家，期限溢价在很大程度上影响长期利率的变动，一般情况下被解释的比例超过50%。在我们的样本中，期限溢价在拉丁美洲经济体显得尤为重要。智利的情况尤为引人注意，长期利率的变动都是由于期限溢价引起的，因为风险中性利率和长期利率的协方差弱负相关。当我们分析长期利率的月度差异时，结果更加明显（见面板2），这说明期限溢价不但解释了近年来利率下降的总体趋势，还解释了长期利率的高频变动情况。

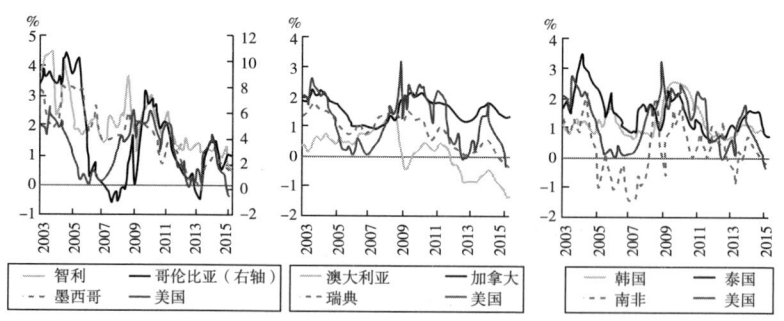

图5.2 美国和选定国家的期限溢价

表5.2分析了小型经济体利率和美国利率之间的关系。面板1显示了这些经济体的长期利率、期限溢价以及风险中性利率和美国

相应指标的相关性。结果与图 5.1 一致，长期利率的相关性很高，平均达到 0.75。其中，发达经济体长期利率的相关性非常高，系数达到 0.9；相比而言，发展中经济体的相关性稍低，但仍有很高的协动性。在拉丁美洲经济体中，墨西哥相关性最高，其次是哥伦比亚，最后是智利。排名与外商在本国市场重要程度相关。

如果研究长期利率各组成部分的跨国相关性，结果稍显复杂。一般而言，地区期限溢价和风险中性利率与美国相应指标有很高的相关性，因为在大多数情况下这两个变量与美国相应指标的相关系数超过 0.5。表 5.2 中的面板 2 显示，美国期限溢价和风险中性利率有助于美国长期利率和其他地区长期利率的协动。总之，地区利率和美国期限溢价的协方差占比达到 1/3 以上。在拉丁美洲国家，这一比例更高。面板 3 和面板 4 反复试验月度差异，结果基本保持不变。

表 5.1　　　　　　　　　长期利率的方差分解

	澳大利亚	瑞典	加拿大	智利	哥伦比亚	墨西哥	韩国	泰国	南非	美国
水平值										
期限溢价	0.66	0.04	0.56	1.06	0.87	0.60	0.23	0.35	0.74	0.25
风险中性利率	0.34	0.96	0.44	-0.06	0.13	0.40	0.77	0.65	0.26	0.75
一阶差分										
期限溢价	0.54	0.06	0.61	0.99	1.43	0.69	0.45	0.51	0.98	0.82
风险中性利率	0.46	0.94	0.39	0.01	-0.43	0.31	0.55	0.49	0.02	0.18

注：协方差的分解是根据每个国家 $VAR(R) = cov(R, RNR) + cov(R, TP)$，其中 R 表示长期利率，RNR 表示风险中性利率，TP 表示期限溢价。

数据来源：作者计算。

表 5.2　　　地区长期利率、期限溢价和风险中性利率与

美国相应指标之间的相关性

	澳大利亚	瑞典	加拿大	智利	哥伦比亚	墨西哥	韩国	泰国	南非
相关性（水平值）									
10 年期收益	0.89	0.94	0.91	0.62	0.70	0.82	0.83	0.67	0.49

续表

	澳大利亚	瑞典	加拿大	智利	哥伦比亚	墨西哥	韩国	泰国	南非
期限溢价	0.30	0.83	0.67	0.64	0.55	0.34	0.55	0.47	0.64
风险中性利率	0.34	0.81	0.82	0.14	0.43	0.56	0.64	0.62	0.69
协方差占比（水平值）									
期限溢价	0.38	0.30	0.34	0.74	0.56	0.32	0.41	-0.18	1.10
风险中性利率	0.62	0.70	0.66	0.26	0.44	0.68	0.59	1.18	-0.10
相关性（一阶差分）									
10年期收益	0.52	0.59	0.50	0.21	0.10	0.31	0.31	0.27	0.32
期限溢价	0.31	0.42	0.63	0.20	0.13	0.26	0.02	0.22	0.28
风险中性利率	0.22	0.41	0.49	0.06	0.13	0.11	0.17	0.26	0.10
协方差占比（一阶差分）									
期限溢价	0.72	0.76	0.79	0.69	2.02	0.79	0.58	0.56	0.92
风险中性利率	0.28	0.24	0.21	0.31	-1.02	0.21	0.42	0.44	0.08

注：协方差分解是根据 $cov(R, RUS) = cov(R, RNRUS) + cov(R, TPUS)$，其中 R 表示长期利率，RNR 表示风险中性利率，TP 表示期限溢价。

数据来源：作者计算。

以上事实表明：金融危机后，由于稳健的货币政策前景和期限溢价下跌，因而长期利率普遍下降。此外，由于货币政策和期限溢价的协动，样本经济体长期利率的演变与美国相应政策高度相关[①]。

在拉丁美洲经济体中，这种趋势更加明显，因为长期利率的走势与期限溢价的走势息息相关。同时，拉丁美洲国家的长期利率与美国长期利率协动，并且这种协动作用大多是通过与美国期限溢价的协动实现的。

美国期限溢价对小型开放经济体的影响

实证模型

我们遵循 Fornero、Montero 和 Yany（2015）的方法，将小型经

[①] 我们不是研究新兴市场国家利率和美国利率之间相关性的第一人。详见 Turner (2014) 和 Miyajima、Mohanty 和 Chan (2012)。

济体受到 50 个基点的冲击键入脉冲响应函数。结构向量自回归模型包括两部分,一部分是外国变量,另一部分是国内变量。假设外国变量具有外生性,国内变量不会对其产生影响。根据 Arias 等的记法,模型可以写成:

$$[y_t^{*\prime} y_t^{\prime}] \begin{bmatrix} A_{01} & A_{02} \\ 0 & A_{04} \end{bmatrix} = \sum_{i=1}^{p} [y_{t-l}^{*\prime} y_{t-l}^{\prime}] \begin{bmatrix} A_{l1} & A_{l2} \\ 0 & A_{l4} \end{bmatrix} + c + [\varepsilon_t^{*\prime} \varepsilon_t^{*}] \tag{5.2}$$

$Y_t^{\prime} = [y_t^{*\prime} y_t^{\prime}]$ 表示小型开放经济体内生变量的 $n \times 1$ 向量。y_t^* 表示外国变量的 $n^* \times 1$ 向量,p 表示模型的滞后阶数,0 表示外生性假设。A_l 是要估算的结构系数矩阵,A_0 是可逆的。c 表示参数向量,模型中 $1 \leq t \leq T$,T 表示样本容量。向量 ε_t 和 ε_t^* 是有均值 0 和方差—协方差矩阵的高斯函数,对应 $(n+n^*) \times (n+n^*)$ 单位矩阵。

模型可以简写成:

$$Y_t^{\prime} A_0 = X_t^{\prime} A_+ + \epsilon_t^{\prime} \tag{5.3}$$

其中,$Y_t^{\prime} = [y_t^{*\prime} y_t^{\prime}]$,$X_t^{\prime} = [Y_{t-1}^{\prime} \cdots Y_{t-p}^{\prime} 1]$,模型可以简写成:

$$Y_t = X_t^{\prime} B + u_t^{\prime} \tag{5.4}$$

其中,$B = A_+ A_0^{-1}$,$u_t^{\prime} = \varepsilon_t^{\prime} A_0^{-1}$,$E[u_t u_t^{\prime}] = \sum = (A_0 A_0^{\prime})^{-1}$。我们用识别方案来确定和估算结构冲击和参数。下文将会对识别方案进行简要描述。

识别方案

我们使用 Uhlig(2005)引入的,近期又被 Arias、Rubio - Ramirez 和 Waggoner(2014)开发的不可知论程序。在这种方法下,结构识别直接将符号约束和零约束作用于 IRF 模型,估算是在贝叶斯框架内完成的。本章使用 Fornero、Montero 和 Yany(2015)的方法,将国外外生变量加入模型中[①],这是对 Arias、Rubio - Ramirez

---

[①] 对模型方法详细完整的描述超出本章的范畴。详见 Arias、Rubio - Ramirez 和 Waggoner(2014)及 Fornero、Montero 和 Yany(2015)。

和 Waggoner（2014）方法的延伸。识别算法可以简要概括如下：

1. 根据简化参数绘制（B；Σ）；
2. 通过简化形式和结构参数之间的映射来生成 $(A_0^*;A_+^*)$ ①；
3. 绘制正交矩阵 Q，满足零约束，如 $(A_0^*Q;A_+^*Q)$ ②；
4. 如果满足符号约束，则继续绘制；
5. 重复之前的步骤，直到产生预期模拟值；
6. 计算满足约束条件的所有 IRFs 中值。

数据与约束条件

如前所述，我们独立估算了澳大利亚、加拿大、智利、哥伦比亚、韩国、墨西哥、南非、瑞士和泰国九个经济体的 SVAR 模型。这九个国家均为小型经济体，外国商业周期作为其外生变量，本章选用美国商业周期数据。本章选取了 2003 年 1 月至 2015 年 3 月的官方月度数据。为了便于对各国进行比较，本章在 VAR 模型中选择了一阶滞后项，并添加了一个常数作为确定性趋势。

国内内生模块包括以下变量：（1）产出缺口，按照 CF 滤波度量的商业周期的月生产指数（对数）；（2）年度消费者物价指数（CPI）通胀率；（3）风险中性利率；（4）10 年期溢价率；（5）名义汇率（对数）。

国外外生模块包括以下变量：（1）美国产出缺口，按照 CF 滤波度量的商业周期的美国工业生产指数；（2）美国历年 CPI 通胀率；（3）美国风险中性利率；（4）美国 10 年期溢价率；（5）实际商品价格指数（对数）；（6）CBOE 波动指数（VIX，对数）；（7）10 年期与 1 年期利差。变量、数据变换和来源的详细内容见附录 5.1。

---

① 简化形式和结构参数之间的映射可以通过以下含函数得到：$h(X)'h(X) = X$，也就是 Cholesky 分解方程：$(A_0^*;A_+^*) = (h(\sum)^{-1};Bh(\sum)^{-1})$。

② 使用 QR 分解式（$X = QR$），表示任何 $n \times n$ 的随机矩阵，这个矩阵中的每个元素独立，并都遵循标准正态分布。

在表 5.3 中，我们总结了对 IRFs 施加的符号与零约束，这些基于经济理论的约束是非常标准的。我们计算两种不同算例的 IRF（模型 1 和模型 2）。在两个算例中，我们选择的美国期限溢价冲击至少 6 个月为正。这个冲击对于任何一个国家的产出缺口或年通货膨胀率都没有同期影响。同时，在两种模型中，冲击对利率差至少有 6 个月的正向影响。然而，在模型 2 中，我们将 6 个月的正号约束加入国内期限溢价，以提高模型的稳健水平，并识别冲击在小型开放型经济体中的传导机制。

表 5.3　将符号约束和零约束加入结构向量自回归模型的脉冲响应函数

变量	模型 1		模型 2	
	$t=0$	$t>1$	$t=0$	$t>1$
国外外生模块				
美国产出缺口	0	?	0	?
美国年通胀率	0	?	0	?
美国风险中性利率	?	?	?	?
美国期限溢价	+	+5	+	+5
10 年期与 1 年期利差	+	+5	+	+5
实际商品价格的对数	?	?	?	?
VIX 对数	?	?	?	?
国内内生模块				
产出缺口	0	?	0	?
年通胀率	0	?	0	?
风险中性利率	?	?	?	?
期限溢价	?	?	+	+5
名义利率的对数	?	?	?	?

注：+N 表示 N 个月正号约束，0 表示 0 约束，? 表示无约束。

数据来源：作者计算。

结果

表 5.4 至表 5.7 显示了在两种识别方案（模式 1 和模式 2）下，

9个选定国家的国外与国内变量在美国期限溢价增加 50 个基点时的平均脉冲反应。我们将这些国家分成了三类：发达经济体（澳大利亚、加拿大和瑞士），拉丁美洲国家（智利、哥伦比亚和墨西哥）和其他国家（韩国、南非和泰国），以比较新兴市场和发达经济体区域跨国模式的差异。

表 5.4 显示了模型 1 中国外变量的反应。结果显示，美国的期限溢价冲击相当持久，其半衰期约为 10 个月。预计冲击会导致美国产出缺口持续收缩，12 个月后平均下降 41 个基点。根据冲击的紧缩效应，美国风险中性利率（该指标表示未来短期利率预期走向）平均下降 15 个基点，一年后下降 26 个基点。此外，震荡导致波动性上升（利用 VIX 指数显示），6 个月后高于稳态水平 10%，一年后高于稳态水平 8%。最后，实际商品价格对冲击没有重大反应，两年后仅下降 1.5%。

表 5.4 国外变量在美国期限溢价变动 50 个基点时的月度脉冲响应：模型 1

	VIX 对数（%）		美国产出缺口		美国年通胀率		美国期限溢价		美国风险中性利率		实际商品价格（%）	
$t=0$	4.4	(1.6)	0.0	(0.0)	0.0	(0.0)	50.0	(0.0)	-13.2	(1.3)	-0.1	(0.4)
$t=1$	6.2	(1.4)	0.0	(1.1)	4.8	(0.6)	46.2	(0.5)	-14.5	(1.1)	0.5	(0.3)
$t=6$	10.5	(0.5)	-16.5	(3.2)	6.6	(2.2)	30.8	(0.9)	-22.0	(0.9)	0.8	(0.5)
$t=12$	8.4	(0.4)	-41.4	(3.8)	-7.8	(2.2)	20.7	(0.7)	-26.6	(1.3)	-0.3	(0.5)
$t=24$	1.8	(0.2)	-52.9	(3.3)	-16.8	(0.8)	9.8	(0.4)	-19.9	(1.4)	-1.5	(0.3)
$t=36$	-0.8	(0.1)	-34.9	(2.1)	-8.4	(0.9)	3.8	(0.4)	-7.9	(1.0)	-1.6	(0.2)

注：外生变量模块中，实际商品价格对数这一变量因国家不同而不同，因此外生变量的脉冲响应值在每一次的估算中都不同。本表显示每个国家的平均值，括号内表示标准差。VIX 指芝加哥期权交易所波动率指数。

数据来源：作者计算。

表 5.5 显示在模型 1 的识别假设下，面板 1 期限溢价的脉冲响应和面板 2 名义汇率对数的脉冲响应。SVAR 估计显示了期限溢价从美国传导至各地区的一个明确的路径。大部分情况下，前 6 个月

期限溢价会增加 10~30 个基点。在大多数样本国家中，地区溢价的反应规模小于 50 个基点，意味着传导系数小于 1。各国的反应幅度各不相同，发达经济体平均为 14 个基点，拉丁美洲国家平均为 43 个基点。特别是智利和墨西哥有相似而强烈的反应，6 个月后高达近 30 个基点，一年后约为 20 个基点。相比之下，发达经济体的反应较弱且迟钝，地区溢价在加拿大上涨不到 20 个基点，澳大利亚和瑞士只有 10 个基点。另外，在大多数国家，名义汇率贬值 1%~2%。特别是拉丁美洲国家的汇率贬值 1%，一年后回升至初始水平。

大多数被分析国家的国内年通货膨胀率（表 5.5，面板 4）有所提高，符合当地货币的名义贬值趋势。结果表明，与发达经济体相比，拉丁美洲国家的响应更强烈和持久，年度通货膨胀率 6 个月后平均上升了 31 个基点，一年后上升 19 个基点。相比之下，在发达经济体中，年通货膨胀率 6 个月后平均上升 19 个基点，一年后仅上升 9 个基点。关于国内经济活动，表 5.5（面板 3）显示了模型 1 中产出缺口的响应。美国期限溢价增长的产出缺口响应无疑是紧缩的：一年后，大部分被分析国家产出缺口收紧 30 多个基点。拉丁美洲国家的响应更为强劲，产出缺口在一年后平均收紧 51 个基点。特别是在智利和墨西哥，两年后的响应仍然持续，产出缺口收紧 30 多个基点。发达经济体反应明显较弱：产出缺口一年后平均收紧仅 15 个基点。除泰国外，其他国家结果与拉丁美洲的结果非常相似。

中央银行如何应对美国期限溢价造成的震荡呢？表 5.5（面板 5）显示了风险中性利率的变动。各个国家的反应相当不同。在影响方面，一些国家（澳大利亚、墨西哥和瑞士）的货币政策利率预期呈上升趋势，而其他国家（加拿大、智利、哥伦比亚和南非）的货币政策利率预期则有所回落。这种异质性可能反映了货币政策稳定性权衡的存在。一些国家可能会采取行动以减轻紧缩影响，另一些国家可能会提高利率以降低通货膨胀率。例如，尽管估计模型中的大部分其他变量（产出缺口、年度通货膨胀率和期限溢价）反应类似，但智利和墨西哥显示出对风险中性利率的不同反应。

表 5.5　美国期限溢价变动 50 个基点的月度脉冲响应函数：模型 1

	澳大利亚	瑞士	加拿大	智利	哥伦比亚	墨西哥	韩国	泰国	南非	发达经济体	拉丁美洲
\multicolumn{12}{c}{1. 期限溢价（基点）}											
$t=0$	7.3	9.0	15.8	15.0	31.6	11.5	-0.2	3.0	15.8	10.7	19.3
$t=1$	11.1	12.4	17.4	21.0	40.3	20.2	5.5	4.8	17.4	13.6	27.1
$t=6$	14.1	12.2	16.4	29.4	69.6	29.7	11.4	12.3	16.4	14.2	42.9
$t=12$	4.0	10.4	9.2	22.2	73.5	17.3	8.4	9.3	9.2	7.9	37.7
$t=24$	-6.9	8.5	-0.3	0.7	69.3	1.9	6.2	2.0	-0.3	0.4	23.9
$t=36$	-6.1	4.9	-2.2	-1.1	57.4	2.4	3.2	1.3	-2.2	-1.1	19.6
2. 名义汇率的对数（百分比）											
$t=0$	1.5	0.5	0.2	0.9	0.9	0.9	1.1	-0.2	0.2	0.7	0.9
$t=1$	2.0	0.6	-0.1	0.9	0.9	1.0	1.5	-0.2	-0.1	0.9	1.0
$t=6$	0.9	0.3	-0.6	1.3	0.9	0.3	2.0	0.3	-0.6	0.2	0.9
$t=12$	-0.2	0.2	-1.0	0.8	0.3	-0.6	2.2	0.7	-1.0	-0.3	0.1
$t=24$	-0.6	0.4	-1.2	0.1	0.5	0.0	1.8	0.7	-1.2	-0.5	0.2
$t=36$	-0.2	0.5	-0.5	1.1	2.3	1.0	1.0	0.4	-0.5	-0.1	1.4
3. 产出缺口（基点）											
$t=0$	0.0	0.0	0.0	0.0	0.0	0.0	0.0	0.0	0.0	0.0	0.0
$t=1$	4.7	-0.6	8.7	-3.6	12.3	-2.4	-0.3	-36.2	8.7	4.3	2.1
$t=6$	8.3	-4.6	6.6	-20.7	7.6	-24.7	-27.6	-142.5	6.6	3.4	-12.6
$t=12$	0.3	-14.7	-29.3	-35.6	-72.7	-45.5	-47.0	-150.2	-29.3	-14.6	-51.3
$t=24$	-16.4	-23.1	-62.9	-31.8	-166.1	-46.4	-19.9	-81.6	-62.9	-34.1	-81.4
$t=36$	-17.1	-15.8	-55.7	-21.2	-53.9	-24.2	11.8	-48.6	-55.7	-29.6	-33.1
4. 年度通货膨胀率（基点）											
$t=0$	0.0	0.0	0.0	0.0	0.0	0.0	0.0	0.0	0.0	0.0	0.0
$t=1$	3.8	9.9	6.9	11.3	1.9	11.2	15.4	0.0	6.9	6.9	8.1
$t=6$	24.4	19.4	14.2	42.1	20.4	30.7	41.0	-2.1	14.2	19.4	31.1
$t=12$	18.0	5.8	3.0	19.4	13.5	23.9	25.1	-12.2	3.0	8.9	18.9
$t=24$	-8.6	-6.1	-11.3	-40.8	-31.6	2.6	-2.4	-14.1	-11.3	-8.7	-23.3
$t=36$	-9.3	-4.0	-9.1	-34.0	-20.6	-2.2	-3.1	-9.8	-9.1	-7.4	-19
5. 风险中性利率（基点）											
$t=0$	7.4	4.9	-5.3	-5.8	-3.2	5.1	5.7	-5.6	-5.3	2.3	-1.3
$t=1$	13.2	9.8	-1.8	-6.6	0.2	10.2	6.5	-5.0	-1.8	7.0	1.3
$t=6$	10.7	4.8	1.8	-6.5	-1.5	18.5	5.5	-10.0	1.8	5.8	3.5
$t=12$	1.5	-8.6	-3.2	-3.9	-21.4	12.4	-2.1	-12.2	-3.2	-3.4	-4.3
$t=24$	-1.0	-17.8	-8.2	-2.0	-74.0	-0.6	-13.0	-9.6	-8.2	-9.0	-25.5
$t=36$	-0.1	-9.0	-6.1	-2.9	-64.7	-0.9	11.8	-4.6	-6.1	-5.1	-22.9

注：最后两列是通过估计所有国家的平均值所得。

数据来源：作者计算。

表 5.6　外国变量在美国期限溢价变动 50 个基点时的月度脉冲响应函数：模型 2

	VIX 对数（%）	美国产出缺口（基点）	美国年度通胀率（基点）	美国期限溢价（基点）	美国风险中性利率（基点）	实际商品价格的对数（%）
$t=0$	3.9（3.3）	0.0（0.0）	0.0（0.0）	50.0（0.0）	-10.1（3.9）	0.6（0.9）
$t=1$	6.0（2.8）	0.8（2.3）	5.9（1.6）	46.2（0.4）	-11.5（3.7）	1.1（1.0）
$t=6$	10.7（0.8）	-13.1（7.2）	9.8（5.7）	31.1（0.9）	-19.9（2.9）	1.5（1.0）
$t=12$	9.0（0.7）	-39.2（7.4）	-5.8（4.6）	21.1（0.7）	-25.6（2.3）	0.4（0.9）
$t=24$	2.5（0.5）	-54.2（4.0）	-15.9（1.0）	10.7（0.7）	-20.9（1.8）	-1.0（0.5）
$t=36$	-0.3（0.3）	-38.3（2.9）	-8.9（0.9）	4.6（0.5）	-9.5（2.0）	-1.1（0.3）

注：该表显示了各国的平均估计数，相应的标准偏差在括号中显示。实际商品价格的对数这个变量在不同国家/地区是不同的，因此每个估计值的反应不尽相同。VIX 指芝加哥期权交易所波动指数。

数据来源：作者计算。

目前为止，我们已经讨论了对国内期限溢价（模型 1）不添加符号约束条件时，美国期限溢价冲击的影响。如前所述，我们在模型中运行了第二个算例（模式 2），对国内期限溢价施加了为期 6 个月的正号约束，以便将震荡传递到国内。该估计的结果详见表 5.6 和表 5.7。一般来说，反应结果与模型 1 在三方面可以进行对照：（1）产出缺口的收缩效应；（2）通货膨胀对当地消费价格的影响；（3）国内期限溢价的持续传递路径。在上述约束下，对地方财政状况影响的传递路径显然更明显。图 5.3 显示了模型 1 和模型 2 长期利率与期限溢价一年后的响应。长期利率是指溢价与风险中性利率之和。根据图 5.3 所示，美国期限溢价冲击导致长期利率与期限溢价上升。冲击对拉丁美洲经济影响更大，这些经济体位于图中两个面板的右上角。但是，当在国内区域添加符号与零约束条件时，本地期限溢价和长期利率的响应更强。例如，在智利和墨西哥，传递路径中模型 2 的长期利率几乎是模型 1 的两倍。最后，本文的研究结果基本上与 Miyajima、Mohanty 和 Yetman（2014）的结论一致，他们分析了 2003 年 1 月至 2007 年 12 月期间非常规货币政策对亚洲经济体的溢出效应。

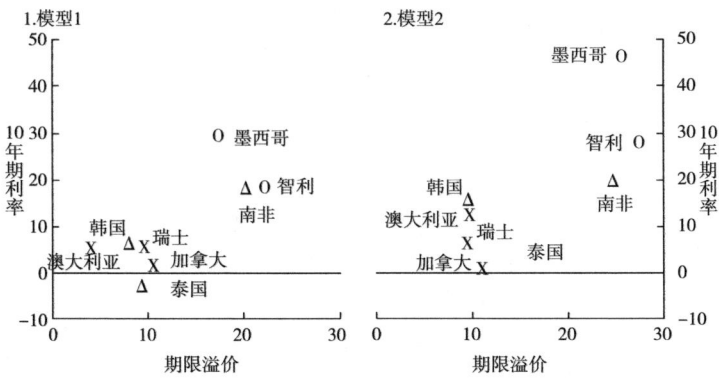

注：发达国家用X表示，拉丁美洲国家用O表示，剩余的国家用Δ表示，哥伦比亚被排除在外，因为它位于右上角。

数据来源：作者计算。

图 5.3 受到美国期限溢价变动 50 个基点的冲击时各国国内期限溢价和一年后 10 年期利率的响应

表 5.7 美国期限溢价变动 50 个基点的月度脉冲响应函数：模型 2

	澳大利亚	瑞士	加拿大	智利	哥伦比亚	墨西哥	韩国	泰国	南非	发达经济体	拉丁美洲
1. 期限溢价（基点）											
$t=0$	15.4	20.1	12.7	40.1	105.6	26.2	18.8	28.1	51.2	16.1	57.3
$t=1$	19.5	19.9	19.4	41.5	109.5	34.8	22.0	29.5	46.6	18.6	61.9
$t=6$	21.6	17.2	14.0	41.6	106.7	40.2	18.2	25.1	33.8	17.6	62.8
$t=12$	9.9	9.5	11.1	27.4	91.7	25.6	9.8	13.9	24.8	10.2	48.2
$t=24$	-5.2	-1.6	9.4	1.3	75.0	2.4	6.3	0.4	17.9	0.9	26.2
$t=36$	-6.5	-3.2	5.2	-0.6	62.0	1.4	4.2	1.9	8.2	-1.5	21.0
2. 名义汇率的对数（百分比）											
$t=0$	0.3	0.3	0.9	1.1	1.9	1.8	1.7	-0.3	3.0	0.5	1.6
$t=1$	0.3	0.1	1.3	1.1	1.7	1.9	1.6	-0.2	2.2	0.6	1.6
$t=6$	-0.3	-0.9	1.2	1.5	1.1	0.6	1.8	0.6	-0.2	0.0	1.1
$t=12$	-0.7	-1.3	0.6	0.7	0.1	-1.0	2.1	1.1	-2.0	-0.5	-0.1
$t=24$	-0.8	-1.5	0.5	-0.1	0.1	-0.7	1.9	0.4	-1.8	-0.6	-0.3
$t=36$	-0.4	-0.8	0.6	0.8	2.6	0.9	1.4	0.2	-1.7	-0.2	1.4

续表

	澳大利亚	瑞士	加拿大	智利	哥伦比亚	墨西哥	韩国	泰国	南非	发达经济体	拉丁美洲
3. 产出缺口（基点）											
$t=0$	0.0	0.0	0.0	0.0	0.0	0.0	0.0	0.0	0.0	0.0	0.0
$t=1$	6.4	9.7	-0.2	-2.2	12.6	-2.0	3.0	-10.7	-5.8	5.3	2.8
$t=6$	17.2	9.6	-6.1	-15.2	7.7	-25.6	-16.6	-18.3	-28.7	6.9	-11.0
$t=12$	10.9	-25.5	-16.4	-29.6	-85.3	-52.0	-42.5	-17.2	-35.8	-10.3	-55.6
$t=24$	-1.1	-70.6	-23.6	-31.6	-187.0	-48.5	-21.8	-34.0	-51.3	-31.8	-89.0
$t=36$	-6.9	-58.4	-16.3	-22.4	-45.9	-22.1	8.8	-30.5	-61.3	-27.2	-30.1
4. 年度通货膨胀率（基点）											
$t=0$	0.0	0.0	0.0	0.0	0.0	0.0	0.0	0.0	0.0	0.0	0.0
$t=1$	6.7	7.3	8.2	7.7	5.0	10.9	17.6	2.4	12.1	7.4	7.9
$t=6$	33.5	17.7	17.7	32.2	23.5	34.6	48.3	12.7	43.1	23.0	30.1
$t=12$	28.8	5.2	6.4	16.7	12.8	28.2	33.0	12.3	19.9	13.5	19.3
$t=24$	-1.6	-11.4	-5.2	-34.5	-37.2	-0.7	2.1	-5.5	-52.7	-6.1	-24.1
$t=36$	-7.6	-10.5	-3.9	-34.8	-23.2	-4.3	-1.1	-10.5	-57.7	-7.3	-20.8
5. 风险中性利率（基点）											
$t=0$	15.1	-5.0	-2.3	-9.5	-48.8	13.8	10.7	-6.7	-9.0	2.6	-14.8
$t=1$	18.5	-1.5	2.1	-8.0	-42.4	18.9	12.0	-7.9	-0.4	6.4	-10.5
$t=6$	12.8	2.4	0.9	-2.9	-25.9	26.5	13.1	-10.6	4.1	5.4	-0.8
$t=12$	2.7	-2.8	-9.8	0.0	-34.3	20.2	5.9	-9.2	-4.8	-3.3	-4.7
$t=24$	-0.8	-9.1	-17.2	-0.6	-85.9	0.9	-9.0	-8.1	-12.3	-9.1	-28.5
$t=36$	-0.5	-6.8	-8.2	-2.5	-68.6	-1.1	-11.1	-5.5	-9.6	-5.2	-24.1

注：最后两列是通过估计所有国家的平均值所得。

数据来源：作者计算。

结论

本章研究了全球金融周期对小型和开放经济体的宏观经济影响以及金融冲击对货币政策的影响。为了解决这个问题，我们遵循 Arias、Rubio Ramirez 和 Waggoner（2014）的方法论，针对样本国家，建立了符号约束和零约束的 SVAR 估算模型，每一个模型都包含美国变量和国内变量，并计算了地区变量对美国期限溢价冲击的脉冲响应。从分析中得出一些结论：

- 国内长期利率和期限溢价上升显著影响地区金融形势；
- 国内通货膨胀上升，经济活动紧缩；
- 货币政策响应差异表明货币政策权衡；
- 这些影响对拉丁美洲国家的作用更强。

普遍认为，这些结果表明全球金融周期对小型开放经济体，特别是拉丁美洲国家产生重大影响。在这种情况下，各国中央银行面临货币政策权衡，其中包括在产出减速国家降低高通胀率。随着美国货币政策正常化，这个问题在接下来几个月将至关重要。

附录5.1 数据和短期溢价的估算

数据

我们使用每个国家的官方月度数据，包括短期和长期产量、生产收益率、名义汇率和年通货膨胀率。

产出缺口根据月度工业生产指数，采用 CF 滤波法的全样本长度非对称滤波和平滑线性趋势来测量。对智利来说，我们使用月度经济活动指数。我们利用 CPI 的 12 个月百分比变动作为年度通货膨胀的代表。工业生产指数、短期收益率和长期收益率、消费物价指数和波动率指数来源于彭博资讯和经合组织数据。实际商品价格指数是用国际货币基金组织的国际金融统计数据计算出来的，用美国生产者物价指数来衡量。

期限溢价的估算

1. 期限结构的仿射模型

过去 20 年，大量文献已经对长期收益率分解为风险中性利率和长期溢价进行了广泛的研究。最近通用的工具是收益率期限结构的仿射模型估算（Ang 和 Piazzesi，2003；Adrian、Crump 和 Moench，2013；Bauer、Rudebusch 和 Wu，2014；Blake、Rule 和 Rummel，2015）。在本章，我们利用 Ceballo 和 Romero（2015）的方法对不同国家的 10 年期国债收益率进行分解，他们用 Adrian 等人（2013）的方法估计多个国家的仿射模型，这些我们在附录中有简单描述。首先，我们假设期限结构取决于 K 的主成分 X_t，它根据 1 阶的 VaR 演变而来：

$$X_{t+1} = \mu + \phi X_t + v_{t+1} \tag{5.5}$$

$v_t \sim N(0, \sum)$。短期利率 r_t 被假定为依赖于期限结构的主成分，建立如下仿射函数[①]：

$$r_t = \delta_0 + \delta_1 X_t \tag{5.6}$$

其次，我们用 P_t^n 代表 n 期零息债券在 t 期的价格，利用无套利假设（Ang 和 Piazzesi，2003），债券价格满足以下递推动态：

$$P_t^n = E_t[M_{t+1} P_{t+1}^{n-1}] \tag{5.7}$$

M_{t+1} 是服从指数仿射的随机贴现因子，定义为：

$$M_{t+1} = \exp\left(-\frac{1}{2}\lambda'_t \lambda_t - r_t - \lambda_t^{'-1/2} v_{t+1}\right) \tag{5.8}$$

λ_t 代表风险的市场价格，也被假定为根据期限结构的主成分的仿射过程而演变的，

$$\lambda_t = \lambda_0 + \lambda_1 X_t \tag{5.9}$$

利用上面所有的假设，可以得到由模型推算出的收益率[②]：

$$p_t^n = \exp(A_n + B_n X_t) \tag{5.10}$$

A_n 和 B_n 满足下面的递归过程：

$$\begin{cases} A_{n+1} = A_n + B_n(\mu - \sum \lambda_0) + \frac{1}{2} B'_n \sum \sum' B_n - \delta_0 \\ B'_{n+1} = B'_n(\phi - \sum \lambda_1) - \delta'_1 \end{cases} \tag{5.11}$$

[①] 我们将 3 个月收益作为短期利率的衡量指标。
[②] 这些等式的详细计算，参见 Ang 和 Piazzesi（2003）或 Adrian、Crump 和 Moench（2013）。

$A_1 = -\delta_0, B_1 = -\delta_1$。这种情况下，可以计算债券价格预期 P_t^n，并推断相关的收益率 y_t^n，

$$y_t^n = \frac{-\log(P_t^n)}{n} \tag{5.12}$$

最后，为了计算风险中性利率，我们将市场价格风险设置为 0（也就是 $\lambda_0 = \lambda_1 = 0$，所以 $\lambda_t = 0 \forall t$）：

$$\begin{cases} A_{n+1} = A_n + B_n\mu + \frac{1}{2}B'_n \sum \sum' B_n - \delta_0 \\ B'_{n+1} = B'_n \phi - \delta'_1 \end{cases} \tag{5.13}$$

因此，期限溢价可以用模型推算出的 y_t^n 和估计的风险中性利率的差来计算。

2. 模型估计

这些参数 $\{\mu, \phi, \sum, \delta_0, \delta_1\}$ 是由普通的最小二乘法（OLS）在它们定义的方程式中独立估计的。为了估计 $\{\lambda_0, \lambda_1\}$，首先我们将 rx_t 定义为在 n 个周期内到期的债券的超额持有收益率：

$$rx_{t+1}^{n-1} = \ln(P_{t+1}^{n-1}) - \ln(P_t^n) - r_t \tag{5.14}$$

可以证明，rx_t 满足下面的方程：

$$rx_{t+1}^{n-1} = \beta^{n-1}(\lambda_0 + \lambda_1 X_t) - \frac{1}{2}(\beta^{n-1\prime} \sum \beta^{n-1} + \sigma^2) + \beta^{n-1\prime}v_{t+1} + e_{t+1}^{n-1} \tag{5.15}$$

$\forall t = 1, \cdots, T ; \forall n = 1, \cdots, N$，其中 e_{t+1}^{n-1} 是与方差 σ^2 同分布的收益定价误差，

$$\beta^{n-1} = \text{Cov}(rx_{t+1}^{n-1}, v'_{t+1}) \sum\nolimits^{-1} \tag{5.16}$$

该模型可以改写为：

$$rx = \beta'(\lambda_0 1'_T + \lambda_1 X_-) - \frac{1}{2}(B^* \text{vec}(\sum) + \sigma^2 1_N)1'_T + \beta'V + E \tag{5.17}$$

其中 rx 是一个 $N \times T$ 的超额回报矩阵，$\beta = [\beta^1, \beta^2, \cdots, \beta^N]$，$1'_T$ 和 $1'_N$ 是 $T \times 1$, $N \times 1$ 的向量，$X_- = [X_0, X_1, \cdots, X_{T-1}]$，$B^* =$

$[\operatorname{vec}(\beta_1,\beta'_1),\cdots,\operatorname{vec}(\beta_n,\beta'_n)]$，$V$ 和 E 是矩阵误差。

在这种情况下，可以用下面三步方法估算参数：

(1) 在定义这些参数 $\{\mu,\phi,\sum,\delta_0,\delta_1\}$ 的方程上用最小二乘法分别进行独立的估计。

(2) 用 OLS 估计下面的关于超额收益的方程，

$$rx = a1'_T + \beta'V + cX_- + E, 推断出 \hat{B}^*, \hat{\sigma}^2 = tr(\hat{E}\hat{E}')/NT \tag{5.18}$$

(3) 使用下面的估计量来计算 $\{\lambda_0,\lambda_1\}$

$$\begin{cases} \hat{\lambda}_0 = (\hat{\beta}\hat{\beta}')^{-1}\hat{\beta}\left[\hat{a} + \frac{1}{2}(\hat{B}^*\operatorname{vec}(\hat{\sum}) + \hat{\sigma}^2 1'_N)\right] \\ \hat{\lambda}_1 = (\hat{\beta}\hat{\beta}')^{-1}\hat{\beta}\hat{c} \end{cases} \tag{5.19}$$

参考文献

[1] Adrian, T., R. K. Crump, and E. Moench. 2013. "Pricing the Term Structure with Linear Regressions", Journal of Financial Economics 110 (1): 110 – 38.

[2] Ang, A., and M. Piazzesi. 2003. "A No – Arbitrage Vector Autoregression of Term Structure Dynamics with Macroeconomic and Latent Variables", Journal of Monetary Economics 50 (4): 745 – 87.

[3] Arias, J. E., J. F. Rubio – Ramirez, and D. F. Waggoner. 2014. "Inference Based on SVARs Identified with Sign and Zero Restrictions: Theory and Applications", International Finance Discussion Paper 1100, Board of Governors of the Federal Reserve System.

[4] Bauer, M. D., G. D. Rudebusch, and J. C. Wu. 2014. "Term Premia and Inflation Uncertainty: Empirical Evidence from an International Panel Dataset: Comment", American Economic Review 104

(1): 323 –37.

[5] Bernanke, B. 2013. "The Past and Future of Monetary Policy", Speech at the Annual Monetary and Macroeconomics Conference, San Francisco Federal Reserve, March 1.

[6] Blake, A. P., G. R. Rule, and O. J. Rummel. 2015. "Inflation Targeting and Term Premia Estimates for Latin America", Latin American Economic Review 24 (1): 1 –21.

[7] Canova, F. 2005 "The Transmission of U. S. Shocks to Latin Data", Journal of Applied Econometrics 20: 229 –51.

[8] Ceballos, L., A. Naudon, and D. Romero. 2015. "Nominal Term Structure and Term Premia: Evidence from Chile", Working Paper 752, Central Bank of Chile, Santiago.

[9] Ceballos, L., and D. Romero. 2015. "Decomposing Long – Term Interest Rates: An International Comparison", Working Paper 767, Central Bank of Chile, Santiago.

[10] Fornero, J., R. Montero, and A. Yany. 2015. "Reassessing the Effects of Foreign Monetary Policy on Output: New Evidence from Structural and Agnostic Identification Procedures", Central Bank of Chile, Santiago, Unpublished.

[11] Gagnon, J., M. Raskin, J. Remache, and B. Sack. 2011. "The Financial Market Effects of the Federal Reserve's Large – Scale Asset Purchases", International Journal of Central Banking 7 (1): 3 –43.

[12] Joslin, S., M. Priebsch, and K. J. Singleton. 2014. "Risk Premiums in Dynamic Term Structure Models with Unspanned Macro Risks", Journal of Finance 69 (3): 1197 –233.

[13] Mackowiak, B. 2007. "External Shocks, US Monetary Policy and Macroeconomic Fluctuationsin Emerging Markets", Journal of Monetary Economics 54 (8): 2512 –20.

[14] Miyajima, K., M. Mohanty, and T. Chan. 2012. "Emerging

Market Local Currency Bonds: Diversification and Stability", BIS Working Paper 391, Bank for International Settlements, Basel.

[15] Miyajima, K., M. Mohanty, and J. Yetman. 2014. "Spillovers of US Unconventional Monetary Policy to Asia: The Role of Long – Term Interest Rates", BIS Working Paper 478, Bank for International Settlements, Basel.

[16] Rey, H. 2013. "Dilemma Not Trilemma: The Global Financial Cycle and Monetary Policy Independence", Proceedings from the Federal Reserve Bank of Kansas City Economic Policy Symposium, Jackson Hole, Wyoming, August 22 – 24.

[17] Turner, P. 2014. "The Global Long – Term Interest Rate, Financial Risks and Policy Choices in EMEs", BIS Working Paper 441, Bank for International Settlements, Basel.

[18] Uhlig, H. 2005. "What Are the Effects of Monetary Policy on Output? Results from an Agnostic Identification Procedure", Journal of Monetary Economics 52 (2): 381 – 419.

[19] Wright, J. H. 2011. "Term Premia and Inflation Uncertainty: Empirical Evidence from an International Panel Dataset", American Economic Review 101 (4): 1514 – 34.

第六章 货币政策实施过程中的前瞻性指引和审慎性原则[①]

哥伦比亚中央银行
朱利安·安德烈·波拉尼亚

在过去的25年里,货币政策的实施发生了根本性变化。许多国家的货币政策都采用与通胀目标相关的框架,并增加了中央银行与公众之间的沟通。近几年,还进行过一些重要的讨论,包括对保持较低并稳定的通货膨胀率、将金融稳定纳入中央银行明确目标的讨论等。

近年来,全球金融危机引发了新的挑战和争论。尽管拉丁美洲并没有受到危机的严重影响,但对这些争论并不陌生。在这些争论中,有一些是关于在任何情况下都可以实施的货币政策,而另一些则可以教给我们非常规政策在未来的危机中的使用、成本和收益。

哥伦比亚中央银行的工作人员密切关注这些不同的声音,并为其中的一些观点提供了见解。本章总结分析了实施货币政策的两个主题:前瞻性指引和对不确定性的处理。

这里所使用的"前瞻性指引"主要指的是中央银行对未来货币政策利率水平作出承诺的政策策略。对利率前瞻性指引的关注是由于发达经济体的几家中央银行,如加拿大中央银行、英格兰银行和美联储,在全球金融危机期间,采取了不同的非常规政策——其中之一就是承诺在未来保持低利率,通过对市场预期的影响来刺激经

[①] 作者感谢 Deniz Igan、Hernando Vargas、Krishna Srinivasan、Hamid Faruqee、Yan Carrière‑Swallow,出席8月国际货币基金组织中期研讨会的与会者,2015年拉丁美洲会议上参加拉丁美洲中央银行挑战会议的与会者,以及加勒比经济协会的评论。

济。本章的第一部分使用一个非常简单的框架来分析前瞻性指引的一些基本特征,以了解这种策略在危机期间的有效性,以及在正常时期是否值得继续采用。这将有助于我们理解该策略对于未经历过危机的拉丁美洲的作用。

近年来,前瞻性指引得到了广泛的分析,以往的文献中也有许多这方面的研究,并获得了很多结果和技术细节。例如,Eggertsson 和 Woodford(2003)表明,从理论上讲,在零利率下限的情况下,可信地承诺未来的低利率是最优的政策。然而,对于前瞻性指引有效性的实证分析结果不一,下一节中将讨论这一问题。本章着重于基于时间的前瞻性指引的共同特征,即无条件承诺,尽管最近的文献(Boneva、Harrison 和 Waldron,2015;Florez-Jimenez 和 Parra Polania,2016)较为支持相机抉择的前瞻性指引的优越性(如宣布在何种经济状况下中央银行将偏离所承诺的利率)。这一章也采用了完全可信的假设,然而,Bodenstein、Hebdon 和 Nunes(2012)等人也研究过不完全可信的承诺。对于前瞻性指引的理论和实践的对比,推荐读者参考 Moessner、Jansen 和 de Haan(2015)。

哥伦比亚中央银行货币政策的第二个主题——不确定性的关注源于观测到本国 GDP 某些部分波动性有所增加,并产生了一个想法:GDP 波动性增加可能与测量误差的波动性增加有关。我们从两个不同的角度研究了不确定性对最优决策的影响,从"标准"的角度看,政策制定者将预期损失最小化;从"审慎"的角度看,政策制定者减少各种可能情况下的最大损失,以避免最坏情况下的巨大损失。

就前瞻性指引而言,从强有力的控制角度来看,可以在过去的文献中发现在不确定状态下制定货币政策的更多结果和技术细节。最近,在不确定性条件下的最优政策设计之中,往往会考虑稳健性/审慎性标准,这一问题在 Hansen、Sargent(2008)和 Barlevy(2009)的文献中得到广泛讨论。从强有力控制视角分析货币政策的例子来自 Tillmann(2014)和 Gerke、Hammermann(即将发表)。

前者研究了潜在产出的不确定性，并发现稳健性加强了任命保守的中央银行家的理由。后者分析了利率传导机制不完善的货币政策和模型设定的不确定性。他们发现对稳健最优政策的响应是激进还是审慎，取决于对政策冲击的来源。

本章的下一节将讨论前瞻性指引分析的细节，然后是关于审慎原则的分析。这两节将引用 Florez – Jimenez 和 Parra Polania（2016）对前瞻性指引的分析，以及 Parra Polania 和 Vargas（2014）对审慎性的分析。在这些研究中可以找到进一步的分析和技术细节。

前瞻性指引

根据 Campbell 等（2012）的研究，这一节首先区分两种类型的前瞻性指引：德尔斐式前瞻性指引和奥德修斯式前瞻性指引。前者指的是中央银行公开自己对未来政策利率可能走向的预测。这是一种有效的沟通工具，因为它为市场参与者提供了额外的信息。后者指的是宣布和承诺未来利率的特定走向，而不仅仅是预测。这种区别是有重要意义的，因为德尔斐式前瞻性指引的主要目的是传达中央银行对经济前景的判断，从这种意义上讲主要是一种透明的行为；而奥德修斯式前瞻性指引主要用于通过货币政策实施过程中的临时改变来刺激经济。

要区分两者差异请参考以下事例。首先，想象一下一个中央银行发布了低于市场预期水平的政策利率预测（德尔斐式前瞻性指引）。市场可能会对未来变得更加悲观（或不那么乐观），因为该预测传递了这样一个信息：中央银行认为需要额外的刺激措施。相反，如果中央银行承诺的政策利率低于最初预期的水平（奥德修斯式前瞻性指引），只要沟通明确，市场可能会变得更加乐观（或不那么悲观），因为即便在经济需要更高利率的时候，中央银行仍然保持较低的政策利率水平。在这种情况下，市场主体认识到，这样的行动不是用来刺激未来经济的，而是通过预期来刺激当下经济。

奥德修斯式前瞻性指引可能会面临几个问题，包括缺乏可信度和缺乏透明度。就前者而言，宣布未来的低利率政策必须是可信的，以便通过影响公众市场预期来刺激经济。然而，为了实现这一承诺，货币政策制定者必须牺牲灵活性，尤其是应对未来通胀压力的可能性。然后问题出现了：既然政策目标实现了，中央银行为什么还要信守承诺，在未来执行既定政策呢？答案很有可能是为了声誉。

就清晰度而言，如果公众没有很清楚地理解奥德修斯式前瞻性指引的意图，该指引可能是无效的，甚至可能对经济造成损害。例如，市场主体可能会将宣布未来实行低政策利率理解为经济前景并不乐观（这是预测，而不是承诺）。

作为一种替代政策，对前瞻性指引有效性的实证评估结果好坏参半。这可能是由于前瞻性指引可信度的不完善和声明的模糊性而导致的（如不清楚这些声明是预测还是承诺）。例如，Campbell 等（2012）发现当市场将德尔斐式前瞻性指引的内容解读为政策公告的时候，前瞻性指引被认为是中央银行预测的发布。Raskin（2013）以及 Femia、Frideman 和 Sack（2013）发现，证据表明，前瞻性指引导致对联邦公开市场委员会反应函数认识的变化，因此被视为包含关于货币政策实施变化的信息。

假设奥德修斯式前瞻性指引是清晰而完全可信的，现在让我们用两时期模型来说明以下三个结果：

（1）在经济处于零利率下限的情况下，前瞻性指引可以改善福利。

（2）然而，即使在这样的条件下（即这个承诺非常明确并且完全可信），无条件地承诺未来的政策利率要比在最严格的零利率下限的情况下才会灵活调整的政策要好。

（3）因此，如果经济处于零利率下限的情况下，奥德修斯式前瞻性指引并不能改善福利。

该分析对应无条件承诺的情况，这是"基于时间"的前瞻性指引的共同特征(即中央银行设定了一个日期,在这之后当前的政策立场将会改变)。Florez – jimenez 和 Parra Polanía(2016)提供了相机抉择的前瞻性指引的细节(即中央银行公布在何种经济条件下政策立场将发生变化,从这个意义上讲,这个承诺有一个例外条款)①。

该模型由三个方程组成,即损失函数

$$L_t = \pi_t^2 + \lambda y_t^2 \tag{6.1}$$

菲利普斯曲线

$$\pi_t = \beta E_t \pi_{t+1} + \kappa y_t \tag{6.2}$$

以及投资/储蓄(IS)曲线

$$y_t = E_t y_{t+1} - \sigma(i_t - E_t \pi_{t+1}) + d_t \tag{6.3}$$

π_t 表示通货膨胀率,y_t 表示产出缺口,E_t 表示时间 t 由能获得的信息推算出的期望算子,$\beta \in (0,1)$ 表示折现系数,λ、σ 和 κ 表示正常数,i_t 表示名义利率,d_t 表示需求冲击,假设这些变量是随时间独立分布的。所有的变量都表示为稳态下的偏差。中央银行通过利率将损失函数最小化。

因为方程中没有滞后变量,而且冲击之间是不相关的(冲击与其他变量之间是不相关的),$E_t y_{t+1} = E_t \pi_{t+1} = 0$,所以结果很简单:对于每一个时间 t,$i_t^* = (1/\sigma) d_t$,在这种情况下,每段时间 t 的损失是 $L_t = 0$。

现在,假设名义利率的下限是这样的,利率的限制条件是 $i_t \geq i_{\min}(i_{\min} < 0)$②,因此,如果 t 时期的需求冲击是负的,并且小于某一特定值($\sigma i_{\min}$),中央银行就不能将利率设定在最优水平(因为 $i_t^* < i_{\min}$),也就是说,经济面临的是零利率下限的状态。同样假设

---

① 在相机抉择的前瞻性指引中,(有条件的)承诺能够改善福利,比任何零利率下限的情况下才会灵活调整的政策都要好。如果经济处于利率下限有偏差的状况下,前瞻性指引并不会使福利改善。

② 这并不意味着利率是负的。由于模型中的所有变量都表示与稳态值的偏差,因此这个条件意味着利率下限低于利率的稳态值。例如,如果稳定状态为 3%,而下限为 0,则 $i_{\min} = -3\%$。

在 $t+1$ 时期内,预计经济将会复苏,且预计需求冲击为正(因此在 $t+1$ 时期内不可能出现零利率下限的状态)。

如果在上述情况下,中央银行决定任意 $i_t = i_{\min}$,且 $i_{t+1} = (1/\sigma) d_{t+1}$,则 t 期的损失为①

$$L_t^D = \sigma^2(\kappa^2 + \lambda)(i_t^* - i_{\min})^2 \tag{6.4}$$

$t+1$ 期的预期损失为 0。利率对最优利率的偏差越高(即利率下限对稳态的偏差),则 t 时期的损失越大。

中央银行可以通过承诺未来的政策利率低于预期最佳利率的方式(即通过预期)来减少 t 时期的损失,这是以增加 $t+1$ 的预期损失为代价的。中央银行在 t 时期承诺 $t+1$ 时期的利率($i_{t+1|t}$),以最小化预期折算损失,即 $L_t^{FG} + \beta E_t L_{t+1}^{FG}$。解决这个问题的方法是

$$i_{t+1|t} = \frac{1}{\sigma} E_t d_{t+1} - a(i_{\min} - i_t^*) \tag{6.5}$$

其中

$$a \equiv \frac{(\sigma\kappa + 1)(\kappa^2 + \lambda) + \kappa^2\beta}{(\kappa^2 + \lambda)[(\sigma\kappa + 1)^2 + \beta] + \kappa^2\beta[2(\sigma\kappa + 1) + \beta]} \in (0,1)$$

通过预期,在 t 期对经济进行刺激——承诺未来政策利率低于在审慎状态下的预计值来刺激经济。利率下限与最优利率的偏差越大,承诺的利率越低。

使用方程(6.1)至(6.3)和(6.5),我们得到

$$L_t^{FG} + \beta E_t L_{t+1}^{FG} = \beta(\kappa^2 + \lambda)\text{VAR}_t[d_{t+1}] + \frac{\beta a \sigma^2[(\kappa^2 + \lambda)^2 + \kappa^2\beta\lambda]}{(\sigma\kappa + 1)(\kappa^2 + \lambda) + \kappa^2\beta}$$
$$(i_t^* - i_{\min})^2 \tag{6.6}$$

其中,$\text{VAR}_t[d_{t+1}]$ 是 d_{t+1} 的条件方差。比较方程(6.4)和(6.6),可以验证

$$L_t^{FG} + \beta E_t L_{t+1}^{FG} < L_t^D \text{ 当且仅当} d_t < \sigma(i_{\min} - \sqrt{\omega}) \tag{6.7}$$

其中

---

① 我们使用上标 D 来指代任意的情形,并与前瞻性指引的情况进行比较。

$$\omega \equiv \frac{\beta(\kappa^2 + \lambda)\,\text{VAR}_t[d_{t+1}]}{a\,\sigma^2[(\sigma\kappa + 1)(\kappa^2 + \lambda) + \kappa^2\beta]}$$

从方程（6.7）可以看出，在一定条件下，当经济面临零利率下限状态时，前瞻性指引可以改善福利（相比自由裁量）①。这些条件意味着需求冲击必须是负的且足够大，使前瞻性指引优于自由裁量的选择。在经济处于零利率下限且负的需求冲击不是很大的状态时 [$\sigma(i_{\min} - \sqrt{\omega}) < d_t < \sigma i_{\min}$]，中央银行倾向于自行裁量而不是无条件的承诺。

在分析这个话题的时候，哥伦比亚并没有面临零利率下限的状态，政策利率为3.25%，因此有可能进一步降低利率。然而，我们也想知道前瞻性指引是否可以成为正常时期的一种有用的替代策略。从上述结果来看，答案是否定的。前瞻性指引可以刺激当下经济，但代价是未来将不能选择最佳策略。这一代价的成本有可能是很高的，这就是为什么即使在适度的零利率下限的状态下也不适合进行前瞻性指引的原因。在正常情况下，如果经济需要进一步的刺激，最好的选择就是降低当前的政策利率。如果中央银行仍然能够降低当前的政策利率来应对当前的冲击，那么中央银行就没有通过作出承诺来刺激未来经济的动机，因为这样会在应对未来的冲击时绑住自己的手脚。此外，为什么市场会相信中央银行不愿意在当下降低利率，而会在将来将政策利率设定在最优值之下？

而且值得注意的是，上述结论是针对奥德修斯式前瞻性指引得出的。正如前面所提到的，德尔斐式前瞻性指引的目的与政策透明度有很大的关系，因此其影响可能大不相同②。通过提供前瞻性指引，中央银行可以向市场透露一些保密信息，而这反过来可能有助于减少不确定性，并可能对经济产生积极影响。由于减少不确定性

---

① 在 Florez - Jimenez 和 Parra Polania（2016）的基准测试中，无条件或基于时间的前瞻性指引要比仅占16%的最极端无利率下限偏差的状态下才会作出的判断更好。Feroli 等人（2016）也强调了基于时间的前瞻性指引应该只在非常特殊的情况下使用。

② 在捷克共和国、新西兰、挪威或瑞典，可以找到有关德尔斐式前瞻性指引的实证案例。

在危机和正常时期都是相关的，因此德尔斐式前瞻性指引在任何时候都是有帮助的。然而，如上所述，如果目的是为经济提供进一步的刺激，那么德尔斐式前瞻性指引可能并不是最好的工具，特别是如果保密信息显示经济前景不乐观的情况下。

从理论的角度来看，由于牺牲灵活性的代价是高昂的，对未来利率路径的承诺似乎只在危机时期有用（特别是在有例外条款的情况下），而德尔斐式前瞻性指引可以在正常情况下使用[1]。然而，在实践中，语言是微妙的，沟通问题可能使人们很难区分承诺和预测之间的差别，尽管这也可能是中央银行战略性诱导沟通的结果。

最后，我们应该注意到，这里的分析是基于一个简单的模型。还需要纳入其他因素进一步分析，例如，与长期低利率可预测性相关的金融风险。

审慎性

2013 年，哥伦比亚统计局披露了 2012 年第三季度经济增长速度数据，这个数据令市场和中央银行感到惊讶。特别是，建筑工程（civil works）的增长速度出人意料的低。尽管这个指标有高度的波动性，但有一些证据显示，这一指标在最近几个季度的波动性越来越大。

被估计变量的波动性变大可以归咎于实际变量或者测量误差的波动性变大。与之相关的，我们试图回答一个问题：经济活动指标测量误差的波动性加大，货币政策应该如何响应？

为了回答这个问题，根据货币政策制定者的目标，我们在两种情景下进行分析。第一种情景，源自"标准"政策，即预期损失最小化。第二种情景，源自"审慎"政策，即中央银行根据所有潜在场景，使最大可能损失最小化。

---

[1] 使用新的凯恩斯模型，Fujiwara 和 Waki（2016）认为，德尔斐式前瞻性指引是不可取的，因为揭示中央银行对于未来冲击的保密信息可能会增加通胀预期的波动性。

审慎情景在经济学文献中有详细介绍①。一方面，它代表了在不确定状态下，探索最优货币政策设计的可能替代方式，特别是当政策制定者不知道多种场景的发生概率时（所以不能计算期望损失）。另一方面，这种场景被视为一种审慎的方法，因为它避免了所有可能发生的情景下的巨大损失，不管这些情景发生的概率有多大。Feldstein（2003）提供了一个直观的例子，他写道：即使天气预报说降水概率很低，"谨慎"的人也会带伞。因为带伞这么一个小小的不便利的举动，会使他免于被困于大雨中而遇到大麻烦。

按照传统模型，产出缺口采用测量误差来表示（需求冲击作为噪音信号），我们得到以下结果：

（1）标准情景和审慎情景下，中央银行受到负的（正的）需求冲击，中央银行会降低（提高）利率水平。然而，在谨慎情景下，中央银行降低（或者提高）利率水平的程度要大于标准情景。

（2）如果测量误差的波动性增加，标准情景下，中央银行对需求冲击的响应会减弱。在风险偏好低的情况下，审慎情景下的中央银行的响应也会减弱。但在风险偏好足够高的情况下，中央银行的响应会加强。

我们同样分析了模型中加入预期后的数据，发现结果（2）没有改变。但是结果（1）发生了变化：在审慎情景下，中央银行对于需求冲击信号的响应要弱于标准情景。

我们建立了一个包含两个特殊性的标准化模型：一是产出缺口的持久性，二是货币政策的滞后期，其对产出的影响会快于通胀。

模型包含三个方程，即损失方程

$$L_t = \pi_t^2 + \lambda y_t^2 \tag{6.8}$$

菲利普斯曲线

$$\pi_t = \eta E_{t-1} \pi_t + \kappa y_{t-1} \tag{6.9}$$

---

① 正如引言中提到的，在 Hansen 和 argent（2008）及 Barlevy（2009）中可以找到关于这种情景的更多细节。

IS 曲线

$$y_t = \rho y_{t-1} - \sigma(i_{t-1} - E_{t-1}\pi_t) + d_t \tag{6.10}$$

π_t 是通货膨胀率，y_t 是产出缺口，E_t 是在时间 t 且信息可得的条件下期望的运算符，$\eta \in (0, 1)$，λ、σ 和 κ 是正的常量，i_t 是名义利率水平，d_t 是需求冲击［我们假设它是独立变量，并且服从正态分布 $d_t \sim N(0, \text{VAR}_{d,t})$，$\text{VAR}_{d,t}$ 是 d_t 的方差］。

统计部门公布了同一时期产出缺口的临时估计值（$\hat{y}_t$）和前一时期的最终估计值（y_{t-1}）。前一个估计值包含了测量误差［i.e.，$\hat{y}_t \equiv y_t + \varepsilon_t, \varepsilon_t \sim N(0, \text{VAR}_{\varepsilon,t})$］，后一个没有包含误差。

中央银行和私人部门都没有不能公开的数据信息：（1）统计部门发布 $\hat{y}_s$ 和 y_{s-1}；（2）私人部门拥有合理预期；（3）中央银行确定利率 i_s；（4）需求冲击（d_s, ε_s）可以实现，但无法观察到。

标准情景

要从标准的角度来解决上述问题，我们用可得到的信息 $\hat{d}_{t-1} \equiv \hat{y}_{t-1} - \rho y_{t-2} + \sigma(i_{t-2} - E_{t-2}\pi_{t-1})$ 让经济部门产生一个需求冲击（在 $t-1$ 时期）来作为一个信号提取问题，模拟不确定性（Harvey and de Rossi，2006）。所以，从方程（6.10）和 $\hat{y}_t$ 的定义可以得到 $\hat{d}_{t-1} = d_{t-1} + \varepsilon_{t-1} \cdot \hat{d}_{t-1}$，$\hat{d}_{t-1}$ 是需求冲击的噪声信号，相应的预测是

$$E_{t-1}[d_{t-1} \mid \hat{d}_{t-1}] = \gamma \hat{d}_{t-1} \tag{6.11}$$

$\gamma \equiv \text{VAR}_{d,t}/(\text{VAR}_{d,t} + \text{VAR}_{\varepsilon,t})$，$\text{VAR}_{\varepsilon,t}/\text{VAR}_{d,t}$ 越大，信号的权重就越低。

基于合理的预期，预期损失最小化时[①]

$$i_{t-1}^* = \left(\frac{\kappa}{1-\eta} + \frac{\rho}{\sigma}\right)E_{t-1}y_{t-1} \tag{6.12}$$

$E_{t-1}y_{t-1} = \rho y_{t-2} - \sigma(i_{t-2} - E_{t-2}\pi_{t-1}) + \gamma \hat{d}_{t-1}$ 关于产出缺口这一精确数值的不确定性，中央银行需要估计产出缺口的数值，应该包括过去的产出缺口（取决于产出的持续性）、真实利率水平的滞后期（取决于货币政策的滞后期）和需求冲击。

上面的结果意味着

$$\frac{\partial i_{t-1}^*}{\partial \hat{d}_{t-1}} = \left(\frac{\kappa}{1-\eta} + \frac{\rho}{\sigma}\right)\gamma > 0 \tag{6.13}$$

需求冲击变大，货币政策响应会加强。因为权重 γ 取决于测量误差的方差 $VAR_{\varepsilon,t}$，我们也可以得到

$$\partial \frac{\partial i_{t-1}^*/\partial \hat{d}_{t-1}}{\partial VAR_{\varepsilon,t}} = \left(\frac{\kappa}{1-\eta} + \frac{\rho}{\sigma}\right)\frac{\partial \gamma}{\partial VAR_{\varepsilon,t}} < 0 \tag{6.14}$$

测量误差波动性增大，暗示噪音信号的权重更高，所以中央银行的最优响应是减弱的。

审慎情景

对于这种方法，根据前面提到的文献（van der Ploeg, 2009），我们假设中央银行在玩极小—极大值游戏，测量误差是外部设定的，它的目的是以中央银行行为为代价使损失最大化。在这里，中央银行的目标方程（我们也称为压力方程）包括审慎的程度

$$\Gamma_t = \pi_t^2 + \lambda y_t^2 - \frac{\theta}{VAR_{\varepsilon,t}}\varepsilon_{t-1}^2 \tag{6.15}$$

$\theta > 0$ 与中央银行的风险偏好负相关，目标方程中的最后一项

[①] 在标准情景下，一时期问题和多时期问题的结论是一样的，详见 Parra Polanía and Vargas (2014, footnote 5)。加入前向预期，结论就不一样了。

表明审慎性水平是有限的,所以测量误差不能对中央银行产生无限的损失。

方程也显示,基于私人部门的预期和测量误差的过程,中央银行的最优响应是[①]

$$i_{t-1}^* = \left(\frac{\kappa}{1-\eta}b_1 + \frac{\rho}{\sigma}b_2\right)E_{t-1}y_{t-1} + \frac{\rho}{\sigma}b_2(1-\gamma)\hat{d}_{t-1} \quad (6.16)$$

方程中,$b_1 = 1 + \dfrac{\eta\rho\kappa}{\sigma(\theta/\mathrm{VAR}_{\varepsilon,t} - \kappa^2)} > 1$

$$b_2 = \frac{\theta/\mathrm{VAR}_{\varepsilon,t}}{\theta/\mathrm{VAR}_{\varepsilon,t} - \kappa^2} > 1$$

根据上面的方程,$\dfrac{\partial i_{t-1}^*}{\partial \hat{d}_{t-1}} = \dfrac{\kappa}{1-\eta}b_1\gamma + \dfrac{\rho}{\sigma}b_2 > 0$

在标准情景下,需求冲击信号增强,中央银行的响应也会加强。然而,因为 $b_1 > 1$,$b_2 > 1$,审慎情景下的中央银行对需求冲击的响应要强于标准情景。假如中央银行的风险偏好是无穷的($\theta/\mathrm{VAR}_{\varepsilon,t} \to \infty$),标准情景和审慎情景下的中央银行响应是一样的。然而,风险偏好的存在,使得审慎情景下中央银行不愿意减弱对需求冲击信号的响应。

同样

$$\partial \frac{\partial i_{t-1}^*/\partial \hat{d}_{t-1}}{\partial \mathrm{VAR}_{\varepsilon,t}} = \frac{\kappa}{1-\eta}b_1\frac{\partial \gamma}{\partial \mathrm{VAR}_{\varepsilon,t}} + \frac{\rho\kappa^2\theta}{\sigma(\mathrm{VAR}_{\varepsilon,t})^2}$$

$$\frac{1-\eta(1-\gamma)}{(\theta/\mathrm{VAR}_{\varepsilon,t} - \kappa^2)^2(1-\eta)} \quad (6.17)$$

当测量误差的不确定性增加时,对最优政策响应会产生两个相反的作用。一方面是在机构的预期中,信号的权重减弱,并且通过这个渠道,其与中央银行的相关性减弱。另一方面是我们可以在目标方程中看到,它增加了中央银行的相对审慎性。结果是,在标准

[①] 此模型适用于无边界条件,详见 Parra Polanía 和 Vargas(2014)。

情景下，总的效应可以是正，可以是负。当测量误差的不确定性增加时，中央银行对冲击信号的响应更加强烈。这一现象发生在中央银行风险偏好非常高的情况下。

我们也可以加入前向预期来改变菲利普斯曲线（$\pi_t = \eta E_t \pi_{t+1} + \kappa y_{t-1}$）。在这里，我们通过设定一系列参数来得到结论（Parra Polania 和 Vargas，2014）。我们发现，在原始模型中，当测量误差的波动性增大时，其对利率水平的效应可以是正，也可以是负。然而，对于较强的需求信号，审慎情景下的中央银行的响应更加强烈。在加入前向预期的模型中，谨慎场景下的中央银行的响应相对缓和。前向预期对传导机制的影响可以减弱测量误差产生的损害。

结论

本章总结了哥伦比亚中央银行员工关于货币政策两个论题的观点，不确定状态下的前瞻性指引（在奥德修斯的版本中，即承诺未来的政策利率）和政策的审慎性。

本章认为，无条件的（或基于时间的）前瞻性指引只会在最严格的零利率下限的情况下改善福利（尽管它被认为是完全可信和明确的）。结论是前瞻性指引不应该成为正常时期的一种策略。

为了解决有关强力控制下或者审慎情景下的不确定性，本章讨论得出：审慎情景下中央银行的响应（即改变利率水平）比标准情景下的中央银行对需求冲击响应要剧烈。然而，当市场预期是前向的（forward-looking），结果则是相反的。当面对不确定性时，稳健或谨慎并不总是意味着有更强的反应。

本章也认为，当测量误差的波动性增大（需求冲击）时，标准情景下的中央银行对需求冲击的响应减弱，当中央银行风险偏好相对较低时，谨慎情景下的中央银行的响应也会减弱，当风险偏好足够高时，响应会增强。

参考文献

[1] Barlevy, G. 2009. "Policymaking under Uncertainty: Gradualism and Robustness", Journal of Economic Perspectives 23 (3): 38-55.

[2] Bodenstein, M., J. Hebden, and R. Nunes. 2012. "Imperfect Credibility and the Zero Lower Bound", Journal of Monetary Economics 59 (2): 135-49.

[3] Boneva, L., R. Harrison, and M. Waldron. 2015. "Threshold-Based Forward Guidance: Hedging the Zero Bound", Working Paper 561, Bank of England, London.

[4] Campbell, J., C. Evans, J. Fisher, and A. Justiniano. 2012. "Macroeconomic Effects of FOMC Forward Guidance", Brookings Papers on Economic Activity 44 (1): 1-80.

[5] Eggertsson, G., and M. Woodford. 2003. "The Zero Bound on Interest Rates and Optimal Monetary Policy", Brookings Papers on Economic Activity 34 (1): 139-235.

[6] Feldstein, M. 2003. "Monetary Policy in an Uncertain Environment", NBER Working Paper 9969, National Bureau of Economic Research, Cambridge, Massachusetts.

[7] Femia, K., S. Friedman, and B. Sack. 2013. "The Effects of Policy Guidance on Perceptions of the Fed's Reaction Function", Staff Report 652, Federal Reserve Bank of New York.

[8] Feroli, M., D. Greenlaw, P. Hooper, F. Mishkin, and A. Sufi. 2016. "Language after Liftoff: Fed Communication away from the Zero Lower Bound", Paper presented at the 2016 U. S. Monetary Policy Forum, University of Chicago Booth School of Business conference, February 2016.

[9] Florez-Jimenez, M. L., and J. Parra Polania. 2016. "For-

ward Guidance with an Escape Clause: When Half a Promise Is Better Than a Full One", Applied Economics 48 (15): 1372 – 81.

[10] Fujiwara, I., and Y. Waki. 2016. "Private News and Monetary Policy: Forward Guidance or the Expected Virtue of Ignorance", Discussion Paper 16027, Research Institute of Economy, Trade and Industry (RIETI), Tokyo.

[11] Gerke, R., and F. Hammermann. Forthcoming. "Robust Monetary Policy in a New Keynesian Model with Imperfect Interest Rate Pass – Through", Macroeconomic Dynamics.

[12] Hansen, L. P., and T. J. Sargent. 2008. Robustness. Princeton, New Jersey: Princeton University Press.

[13] Harvey, A., and G. de Rossi. 2006. "Signal Extraction", In Palgrave Handbook of Econometrics Vol. 1, edited by T. C. Mills and K. Patterson. London: Palgrave MacMillan.

[14] Moessner, R., D. – J. Jansen, and J. de Haan. 2015. "Communication about Future Policy Rates in Theory and Practice: A Survey", Working Paper 475, De Nederlandsche Bank, Amsterdam.

[15] Parra Polania, J., and C. Vargas. 2014. "Changes in GDP's Measurement Error Volatility and Response of the Monetary Policy Rate: Two Approaches", Ensayos sobre Política Económica 32 (75): 41 – 47.

[16] Raskin, M. D. 2013. "The Effects of the Federal Reserve's Date – Based Forward Guidance", Finance and Economics Discussion Series, Working Paper 2013 – 37, Board of Governors of the Federal Reserve, Washington, DC.

[17] Tillmann, P. 2014. "Robust Monetary Policy, Optimal Delegation, and Misspecified Potential Output", Economics Letters 123 (2): 244 – 47.

[18] Van der Ploeg, F. 2009. "Prudent Monetary Policy and Prediction of the Output Gap", Journal of Macroeconomics 31 (2): 217 – 30.

第三部分
宏观审慎政策和货币政策框架

第七章　金融稳定目标：货币政策和宏观审慎政策协同收益的驱动因素[①]

杰西卡·罗尔丹·佩尼亚（墨西哥中央银行）
毛里西奥·托里斯·费罗（墨西哥中央银行）
阿尔贝托·托里斯（墨西哥财政部）

本章主要研究了通货膨胀目标制与金融稳定目标之间该如何权衡。我们采用一个简单的框架，旨在实现两种政策情况下进行宏观经济政策分析，即逆周期货币政策，以及货币政策与宏观审慎工具之间的协同情况。本章明确了当货币政策和宏观审慎政策协同时，为了提高宏观经济成效，在新形成的政策目标制范围内进行的权衡情况。当金融冲击是导致宏观经济波动的主要推手时，宏观经济成效的改善就会更加明显。研究结果进一步强调，在制定政策指导经济时，政策制定者需要评估不同政策之间的相对有效性和相互作用的重要性。

2008—2009年的国际金融危机极大地动摇了全球经济格局。由于时间紧迫且需要立即行动来改变危机现状，政策制定者们（尤其是发达国家和新兴市场经济体的中央银行家）在没有足够的指导下就要去维持及恢复宏观经济和金融稳定，这对他们来说是一项艰巨的任务。事实上，现有的宏观经济政策工具一般不足以应对金融危机所带来的挑战，而非传统工具的有效性和外部性在很大程度上是

[①] 本章与以前 Roldán‐Peña、Sámano 和 Torres（2014）完成的工作有关。我们十分感谢 Ana Aguilar 在整个项目完成过程中的支持。我们感谢 Giovanni Dell'Ariccia 以及国际货币基金组织中期研讨会和2015年 LACEA 会议的与会者的评论。我们还感谢 María Diego 和 Carlos Zarazúa 提供的有用建议。最后，我们感谢 Cid Rodriguez 在计量经济学方面给予的大力支持。本章的观点完全由作者提供，并不反映墨西哥中央银行或财政和公共信贷部的意见。

未知的。① 这场危机带来的后果使人们不可避免地对宏观经济政策的运行，特别是对货币政策方面的情况进行全面反思。② 未来数年内，中央银行家面对的主要挑战之一就是提高他们对各自金融体系运行的理解，从而修改和调整其宏观经济政策框架。

毫无疑问，在重新审视宏观经济政策运行中最受关注的两个问题是：（1）价格稳定并不一定代表金融稳定；（2）为了防止金融失衡的累积，需要在审慎监管和规章制度方面有更广泛的视角。针对后一个问题，则要涉及宏观经济政策的新领域，即宏观审慎政策。这让人们意识到，如果监管政策侧重于个体机构就难以防范宏观金融风险和系统性风险的累积。然而，鉴于实体经济和金融部门之间的固有联系，以及货币政策与宏观审慎政策之间的反馈循环，一些基本问题就随之出现。例如，除了价格稳定目标制外，货币政策是否应该担负起金融稳定的职责？换句话说，是否应该实行逆周期的货币政策？或者，宏观审慎政策是否应该追求金融稳定目标？如果是，它与货币政策又有什么关联？③

本章分析了价格稳定目标制（通过弹性通货膨胀制来实现）和金融稳定目标之间产生的权衡。为了做到这一点，我们估计了一个标准、简化且小型的开放式经济模型（通常用于在新兴市场的货币政策分析），并将该模型进行扩展使之用于标准化的金融部门。在此框架下，我们研究了在不同政策策略下经济模型的表现，具体分为两种情况：（1）在弹性通货膨胀制的背景下，逆周期货币政策除

---

① 然而，在经历了20世纪80年代和90年代金融危机的新兴市场经济体中，存在一些显著的例外。

② 参见 Blanchard、Dell' Ariccia 和 Mauro（2010，2013），Borio（2011），以及 Mishkin（2011）。

③ 关于货币政策是否选择逆周期的问题并不鲜见。正如 Cecchetti 等（2000），Borio 和 Lowe（2002），Borio、English 和 Filardo（2003）等经济学家们在危机前已经指出了与资产价格泡沫有关的可能的危险，他们认为中央银行在某些时候可以通过提高利率来抵制金融风暴，防止泡沫失控。在他们的观点中，提高利率来减缓泡沫的增长将会产生更好的结果，因为提高利率要不预防泡沫，要不就是减轻泡沫爆裂的严重后果，降低对经济造成的损害。一个与主流相反的观点认为，货币政策不应试图去依靠资产价格泡沫，而是应该在资产价格泡沫爆发之后进行善后工作，因为货币政策处理这些泡沫的结果最多也只是无效（Mishkin，2011）。

第七章　金融稳定目标：货币政策和宏观审慎政策协同收益的驱动因素

了实现价格稳定之外，还要通过设定短期名义利率来实现预设的金融稳定目标（后文称为"逆周期"情况）；[1]（2）货币政策和宏观审慎政策通过共同确定其政策工具来实现各自目标制（后文称为"协同情况"）。此外，我们还将"危机前"情况作为基准（后文称为"基准情况"），在该情况下货币政策仅关注价格稳定目标制。根据文献，我们把传统的通胀目标制与货币政策损失函数的特定表达式相联系，这个表达式由多个宏观经济变量组成。同样，我们还考虑了把金融稳定性目标制与金融变量稳定的损失函数联系起来的情况。为了评估每个情况相对于实现其政策的有效性，我们分析了模型的传导机制和政策影响。因此，我们比较每个情况中被影响的相关宏观经济和金融变量的波动性。

本章研究内容主要包括两个方面：一是提供一个简化的框架，用以解释中央银行在控制通货膨胀和追求金融稳定目标时所进行的权衡；二是明确在货币政策和宏观审慎政策协同情况下，宏观经济成效得到的改善程度。

结果表明，把金融稳定性作为货币政策的新增目标制的确会减少金融变量的波动。然而，这种改善是以增加宏观经济变量的波动为代价的。无论对经济产生影响的冲击是金融还是宏观经济类型，这种代价都会出现，其中前者冲击引起的波动往往还会带来更高的代价。这些结果为反对采用逆周期货币政策的观点提供了支持，因为所涉及的权衡将要付出巨大的代价；同时，这些结果建议使用宏观审慎政策来实现金融稳定目标。[2]

在协同情况下宏观经济成效得以改善，本章研究结果强调了在

---

[1] Woodford（2012）认为，可以考虑将金融稳定性纳入一个模型，从某种程度上来说，这个模型代表着"弹性通货膨胀目标制"的自然延伸。我们在本章中结合逆周期货币政策情况研究了他对弹性通货膨胀的定义。

[2] 参见 Williams（2014）。Borio（2014）认为，在所有宏观经济政策发挥相辅相成的作用的背景下，要同时实现货币和金融稳定，要求货币政策面对经济繁荣保持谨慎，而在经济萧条时期不失积极。在这方面，Svensson（2014）认为货币政策和宏观审慎的工具与政策因国而异，因此，在判断是否有逆周期的情况下，必须仔细审查每个经济体系。

政策制定者制定政策时，需要评估不同工具或政策之间的相对有效性和相互作用的重要性。本章框架的特征是分析了协同情况中改善的空间。在这种情况下，即便宏观经济冲击是唯一影响经济的冲击类型，货币政策要么无法成为解决金融领域漏洞的一个有效工具，要么会与宏观审慎政策相冲突。换句话说，在我们分析的情况中，其中一种是逆周期的类型，其余的属于顺周期类型。

货币政策与宏观审慎政策相互作用方面的研究正在不断发展，本章内容基于以下文献（Angelini、Neri 和 Panetta，2014；Angeloni 和 Faia，2013；Beau、Clerc 和 Mojon，2012；De Paoli 和 Paustian，2013；Kannan、Rabanal 和 Scott，2012；以及 Lambertini、Mendicino 和 Punzi，2013）。本章的研究紧随 Angelini、Neri 和 Panetta（2014）的研究方法，他们以银行业为特征在动态一般均衡模型中研究了资本需求与货币政策相互作用的成效。结果表明，在协同情况下，即便面临金融冲击，经济稳定依然能够获得全面改善。此前，有研究认为泰勒规则可以解释货币政策行为，并能够区分货币政策与宏观审慎政策之间的合作与非合作的相互作用。我们与这类研究不同：本章考虑最优政策规则，同时假定当货币政策与宏观审慎政策共存时，它们也可以在协同体制下做到这一点。虽然两种方法的研究结果相似，但我们的模型更为简洁。这使我们能够发散思维，而不是局限于结论本身。因此，本章的主要贡献是为最优货币政策与宏观审慎政策之间相互作用的思考提供了一个基础模型，即使是在特定国家特定情况下要求用特定的方法来模拟经济，也同样适用。

下一节概述了在通胀目标制与金融稳定目标之间进行权衡的不同政策策略。本章接下来将介绍模型，展现主要的研究结果，并对模型进行敏感性分析，最终得出相应的结论。

政策策略

这里存在两个潜在的政策目标：通胀目标制和金融稳定目标。

第七章 金融稳定目标：货币政策和宏观审慎政策协同收益的驱动因素

这些目标至多可以通过两个政策工具来实现：一是短期名义利率 i_t，属于货币政策的工具（即政策利率）；二是覆盖率 crr_t，被定义为银行贷款损失准备金与银行必须承担的不良贷款之间的比率，该比率即为宏观审慎政策的工具。① 本章主要分析研究以下政策策略。

（1）本章的基准情况是通过弹性通胀目标制指导货币政策，据此它使用了政策利率（使通货膨胀率稳定在其目标范围之内）、产出缺口、政策利率变动率等变量。因此，要使货币政策最优化需要让下列损失函数最小化

$$L^{benchmark} = \sigma_\pi (\pi_t - \pi^*)^2 + \sigma_x x_t^2 + \sigma_{\Delta i}(i_t - i_{t-1})^2 \quad (7.1)$$

这里 σ_π 代表了货币当局对稳定通货膨胀与其目标偏差（$\pi_t - \pi^*$）的相对偏好；σ_x 代表了货币当局对产出缺口 x_t 的相对偏好；$\sigma_{\Delta i}$ 代表了货币当局对受经济波动影响的参考利率变化（$i_t - i_{t-1}$）的相对偏好。②

（2）在逆周期政策情况中，货币政策旨在通过设定其最优政策利率水平来稳定通胀目标制和金融稳定目标等传统目标。在这种情况下，货币政策最优化是使以下损失函数最小化

$$L^{LAW} = L^{benchmark} + \sigma_{spread}(spread_t - spread^*)^2 + \sigma_{crgap} crgap_t^2$$

$$(7.2)$$

其中，σ_{spread} 代表货币当局对稳定信用利差 $spread$ 的相对偏好；σ_{crgap} 代表货币当局对信贷规模与 GDP 缺口比率（$crgap$）的相对偏

---

① 本章下一节内容将介绍更多关于覆盖率以及其作为宏观审慎政策工具作用的理由。
② Woodford（2003）的研究表明，由偏离其目标的通货膨胀和产出缺口决定的损失函数，可以认为与简化新凯恩斯主义模型中代理主体效用最大化的二次近似。由于中央银行反应函数估计也包含了利率本身某种程度的动态部分调整，方程（7.1）中的最后一项确保了政策利率不会过度波动。在微观模型中，σ_π 和 σ_x 是经济深层系数的函数，反映了扭曲影响经济福利的程度。运用半结构模型的框架是无法追溯深层系数对经济福利的影响的。那么我们假设这些权重代表了决策者的偏好，最终应该与经济深层系数相关联。Angelini、Neri 和 Panetta（2014）分析了货币政策和宏观审慎政策之间的相互作用，在其研究中也使用了本研究中描述的损失函数。

好。本章将在模型中进一步对这些变量进行描述。①

(3) 在货币政策和宏观审慎政策协同情况中,货币政策和宏观审慎政策旨在通过制定各自的政策工具——政策利率和覆盖率,来实现通胀目标制和金融稳定目标。这两个工具共同的最优情况是使以下损失函数最小化

$$L^{coord} = L^{benchmark} + \sigma_{spread}(sprend_t - spread^*)^2 + \sigma_{crgap}crgap_t^2$$
$$+ \sigma_{\Delta crr}(crr_t - crr_{t-1})^2 \qquad (7.3)$$

其中,$\sigma_{\Delta crr}$ 表示覆盖率稳定程度的相对偏好。②

在考虑货币政策和宏观审慎政策共存时,本章将主要分析两者协同的相互作用情况。这个假设认定了文献中的一个重要结论,即两个政策工具都不太完美,任何一个都不能忽略对方的局限性,因此每一个政策工具需要考虑它们对经济的影响(Blanchard、Dell'Ariccia 和 Mauro,2013)。根据 De Paoli 和 Paustian(2013)的观点,货币政策与宏观审慎政策之间的相互作用方式正是最佳的解决方案。

模型

近年来,越来越多的文献在分析货币政策的宏观经济模型中,开始强调宏观经济与金融的关联性。③ 这些模型大多数基于 Bernanke、Gertler 和 Gilchrist(1999)以及 Iacoviello(2005)的研究。这些研究将实际或名义刚性的内生性金融摩擦引入了一般均衡模型框架,这类金融摩擦是因代理成本(Bernanke 和 Gertler,1986)或

---

① Cúrdia 和 Woodford(2009)的研究表明,具有常用通货膨胀、产出缺口稳定目标以及其他由金融摩擦反映的代表福利影响的指标和(或)金融中介机构产生的资源损失的损失函数,可以当作与家庭平均预期效用最大化二次近似。

② Angelini、Neri 和 Panetta(2014)研究货币政策和宏观审慎政策在协同情况下的相互作用时,提出了与本章相似的损失函数。方程(7.3)中的最后一项表示政策制定者对宏观审慎政策工具波动性的关注。

③ Vlcek 和 Scott(2012)对中央银行正在使用的金融摩擦和金融中介模型进行了广泛的调查。

第七章 金融稳定目标：货币政策和宏观审慎政策协同收益的驱动因素

金融合约缺乏执行力（Kiyotaki 和 Moore, 1997）所形成的。一般而言，上述模型通常关注影响信贷需求等因素，这些因素往往会通过"金融加速器"机制传播和放大对经济和金融的冲击，不给金融中介机构发挥相关作用的机会。针对此问题，那些强调信贷供给因素在宏观经济和金融冲击中的传导作用的宏观经济模型随后也得到了拓展。其中，信贷供给因素包括银行系统的市场结构、银行利率定价策略、银行资产负债表的构成和管理等。[①] 尽管上述文献具有理论贡献，但是并没有在货币政策和宏观审慎政策方面给出一个标准分析框架，来研究金融摩擦、金融中介和宏观经济活动及其产生后果之间的关系。[②]

由于缺乏权威的模型，我们使用了一个解释宏观经济和金融变量之间关系的标准简单模型作为研究基础。具体而言，我们遵循了 Samano（2011）所采取的方法，他通过增加宏观计量经济学金融部门（即金融部门）论证了一个简约的新凯恩斯主义的小型开放式的经济模型（即宏观经济部门）。该方法将宏观经济与金融的关系引入标准宏观经济模型（该模型通常用于分析新兴市场国家的货币政策），研究了宏观经济因素对金融部门的冲击影响，或者金融部门因素对宏观经济的冲击影响。当然，该模型也有其缺陷，包括：（1）缺乏微观基础，导致模型对"卢卡斯批判"较为敏感，也无法用于福利分析；（2）模型基于有代表性主体设定，忽略了主体异质性以及模型中缺乏对金融摩擦的描述等方面的缺陷；（3）模型仅仅对变量在经济处于稳定期的关系进行线性描述。因此，该模型未能捕捉到潜在的非线性效应，只侧重于反映出"正常时期"（非金融危机时期）的宏观经济波动，而非线性效应能够造成巨大的金融不

[①] 参见 Andrés 和 Arce（2012）、Cúrdia 和 Woodford（2011）、Gerali 等（2010）、Gertler 和 Karadi（2011）以及 Meh 和 Moran（2010）。

[②] 在此方面，Galati 和 Moessner（2013，854 页）指出："过去二三十年有关货币政策的文献提供了一个普遍的概念框架，但关于宏观审慎政策的研究仍处于初期而且目前还很难有足够的基础材料去建立侦测框架（这可能是由于我们缺乏一个成熟的既有模型来分析金融系统和宏观经济之间的内在关联）。"

稳定性冲击。尽管有种种缺陷，我们仍然认为该模型对分析相关政策之间的权衡有指导性意义。

宏观经济部门

宏观经济部门的结构可以被归纳为是总供给和总需求之间的关系，会受到来自经济开放度的影响（这些影响通过实际汇率、实际对外输出、通货膨胀以及本国经济活动的利率和通货膨胀进行传导）。

$$\pi_t^{core} = a_1 E_t [\pi_{t+1}^{core}] + a_2 x_{t-1} + a_3 (\Delta e_{t-1} + \pi_{t-1}^f)$$
$$+ a_4 \pi_{t-1}^{core} + \varepsilon_t^{core} \quad (7.4)$$

$$x_t = b_1 E_t [x_{t+1}] - b_2 (i_{t-1} - E_{t-1}[\pi_t]) + b_3 x_{t-1}^f + b_4 rer_{t-1}$$
$$+ b_5 x_{t-1} - b_6 spread_{t-1} + \varepsilon_t^x \quad (7.5)$$

$$rer_t = c_1 rer_{t-1} + c_2 (E_t [rer_{t+1}] + (r_t^f - r_t)) + \varepsilon_t^{rer} \quad (7.6)$$

方程（7.4）是一个混合型菲利普斯曲线，使用了一系列变量的线性组合来解释核心通货膨胀率，这些变量包括期望和滞后通货膨胀率（E_t代表t时刻的理性的预期算子）、用名义汇率表示的产出缺口及其变化（$\Delta e \equiv \Delta rer + \pi - \pi^f$），以及国外通货膨胀率（$\pi^f$）[1]。方程（7.5）通过期望产出缺口、产出缺口滞后项、预期实际利率（$i - E[\pi]$，该利率是根据上文提到的不同情形下所设定的政策利率）、实际汇率（rer）和信用利差（$spread$）等因素构建了混合型IS（投资—储蓄）曲线。其中，信用利差并不属于标准的新凯恩斯模型的因素，增加该因素是为了将金融因素纳入模型考虑范围。信用利差可以解释金融摩擦或金融中介所造成支出分配的扭曲。[2] 利差驱动了金融部门和其他经济部门之间形成的反馈机制，后文会对该

---

[1] 公司的成本以及随后的定价行为，都会被信贷市场的环境所影响。我们将在以后的研究中探讨此问题。

[2] 可使用信贷额或者信贷标准作为信用利差的替代变量。但根据 Sámano（2011），来自墨西哥的初步证据显示信用额与产出缺口不存在格兰杰因果关系。此外，在墨西哥的案例中，信贷标准仅存在很短的一段时期，因此与其他变量的统计推论并不准确。

第七章 金融稳定目标：货币政策和宏观审慎政策协同收益的驱动因素

问题进行具体介绍。最后，方程（7.6）模拟了实际汇率的动态变化对无抛补利率平价的影响。①

宏观经济部门的外生变量包括非核心通货膨胀率（上一节损失函数中，定义的总通货膨胀率与其目标值的偏离程度）、国外产出、国外通货膨胀率和国外利率。非核心通货膨胀率按照序列1的自回归过程，涉及国外的变量按照序列2的向量自回归过程。

金融部门

将金融部门（如图7.1所示）加入到经济分析框架中是为了用标准化的模式来捕捉货币政策的信用渠道。具体而言，金融部门以银行业为代表，充当资金需求方和供给方的资源中介。银行的这种中介行为需要成本，表现为信用利差。后文将会把信用动能（credit dynamics）引入模型来洞察金融部门的脆弱性。②

我们假设实际存款可以通过某一中介技术转换成实际贷款，该技术的成本主要来自贷款监管行为。这些成本与资金需求方的金融摩擦相关，从而使资金需求方需要支付来自外部的金融溢价（Cúrdia 和 Woodford，2009）。根据 Gerali 等（2010），银行会支付成本去管理它们的资产负债表，从而达到监管要求。我们同时假设银行乐意享受通过垄断性竞争得到的市场影响力。这种影响力使银行一方面在设定贷款利率时能够在政策利率的基础上进行上浮（政策利率是排除其他中介成本之外，银行在银行间市场所付出的中介资源），另一方面在设定存款利率时则可以在政策利率的基础上进行下调。

如公式（7.7）所示，贷款利率（i_t^{loan}）被三种因素所影响。一

---

① 无抛补利率平价（uncovered interest rate parity）：在资本具有充分国际流动性的条件下，投资者的套利行为使得国际金融市场上以不同货币计价的相似资产的收益率趋同，换言之，套利资本的跨国流动保证了"一价定律"适用于国际金融市场（译者注）。

② Dell'Ariccia 等（2014）通过研究以破灭和危机收场的金融大发展时期的特征，发现信贷增长率是预测金融危机的有效指标。

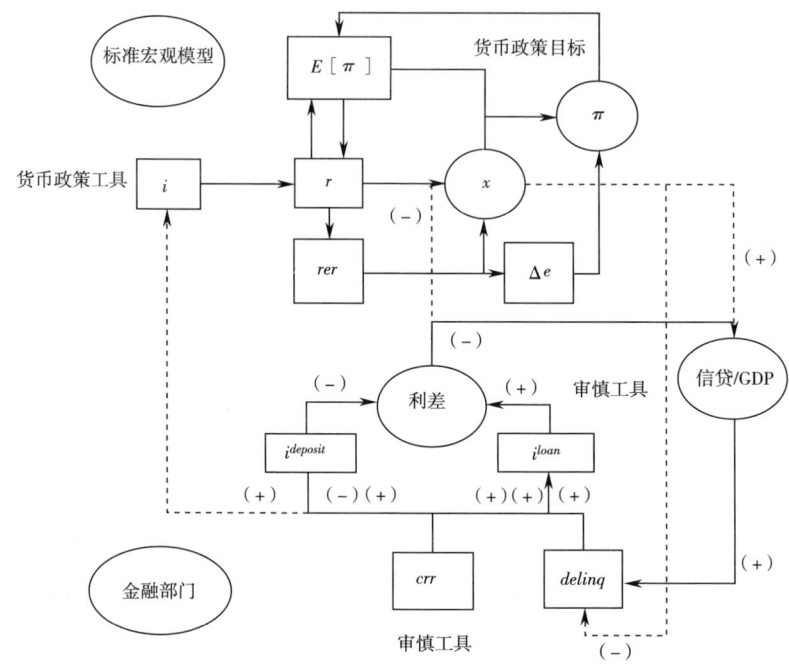

资料来源：作者绘制。

图 7.1 模型传导机制

是货币政策，银行市场支配力可以影响其贷款利率在政策利率基础上的上浮程度，当 $\beta_1 < 1$ 时，代表这种影响力有限。二是金融溢价渠道（$delinq$），但该因素的影响被认为是暂时性的。三是潜在的宏观审慎监管工具，即银行管理其资产负债表所付出的成本（crr）。

$$i_t^{loan} = \beta_1 i_t + \beta_2 delinq_t + \beta_3 crr_t + \varepsilon_t^{loan} \tag{7.7}$$

我们对存款利率也有一个类似的公式表达

$$i_t^{deposit} = \gamma_1 i_t + \gamma_2 delinq_t + \gamma_3 crr_t + \varepsilon_t^{deposit} \tag{7.8}$$

γ_1 代表由银行在政策利率的基础上对存款利率下浮的影响能力。因此信用利差可以表示为

$$spread_t = i_t^{loan} - i_t^{deposit} \tag{7.9}$$

我们通过信贷规模与 GDP 比值缺口的变化来观察金融部门所积累的风险，因为该比值与经济活动有正向关系（比如，信贷规模增

第七章 金融稳定目标：货币政策和宏观审慎政策协同收益的驱动因素

长通常滞后于经济增长），并与信用利差有负向关系。后一种关系可以帮助我们解释金融状况和信用规模扩张之间的关系。①

$$crgap_t = \delta_1 crgap_{t-1} + \delta_2 x_{t-1} - \delta_3 spread_t + \varepsilon_t^{crgap} \quad (7.10)$$

不良贷款指数（the delinquency index, delinq）被认为依赖于经济活动、信贷规模与 GDP 比值缺口以及该指数自身的滞后项

$$delinq_t = \eta_1 delinq_{t-1} - \eta_2 x_t + \eta_3 crgap_{t-1} + \varepsilon_t^{delinq} \quad (7.11)$$

公式（7.11）背后的逻辑有两层含义：其一，在经济扩张时期，债务人违约率下降导致不良贷款减少；其二，当信贷加速扩张时，可能会由于放松信贷标准导致新增贷款质量下降等问题，这最终会使不良贷款指数上升。

根据所需要考虑的政策策略，覆盖率（crr）有两种可能的解释。第一种解释是，在基准和逆周期两种情况下，宏观审慎政策并不存在，crr 仅被认为是银行管理其资产负债表的成本指标。在上述两种情况中，我们假设 crr 服从序列 1 的自回归过程。

$$crr_t = \mu_1 crr_{t-1} + \varepsilon_t^{crr} \quad (7.12)$$

第二种解释则是，crr 是银行为满足宏观审慎当局的监管要求所付出的成本。这种解释适用于协同情况。在该情况下，crr 受经济环境影响，被定义为

$$crr_t = \text{argmin}\{L^{coord}\} \quad (7.13)$$

覆盖率是一种动态准备金工具，一方面可减少金融系统的顺周期行为，强制要求银行在金融周期的扩张期建立缓冲以便减少损失；另一方面使经济在金融周期紧缩时能够软着陆，因为银行被强制拨付资源，为信用质量恶化所造成的潜在损失作准备。

因此，应用动态准备金工具通常实现三个目标：（1）在经济光景好的时候建立准备金，提前为光景差的时候作缓冲；（2）平滑商业周期信贷规模的增长；（3）保护实体经济免受来自金融部门的冲击。

---

① Drehmann 和 Juselius（2013）发现信贷规模与 GDP 比值缺口是对银行业危机有效的早期预警指标。

宏观经济部门可用公式（7.7）至（7.10）进行表示。其中，不良贷款率和覆盖率的变化则是根据公式（7.11）、（7.12）和（7.13）进行表述。

模型估计

为了更好地进行说明，我们使用模型对墨西哥经济进行了估计。所用的数据包括核心通货膨胀率和非核心通货膨胀率、政策利率、产出缺口、实际汇率和名义汇率。宏观经济部门包括美国的产出缺口、通货膨胀率和政策利率等因素。金融部门包括新增贷款隐含贷款利率、信贷整体的不良贷款率、银行定期存款平均成本、非金融私人部门融资额、覆盖率等因素。以上变量均为季度数据。①我们用广义矩量法和普通最小二乘法来估计方程（7.4）至（7.12）。样本期限从2001年第一季度到2014年第四季度。表7.1展示了所有回归系数的结果。

表7.1　　　　　　　　　　　　估计结果

方程	系数	$i=1$	$i=2$	$i=3$	$i=4$	$i=5$	$i=6$	调整 R^2	J统计量
（7.4）菲利普斯曲线	a_i	0.621**	0.019**	0.005*	0.249*			0.7	0.53
（7.5）IS曲线	b_i	0.508**	0.136**	0.198*	1.823**	0.184**	0.046**	0.9	0.99

---

① 通货膨胀率使用的是相应指数季度的变化百分比。名义利率是短期银行间同业拆借利率。产出缺口是在实际 GDP 的基础上采用尾部修正的 Hodrick–Prescott（HP）滤波法估计得出。实际汇率采用墨西哥中央银行公布的墨西哥和美国双边指数，名义汇率的变化则是用该双边指数季度数据的变化百分比表示。贷款利差根据隐含贷款利率和定期存款利率差值进行变化。不良贷款率是墨西哥中央银行公布指标的修正值，是用前12个月逾期贷款和核销贷款总额除以前12个月全部贷款总额与核销贷款之和。信贷规模/GDP缺口是将商业银行给非金融私人部门的融资总额除以 GDP，并用 HP 滤波进行过滤，平滑参数为400000。最后，偿债能力比率（crr）是墨西哥银行系统贷款损失储备金与不良贷款的比率。需要说明的是，我们定义 crr 的方法与法定实际做法截然相反（墨西哥银行监管规定并没有动态准备金要求，而是采用符合巴塞尔协议Ⅲ的期望损失方法进行估计）。所有数据来源于墨西哥中央银行、证券与银行委员会以及统计和地理研究所。

第七章 金融稳定目标：货币政策和宏观审慎政策协同收益的驱动因素

续表

方程	系数	$i=1$	$i=2$	$i=3$	$i=4$	$i=5$	$i=6$	调整 R^2	J 统计量
(7.6) 实际汇率	c_i	0.308**	0.674**					0.79	0.66
(7.7) 贷款利率	b_i	0.625**	0.043**	0.114*				0.53	0.99
(7.8) 存款利率	g_i	0.778**	0.014**	0.364**				0.95	0.92
(7.10) 信用缺口	d_i	0.875**	0.708**	0.35				0.91	
(7.11) 不良贷款率	h_i	0.75**	0.109**	0.052**				0.96	

注：方程（7.4）和（7.8）用广义矩量法估计，方程（7.10）和（7.11）用普通最小二乘法估计。正如前文所述，由于很难准确确定 δ_3，因此我们对其进行调整使信用利差对信贷规模/GDP 缺口的影响程度为信用利差对产出缺口影响程度的一半。**和*分别代表在5%和10%的水平下显著。

数据来源：作者计算。

实证结果

当不断增长的金融风险使利率高于其抑制通货膨胀的必要程度时，通货膨胀和金融稳定目标之间就会产生权衡。相反，当经济活动扩张引起利率上升，这时高利率能够容纳金融稳定风险，这种权衡则不会出现。本节运用前文所述模型检验了墨西哥经济在政策目标之间权衡的效果。我们验证了每一种情况下模型的传导机制和政策影响。特别地，我们通过比较每种情况下宏观经济和金融变量的波动率，来评估各个情况在达到其政策目标方面的相对有效性（包括基准、逆周期和协同三种情况）。[1] 我们分析了两种经济环境：其一是经济仅受到宏观经济变量的冲击，其二是经济仅受到来自金融变量的冲击。[2]

模型处理的通用过程是让模型抽取了 1 000 次冲击图，并将这

---

[1] 对于下文所有案例而言，损失函数中的每项是用 2001—2014 年相应序列方差倒数进行加权处理。

[2] 显然，每一项具体政策策略的总体效果是它在两种环境下的综合，并且决定于宏观经济和金融冲击对经济的相对重要性。然而，把两种冲击分别进行研究则可以更容易了解结果的来源。

个过程重复10 000次之后从而获得模型结果的稳定分布图。然后在不同情况和不同经济环境下，对相关变量的方差和损失函数的结果进行比较。为了获得每个情况的最优策略规则，我们需要在损失函数中选择"偏好参数"的特定权重［即给σ_i赋值，并给方程（7.1）、（7.2）和（7.3）中所有的i赋值］。[①] 不同于以福利为基础的微观模型的加权方式，我们此时选择任意赋值的方式。特别地，我们把所有权重设为1，从而估计结果在整体上不会被"过于稳定某个特定的变量"的倾向所扭曲。

宏观经济因素冲击

表7.2显示的是经济仅被宏观经济因素冲击的结果。相比基准情况，逆周期情况下的货币政策有效地减少了金融变量的波动，甚至也在一定程度上减少了产出的波动。同时，在直观上货币政策认可金融部门设定的政策利率的变化，并会将政策利率内部化。因此，政策利率的波动性也将减弱。但是，这种改善需要付出成本。利率波动减少则意味着通货膨胀率波动增加。特别地，根据我们模型的估计结果和其设定的"偏好参数"可知，两个模型动态差别相对较小：产出和金融变量的波动率降幅为6~8个百分点，通货膨胀率仅增加3个百分点。

表7.2 模拟结果：宏观经济变量冲击

	基准	逆周期	货币和宏观审慎政策协同	相对收益	
	(a)	(b)	(c)	(a)/(b)	(b)/(c)
L_π	0.201	0.207	0.207	0.972	0.999
L_x	4.770	4.391	4.313	1.086	1.018
$L_{\Delta i}$	54.300	50.079	50.007	1.084	1.001

[①] 最优策略规则的计算方式根据Söderlind（1999）。

第七章 金融稳定目标：货币政策和宏观审慎政策协同收益的驱动因素

续表

	基准	逆周期	货币和宏观审慎政策协同	相对收益	
	(a)	(b)	(c)	(a)/(b)	(b)/(c)
L_{spread}	2.713	2.578	2.097	1.053	1.229
L_{crgap}	20.657	19.355	17.948	1.067	1.078
$L_{\Delta crr}$			0.015		

将"货币和宏观审慎政策协同"与"逆周期"两个模型结果进行对比时，我们发现产出和金融变量的波动进一步降低，但在通货膨胀率波动率方面却没有得到相应改善。Smets（2014）指出，如果中央银行将金融方面的因素也纳入其目标中，会导致通货膨胀偏差的问题，因为货币政策会比维持金融稳定的标准更加宽松。正如后文"敏感性分析"这一节所述，政策效果之所以没有改善的原因与货币政策和宏观审慎政策工具影响金融部门利差的能力有显著关系。

图7.2和图7.3分别描绘了模型对正的需求冲击和正的成本膨胀冲击的响应。在前一种情况，通货膨胀的压力会引来更加紧缩性的货币政策。政策利率的上升会传导到实际利率，并使经济活动的增长变得较为缓和。在后一种情况，由于通货膨胀率的上升，通货膨胀预期会相应增加，这就要求政策利率适当提高。尽管在所有情况中，政策利率的变化基本相同，但需要注意的是基准情况中的政策利率增加的幅度稍稍高于其他两种情况。这也印证了我们前文的猜想，即在内化政策利率为稳定金融部门所作出调整时，货币政策会随之趋向温和。该政策会使协同情况中的覆盖率（宏观审慎工具之一）温和上升。但需注意，各变量的冲击在不同情况下的差别微乎其微，这与前文预期的变动幅度一致。

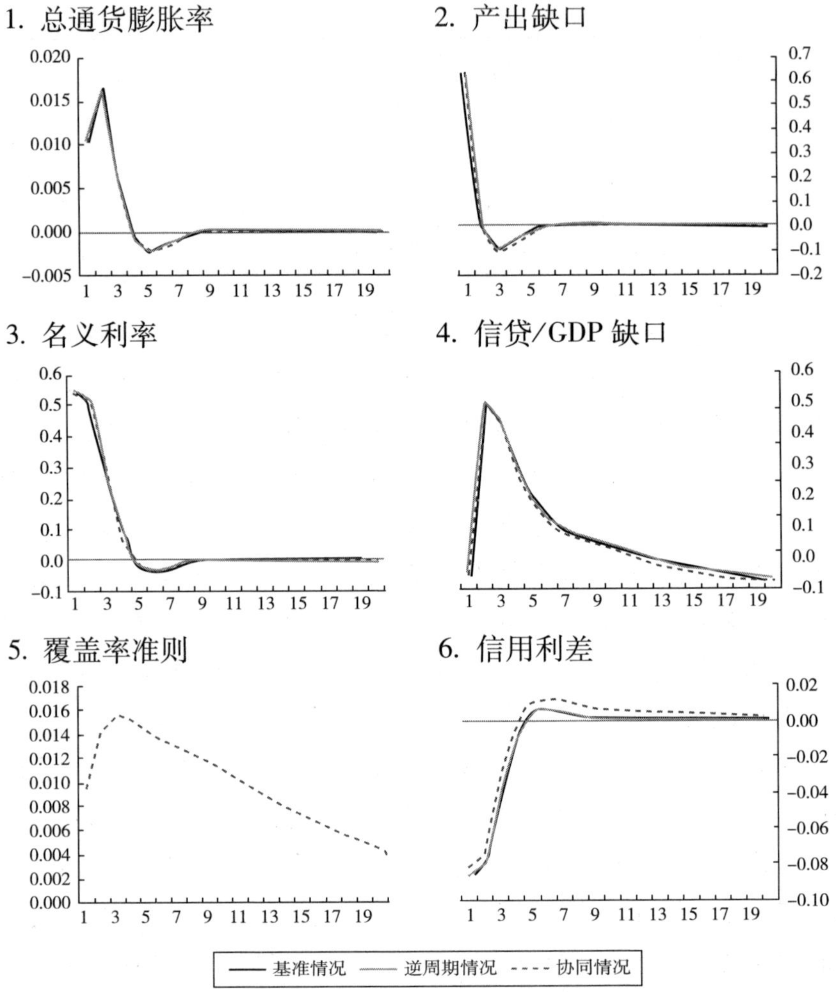

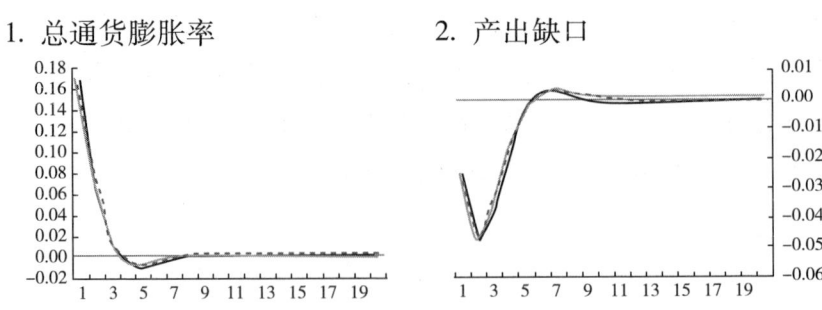

数据来源：作者计算。

图 7.2 需求冲击（1 个标准差）的脉冲响应图

第七章 金融稳定目标：货币政策和宏观审慎政策协同收益的驱动因素

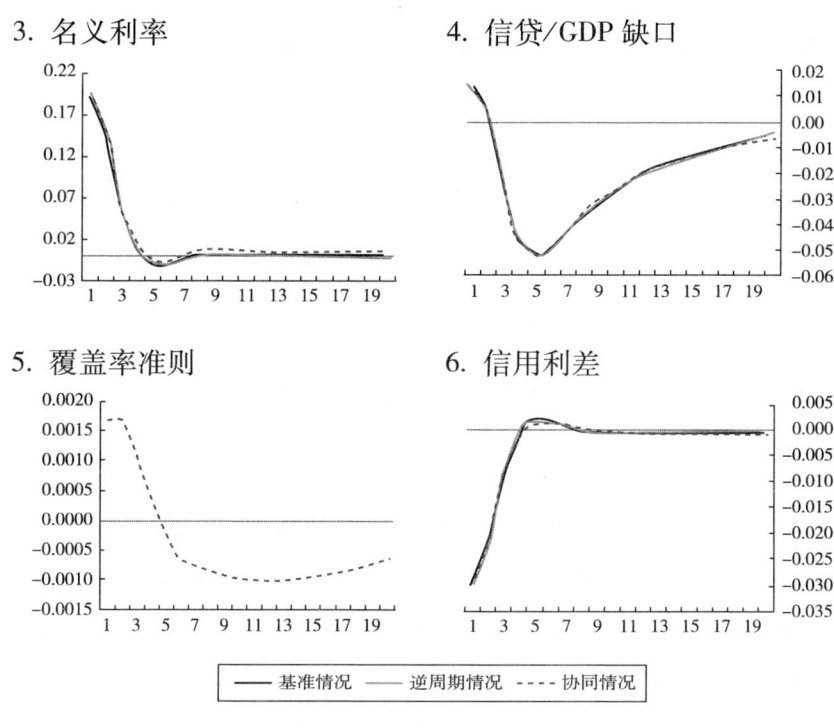

数据来源：作者计算。

图 7.3 通货膨胀冲击（1 个标准差）的脉冲响应图

金融因素的冲击

表 7.3 显示的是经济仅被金融因素冲击的结果。特别地，我们分析了两种冲击：其一是分析贷款利率对信用利差的冲击，这种冲击表现为风险溢价的减少；其二是对信贷规模与 GDP 比值缺口的冲击，该结果可以让我们分析政策对外生性的金融失衡积累的应对。

表 7.3　　　　模拟结果：金融变量冲击

	基准	逆周期	货币和宏观审慎政策协同	相对收益	
	(a)	(b)	(c)	(a)/(b)	(b)/(c)
L_π	0.001	0.002	0.002	0.713	1.108

续表

	基准	逆周期	货币和宏观审慎政策协同	相对收益	
	(a)	(b)	(c)	(a)/(b)	(b)/(c)
L_x	0.408	0.448	0.399	0.910	1.122
$L_{\Delta i}$	10.290	10.244	9.745	1.004	1.051
L_{spread}	2.202	2.130	1.699	1.034	1.254
L_{crgap}	5.223	5.591	4.181	0.934	1.337
$L_{\Delta crr}$			0.011		

逆周期的货币政策显示出通货膨胀率和产出的波动性都比基准情况的波动性要大。产出受到金融因素冲击后波动会变大，这是由于在逆周期环境中，使用政策利率去稳定金融部门不仅是靠利率对经济活动的影响，也有赖于其对信贷渠道（比如信用利差等）的影响。通货膨胀率波动受两方面影响：一是当货币政策有了额外目标时，更多变量波动性的可调控空间将变窄，这将反过来影响通货膨胀率的预期；二是产出波动变大必然会影响通货膨胀，使其波动增加。此外，如果货币政策既实现通胀目标制又实现金融稳定目标，当产出波动变大时，信贷规模与GDP比值缺口的波动也会加大，这会使"双稳定"目标制产生冲突。特别是对于我们分析的情况而言，通货膨胀率和产出的波动分别增加38%和9%时，信贷规模与GDP比值缺口增加了约7%，信用利差的波动率则降低接近3%。

为了进一步理解这些变量的变化，我们分析了风险溢价减少对经济影响的动态模型。贷款利率会随风险溢价的减少而降低，使信用利差收窄，从而促进经济活动的发展（见图7.4）。在基准情况中，变量的变化非常明确，信用利差收窄导致产出和通货膨胀率增加；经济活动的改善最初会降低不良贷款率（即不良贷款数量下降），但这种情形会随着信贷规模与GDP比值缺口上升而被抵消，从而形成更高的不良贷款率。为了缓和经济活动和通货膨胀的相互作用，货币政策通常是逆周期的。此时，政策利率会通过信用渠道被设定去容纳信用利差的首次降低。因为在我们基

第七章 金融稳定目标：货币政策和宏观审慎政策协同收益的驱动因素

准估计中，货币政策对信用利差有负向的净效应，所以政策利率以顺周期形式设定，从而以降低的形式表现。这个脉冲响应放大了基准情况的作用机制，导致了更高的信贷规模与 GDP 比值缺口和不良贷款率。

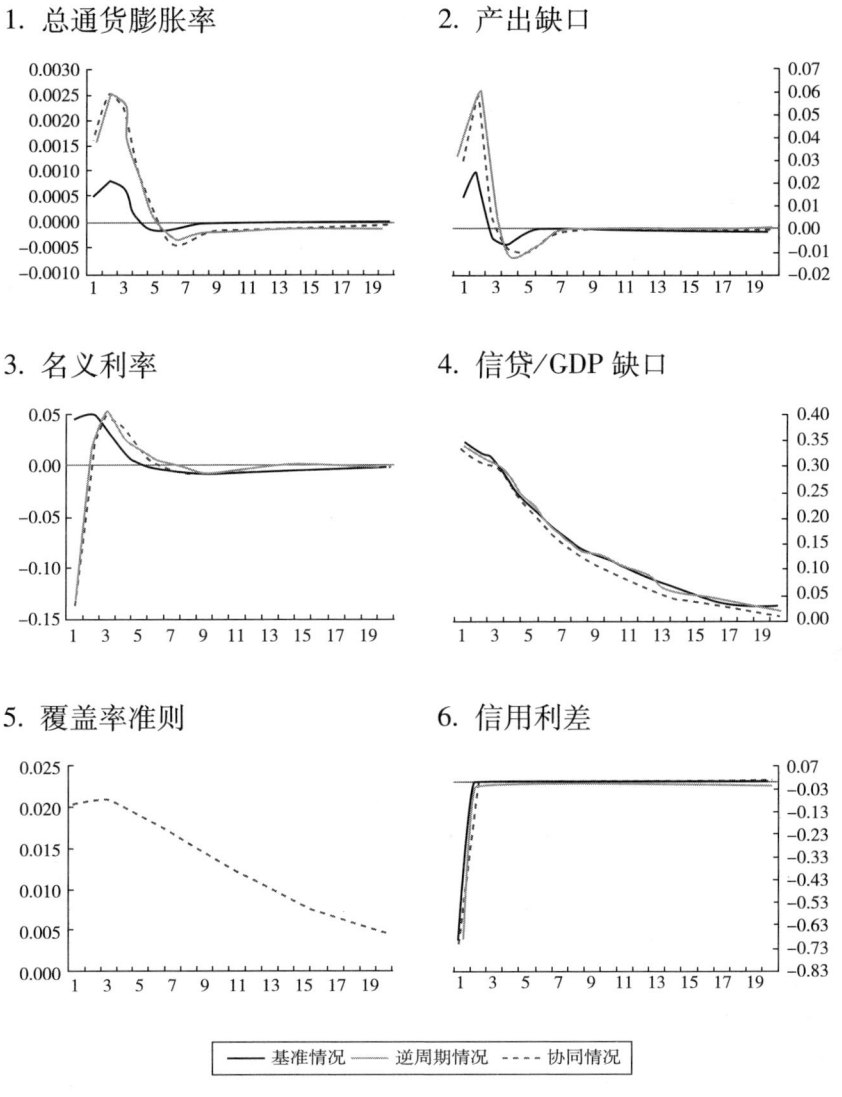

数据来源：作者计算。

图 7.4 信用利差冲击（1 个标准差）的脉冲响应图

图 7.5 展示了当信贷规模与 GDP 比值增加时对模型的脉冲响应。一方面，在基准情况中，不良贷款率上升使得贷款利率向上调整，从而使信用利差增大。政策的调整仅能对产出和通货膨胀起到缓和作用。另一方面，逆周期的货币政策则会通过降低经济活动从而抵消信贷规模与 GDP 比值增加的影响，这会带来更高的政策利率，进而使通货膨胀率下降。

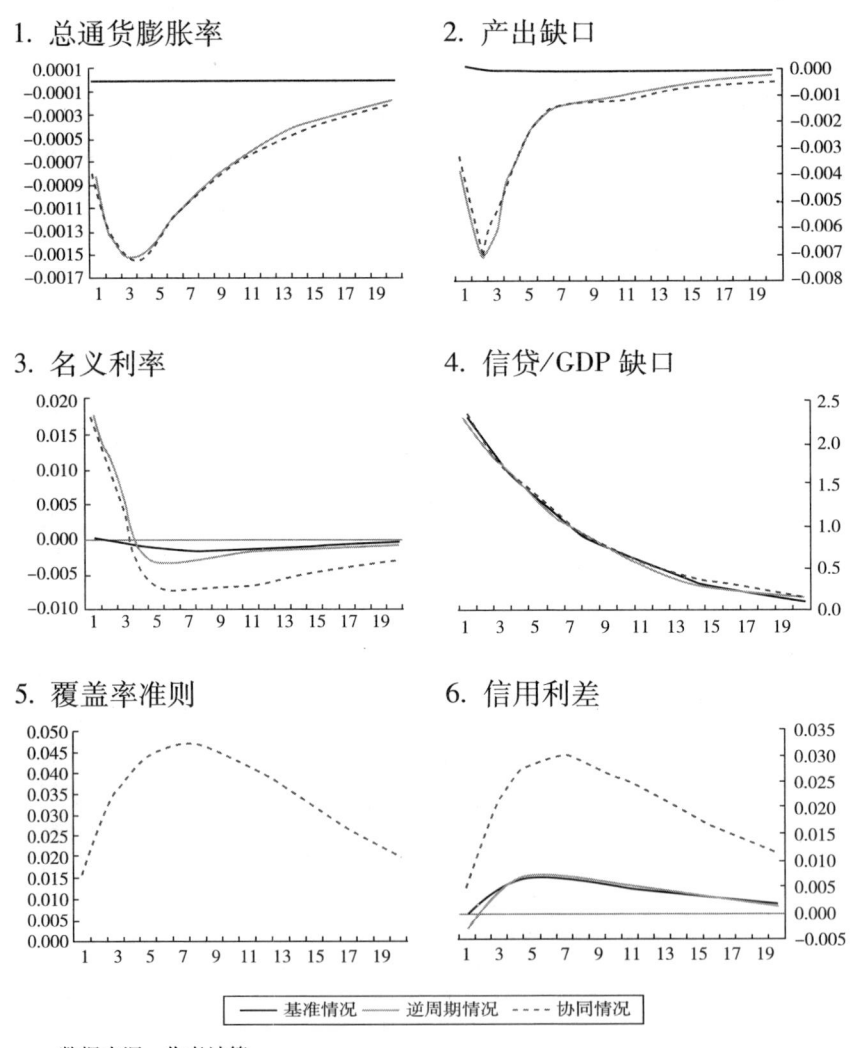

图 7.5 信贷规模与 GDP 比值冲击（1 个标准差）的脉冲响应图

第七章 金融稳定目标：货币政策和宏观审慎政策协同收益的驱动因素

在分析了货币政策对金融因素的冲击之后，我们就很容易理解为什么在逆周期的货币政策时期，宏观经济变量的波动更加频繁。在我们的模型中，政策利率在没有金融稳定目标时会升高，继而影响信贷规模和信用利差。这些变化表明：在模拟试验中，宏观经济变量波动的增加取决于信贷渠道的韧性，这种韧性一方面表现为政策利率对信用利差的影响程度；另一方面表现为产出波动对金融部门的反馈。我们将在下一节继续讨论此内容。

表7.3同时也展示了当货币政策和宏观审慎政策协同时模型的变化结果。相对于逆周期货币政策情况，两种政策工具的协同能够微弱提高货币政策和宏观审慎政策实现价格和金融稳定目标的有效性。图7.4和图7.5对该结果进行了说明，从图中可以发现，通过引入宏观审慎工具（crr）可使受冲击的金融变量的变动更加有利，因此传统目标更难被扭曲。

总而言之，本章主要有如下三点发现。首先，在货币政策中加入金融稳定目标会减少部分金融指标的波动性，但金融稳定方面的改善是以增加宏观经济指标波动为代价的。其次，无论是哪种冲击影响经济，这种代价都会产生，但金融冲击的代价更高。这可能就是2008—2009年金融危机发生时，逆周期货币政策受到批评的主要原因，详见Mishkin（2011）。最后，无论是哪种冲击影响经济，模型显示在墨西哥的逆周期货币政策中，货币政策和宏观审慎政策协同都会对宏观经济稳定有所裨益。此外，从表7.2和表7.3可以看出，尽管绝大多数变量的波动性都有所减弱，但是通货膨胀的波动性仍比基准情况要高，下一节我们将会对产生这个结果的模型性质进行介绍。

敏感性分析

上述模型的估计结果仅针对于墨西哥，因此并不能加以推广（即在墨西哥经济中的冲击传导因素的特点很大程度上促成了本章结论)。接下来,我们将对本章结论的稳定性进行分析。本节主要着眼于相比逆周期情况,协同情况中宏观经济表现缺乏显著改善的原因。具体来说,本章探讨货币政策和宏观审慎工具通过信贷利差变化来影响金融变量能力的重要性。

货币政策和宏观审慎政策工具影响金融变量的能力

毫无疑问,任何政策战略实现其目标的有效性,都依赖于相应工具以预期方式影响经济的能力。在本文模型中,这种能力一方面取决于政策利率到贷款和存款利率的传导程度(从而对信贷利差也将产生整体影响);另一方面取决于覆盖率对贷款利率的影响。

我们首先就本文结果对货币政策影响信贷利差有效性进行敏感性分析。因此,回顾方程(7.7)和(7.8),这两个等式解释了政策利率对信用利差的影响。通过将方程(7.7)和(7.8)代入(7.9),可以得到

$$spread_t = (\beta_1 - \gamma_1)i_t + (\beta_2 - \gamma_2)delinq_t + (\beta_3 - \gamma_3)crr_t + \varepsilon_t^{loan} - \varepsilon_t^{deposit}$$

β_1 表示政策利率对贷款利率的影响能力,γ_1 为存款利率,$(\beta_1 - \gamma_1)$ 表示"净效应"。

表7.4　　　　　　　模拟结果:货币政策,净效应

	负净效应			正净效应			零净效应		
	逆周期货币政策(b)	协同政策(c)	相对收益$(b)/(c)$	逆周期货币政策(b)	协同政策(c)	相对收益$(b)/(c)$	逆周期货币政策(b)	协同政策(c)	相对收益$(b)/(c)$
L_π	0.021	0.016	1.370	0.015	0.011	1.317	0.001	0.001	1.086
L_x	1.341	1.115	1.202	0.940	0.816	1.152	0.391	0.349	1.122
$L_{\Delta i}$	11.376	10.172	1.118	6.861	6.570	1.044	9.402	9.024	1.042
L_{spread}	15.683	9.850	1.592	10.409	7.608	1.368	0.735	0.714	1.029
L_{crgap}	46.507	27.126	1.714	15.214	9.565	1.591	1.360	1.198	1.136
$L_{\Delta crr}$		0.171			0.082			0.001	

注:协同政策指货币政策与宏观审慎政策协同。

第七章 金融稳定目标：货币政策和宏观审慎政策协同收益的驱动因素

表7.5　　　　　　　　模拟结果：宏观审慎政策，β_3

	$\beta_3=0$			$\beta_3=0.5$			$\beta_3=0.8$		
	逆周期货币政策(b)	协同政策(c)	相对收益(b)/(c)	逆周期货币政策(b)	协同政策(c)	相对收益(b)/(c)	逆周期货币政策(b)	协同政策(c)	相对收益(b)/(c)
L_π	0.002	0.002	1.099	0.002	0.002	1.208	0.002	0.002	1.287
L_x	0.469	0.419	1.119	0.469	0.410	1.144	0.469	0.404	1.162
$L_{\Delta i}$	10.357	9.875	1.049	10.357	9.655	1.073	10.357	9.526	1.087
L_{spread}	2.647	2.225	1.190	2.647	1.497	1.768	2.647	1.167	2.268
L_{crgap}	6.949	5.515	1.260	6.949	3.748	1.854	6.949	3.022	2.300
$L_{\Delta crr}$		0.010			0.029			0.034	

注：协同政策指货币政策与宏观审慎政策协同。

表7.4显示了当经济受到金融冲击的影响时，相对于逆周期和协同情况下的"净效应"，即基准情况中波动性的损失结果。首先，从表7.4中我们可以看到，当贷款利率和存款利率受到政策利率变动同等程度影响时，经济好转，并且"净效应"等于零。在这种情况下，信贷利差的变化不由贷款和（或）存款利率的变动直接决定，而是通过政策利率对其他宏观经济变量（如产出缺口）的影响来实现。"净效应"为正值时，这可能与货币政策对金融行业的逆周期效应有关，这时损失开始增加，甚至会再增加一倍，但不超过净效应的负值。

当我们通过调整方程（7.7）中β_3值时，宏观审慎对信用利差影响的有效性产生了变化。表7.5展示了当经济受到金融冲击影响时，基准、逆周期和协同情况在不同参数值下的波动率损失程度。相比逆周期情况，宏观审慎政策对信贷利差的影响越大，协同情况的收益就越大。这个结果十分直观，在这个框架中宏观审慎政策的传播机制较为简单。图7.6总结了上述结果，即当货币政策不是金融领域的有效工具时，或者当它与宏观审慎政策形成了明确冲突时，本文框架在协同情况下收益有增长空间。该结果强调了评估政策制定者为实现政策目标而采取的不同工具的相对有效性的重要性，以及这些工具之间相互作用的重要性。当影响经济的冲击来自金融领域时，这种改善的空间将会更大。

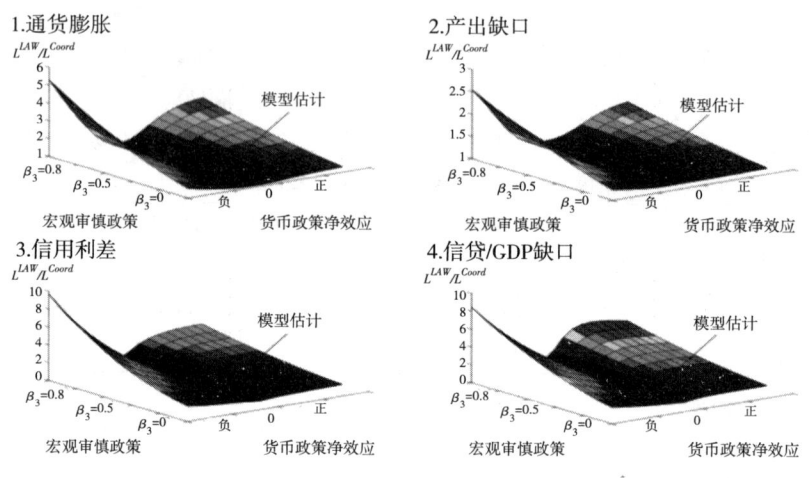

数据来源：作者计算。

图 7.6 政策工具的收益，L^{LAW}/L^{Coord}（金融因素冲击）

结论

尽管本章使用的框架较为简单，但本文研究结果强调了如下重要内容，即通过实体经济和金融部门之间的相互联系，确定适当政策来应对金融冲击。更重要的是，我们的研究结果表明，当存在金融冲击的情况下，为实现价格稳定和金融稳定目标，相应的权衡将会增加。

决定是采用货币政策，还是采用货币政策与宏观审慎政策协同作为应对逆周期的主要工具，最终取决于是决定采用一种还是两种工具来实现两个不同的但又有内在联系的政策目标。在特定的情况下（即存在金融冲击的情况），通胀目标制与金融稳定目标之间存在权衡，这就开启了通过协同货币政策和宏观审慎政策来改善宏观经济成效的可能性。本章主要结果表明，影响货币政策与宏观审慎政策协同收益大小的决定因素十分广泛，比如说影响经济信贷利差

第七章 金融稳定目标:货币政策和宏观审慎政策协同收益的驱动因素

的政策工具的有效性。

这一结果至少在两个方面突出了未来研究的重要性:一是银行的定价行为,尤其是要着重了解银行体系利润率的主要决定因素;二是源自金融系统的金融冲击对经济影响的强度和持久度是如何形成的。在这项研究工作中,需要了解金融在经济中渗透程度的影响,同时也要发现和评估金融摩擦对金融冲击传导的解释力的重要性。

对这些议题的深入了解将会形成更庞大、更复杂、更广泛、更具国家特色的宏观经济模型,这样便于掌握经济体的主要特征,也有助于政策制定者对经济进行干预。

参考文献

[1] Andres, J., and O. Arce. 2012. "Banking Competition, Housing Prices and Macroeconomic Stability", Economic Journal 122 (565): 1346 – 72.

[2] Angelini, P., S. Neri, and F. Panetta. 2014. "The Interaction between Capital Requirements and Monetary Policy", Journal of Money, Credit and Banking 46 (6): 1073 – 112.

[3] Angeloni, I., and E. Faia. 2013. "Capital Regulation and Monetary Policy with Fragile Banks", Journal of Monetary Economics 60 (3): 311 – 24.

[4] Beau, D., L. Clerc, and B. Mojon. 2012. "Macro – prudential Policy and the Conduct of Monetary Policy", Working Paper 390, Banque de France, Paris.

[5] Bernanke, B., and M. Gertler. 1986. "Agency Costs, Collateral, and Business Fluctuations", NBER Working Paper 2015, National Bureau of Economic Research, Cambridge, Massachusetts.

[6] Bernake, B., and M. Gertler and S. Gilchrist. 1999. "The Financial Accelerator in a Quantitative Business Cycle Framework", In

Handbook of Macroeconomics, Volume 1, edited by J. B. Taylor and M. Woodford. Amsterdam: North – Holland.

[7] Blanchard, O., G. Dell' Ariccia, and P. Mauro. 2010. "Rethinking Macroeconomic Policy", IMF Staff Position Note 2010/03, International Monetary Fund, Washington, DC.

[8] Blanchard, O., G. Dell' Ariccia, and P. Mauro 2013. "Rethinking Macro Policy II; Getting Granular", IMF Staff Discussion Note 13/003, International Monetary Fund, Washington, DC.

[9] Borio, C. 2011. "Rediscovering the Macroeconomic Roots of Financial Stability Policy: Journey, Challenges and a Way Forward", BIS Working Paper 354, Bank for International Settlements, Basel.

[10] Borio, C. 2014. "Monetary Policy and Financial Stability: What Role in Prevention and Recovery?", BIS Working Paper 440, Bank for International Settlements, Basel.

[11] Borio, C. and P. Lowe. 2002. "Asset Prices, Financial and Monetary Stability: Exploring the Nexus", BIS Working Paper 114, Bank for International Settlements, Basel.

[12] Borio, C., W. English, and A. Filardo. 2003. "A Tale of Two Perspectives: Old or New Challenges for Monetary Policy?", BIS Working Paper 127, Bank for International Settlements, Basel.

[13] Cecchetti, S., H. Genberg, J. Lipsky, and S. Wadhwani. 2000. "Asset Prices and Central Bank Policy", Geneva Reports on the World Economy No. 2 (July). Centre for Economic Policy Research, London.

[14] Curdia, V., and M. Woodford. 2009. "Credit Spreads and Monetary Policy", NBER Working Paper 15289, National Bureau of Economic Research, Cambridge, Massachusetts.

[15] Curdia, V., and M. Woodford. 2011. "The Central – Bank Balance Sheet as an Instrument of Monetary Policy", Journal of Monetary

Economics 58 (1): 54 – 79.

[16] De Paoli, B., and M. Paustian. 2013. "Coordinating Monetary and Macro – prudential Policies", Staff Report 653, Federal Reserve Bank of New York.

[17] Dell' Ariccia, G., D. Igan, L. Laeven, and H. Tong. 2014. "Policies for Macro – financial Stability: Dealing with Credit Booms and Busts", In Financial Crises: Causes, Consequences, and Policy Responses, edited by S. Claessens, A. Kose, L. Laeven, and F. Valencia. Washington, DC: International Monetary Fund.

[18] Drehmann, M., and M. Juselius. 2013. "Evaluating Early Warning Indicators of Banking Crises: Satisfying Policy Requirements", BIS Working Paper 421, Bank for International Settlements, Basel.

[19] Galati, G., and R. Moessner. 2013. "Macroprudential Policy: A Literature Review", Journal of Economic Surveys 27 (5): 846 – 78.

[20] Gerali, A., S. Neri, L. Sessa, and F. M. Signoretti. 2010. "Credit and Banking in a DSGE Model of the Euro Area", Journal of Money, Credit and Banking 42 (s1): 107 – 41.

[21] Gertler, M., and P. Karadi. 2011. "A Model of Unconventional Monetary Policy", Journal of Monetary Economics 58 (1): 17 – 34.

[22] Iacoviello, M. 2005. "House Prices, Borrowing Constraints, and Monetary Policy in the Business Cycle", American Economic Review 95 (3): 739 – 64.

[23] Kannan, P., P. Rabanal, and A. M. Scott. 2012. "Monetary and Macroprudential Policy Rules in a Model with House Price Booms", B. E. Journal of Macroeconomics 12 (1): 1 – 44.

[24] Kiyotaki, N., and J. Moore. 1997. "Credit Cycles", Journal of Political Economy 105 (2): 211 – 48.

[25] Lambertini, L., C. Mendicino, and M. T. Punzi. 2013. "Leaning against Boom – Bust Cycles in Credit and Housing Prices", Journal of Economic Dynamics and Control 37 (8): 1500 – 22.

[26] Meh, C. A., and K. Moran. 2010. "The Role of Bank Capital in the Propagation of Shocks", Journal of Economic Dynamics and Control 34 (3): 555 – 76.

[27] Mishkin, F. S. 2011. "Monetary Policy Strategy: Lessons from the Crisis", NBER Working Paper, National Bureau of Economic Research, Cambridge, Massachusetts.

[28] Roldan – Pena, J., D. Samano, and A. Torres. 2014. "Monetary and Macro Prudential Policies: Interaction and Complementarity", Banco de Mexico, Mexico City. Unpublished.

[29] Samano, D. 2011. "In the Quest for Macroprudential Policy Tools", Working Paper 2011 – 17, Banco de Mexico, Mexico City.

[30] Smets, F. 2014. "Financial Stability and Monetary Policy: How Closely Interlinked?", International Journal of Central Banking 10 (2): 263 – 300.

[31] Soderlind, P. 1999. "Solution and Estimation of RE Macro Models with Optimal Policy", European Economic Review 43 (4 – 6): 813 – 23.

[32] Svensson, L. E. O. 2014. "Inflation Targeting and Leaning against the Wind", International Journal of Central Banking 10 (2): 103 – 14.

[33] Vlcek, J., and R. Scott. 2012. "Macrofinancial Modeling at Central Banks; Recent Developments and Future Directions", IMF Working Paper 12/21, International Monetary Fund, Washington, DC.

[34] Williams, J. C. 2014. "Financial Stability and Monetary Policy: Happy Marriage or Untenable Union?", FRBSF Economic Letter 2014 – 17 (June 9).

[35] Woodford, M. 2003. Interest and Prices: Foundations of a

第七章 金融稳定目标：货币政策和宏观审慎政策协同收益的驱动因素

Theory of Monetary Policy. Princeton, New Jersey: Princeton University Press.

[36] Woodford, M. 2012. "Inflation-Targeting and Financial Stability", NBER Working Paper 17967, National Bureau of Economic Research, Cambridge, Massachusetts.

第八章 巴西视角下的宏观审慎政策与货币政策的协同效应[①]

巴西中央银行

法比亚·A. 卡瓦略　马科斯·R. 卡斯特罗

本章在规范和实证视角下研究巴西货币政策和宏观审慎政策的协同效应。具体而言,本章采用动态随机一般均衡(DSGE)模型模拟了巴西经济的特征,根据贝叶斯原理并使用巴西实行通胀目标制时期的数据对模型进行估计,在此基础上探讨了在金融周期影响下的简约可操作的宏观审慎政策和货币政策的最优组合。本章同时研究了巴西最近针对信贷变量的宏观审慎政策声明是否对货币政策针对的变量产生显著溢出效应。为此,我们使用了巴西中央银行统计的私人通胀预测的日度数据。我们还研究了在公布宏观审慎政策的改变之后,对通胀预期与通胀目标之间差距的影响。最后,本章概述了全球金融危机后巴西宏观审慎政策面临的困境,并探讨了未来几个重要的挑战。

在美国雷曼兄弟公司(Lehman Brothers)破产之后的几年里,拉丁美洲地区安然无恙。在此之前,随着若干反复出现的主权债务和系统性银行危机事件,该地区在20世纪90年代后期的政策导向从顺周期转变为逆周期的财政政策和货币政策,这使得该地区建立坚实的宏观经济基础(Végh 和 Vuletin,2013)和健康且有韧性的金融体系,因而使其在全球金融危机的最初阶段有缓冲余地。

[①] 作者感谢 Eduardo Lima,Laura Kodres,Solange Gouvea,Hamid Faruqee,Alfredo Cuevas,Jorge Roldós,Marcello Estevão,Alberto Torres,Troy Matheson,David Einhorn 和国际货币基金组织"拉丁美洲中央银行未来"中期研讨会的与会者提供的有用意见和讨论。

第八章 巴西视角下的宏观审慎政策与货币政策的协同效应

为了缓解由于流动性紧缩或跨境收支恶化导致的金融不稳定风险，拉美国家采取了不同的宏观经济和宏观审慎政策组合。这包括通过提高银行贷款发放（在一些情况下通过国有银行）来刺激国内需求，以避免信贷紧缩。此外，新兴市场国家吸引了充裕的国际流动性，当其他国家的风险上升时，拉丁美洲地区获得了大量外国资本流入，这也有助于该地区的信贷扩张。[①]

在最近大宗商品价格暴跌，中国等主要贸易伙伴的经济增速放缓，拉美国家财政缓冲已经枯竭等背景下，拉美地区的经济增长也被严重拖累。家庭负债增加、劳动力市场前景恶化以及信贷状况恶化已成为宏观经济和宏观审慎政策的重要挑战。在某些情况下，金融和宏观经济周期是同步的，宏观审慎政策一直有利于实现宏观经济政策目标。但在其他时候，宏观审慎政策的决策可能从宏观经济政策的角度产生不受欢迎的溢出效应。

本章以巴西为主要案例，探讨宏观审慎监管和货币政策之间的相互作用问题，分两步进行讨论。首先从理论上来看，鉴于该国在金融危机之前频繁使用宏观审慎工具，我们根据 Carvalho 和 Castro（2015）的 DSGE 模型，去寻找宏观审慎和货币政策的最优组合，该模型经过设定，已经囊括了巴西银行业的基本特征。[②] 其次，我们通过比较最优政策方案集与其政策子集来进一步分析，以便更为及时方便地施政施策。

关于第一步，巴西的最优货币和宏观审慎政策组合仍然是一个未被探讨的问题。本章试图通过回答宏观审慎和货币政策组合的最优组合是否对信贷缺口作出反应来进行解答，因为有充分的证据表明，这一指标是金融危机的一个很好的预警指标（Silva 等，2012，巴西案例；Taylor，2015，跨国案例；Drehman 和 Tsatsaronis，2014，

---

① Jácome、Nier 和 Imam（2012）全面讨论了该地区实施的措施。
② 我们使用巴西经济的现实模型，用实际数据估计，增强了结果的稳健性。具体而言，De Fiore 和 Tristani（2013）认识到他们的最优规则的数值结果是说明性的，从它们衍生出来的定量特征应该通过更复杂的模型来验证。

跨国案例)。此外,巴塞尔协议Ⅲ还建议利用信贷缺口来反映逆周期资本缓冲的变化。

为了找到最优策略组合,我们遵循 Schmitt – Grohé 和 Uribe (2007) 提出的方法,重点关注简单的和可实现的政策规则。[①] 我们还研究了在巴西监管框架下更易实施的规则的特性。

有若干研究分析了货币政策对金融状况的最优反应。部分研究发现 (Bernanke 和 Gertler, 2001; Faia 和 Monacelli, 2007; Gilchrist 和 Leahy, 2002; Iacoviello, 2005),与严格的通胀目标制或传统的泰勒规则相比,根据金融变量作出反应的可选货币政策规则所取得的稳定收益可以忽略不计。其他研究 (Angeloni 和 Faia, 2013; Benigno 等, 2011; Cúrdia 和 Woodford, 2010; De Fiori 和 Tristani, 2013; Fendoǧlu, 2014; Kannan、Rabanal 和 Scott, 2012) 发现,让货币政策对金融变量作出反应可以改善福利。这些研究结论的差异根源在于模型的设定,与模型结构、财务摩擦、财务目标[②]和参数化有关,结论可能对参数化及模型所允许的扰动设定两个方面较为敏感。[③]

本章的研究创新之处如下。首先,本章分析囊括了一套多样化的、实用的、与货币政策相互作用的宏观审慎政策工具,而大多数

[①] Ramsey 型最优策略分析需要模型中每类代理的任意权重。Lambertini、Mendicino 和 Punzi (2013) 在"代理人类别对福利的影响"的研究方面发现了异质性的重要作用。他们在模型中找不到两类代理人的统一的政策框架排名。另外,偏离个人条件最优的规则对只有一类代理人(借款人)具有重要的福利效应,而这些代理人受到财务约束的更直接影响。

[②] 在 Faia 和 Monacelli (2007) 的研究中,货币政策面临着稳定消费价格指数与资产价格之间的权衡。在 Angeloni 和 Faia (2013) 的研究中,财务目标是资产价格或银行杠杆。在 Fendoǧlu (2014) 的研究中,财务目标是资产价格或信用利差。他们以昂贵的国家核查型金融摩擦研究最优政策,并重点关注货币政策规则。在 Kannan、Rabanal 和 Scott (2012) 的研究中,金融摩擦发生在住房贷款中,但模型假设外部融资溢价,而不是一阶条件。允许货币政策对信贷增长作出反应。

[③] 相对于标准的新凯恩斯主义模型,Brzoza – Brzezina 和 Kolasa (2013) 通过审查信贷约束和外部融资溢价金融加速器,对主要经济变量的反应模型隐含差异进行了广泛的分析。有关特定模型允许的一组干扰对最优策略规则的影响的详细描述,请参阅 Lambertini、Mendicino 和 Punzi (2013)。

第八章 巴西视角下的宏观审慎政策与货币政策的协同效应

文献只将货币政策作为稳定多个目标（包括金融稳定）的单一工具。① 其次，我们的模型是小型开放经济体，包括对外贸易和资金流动，而大部分的文献讨论的是封闭经济体的情况。② 最后，我们的模型能够反映巴西信贷市场的主要特征，比如对住房贷款和储蓄存款的严格监管，以及尽管面临严峻的违约率，巴西的信贷发放在很大程度上基于家庭未来劳动收入，并集中在消费信贷领域。与文献中通常采用的方法相比，在中央银行实际使用的模型中进行最优政策分析是一种截然不同的方法。考虑到实际模型的维度以及模型估计时面临的困难，本章更加倾向于选择这类模型。通过该模型，我们发现某些涉及更全面的工具组合，包括巴塞尔协议Ⅲ逆周期资本缓冲准备金要求和风险权重的组合，可能导致非常接近最优解情况的损失。更受限制的工具组合也导致动态响应非常接近最优规则。鉴于对准备金要求和风险权重的变动更容易执行，这些发现一方面支持巴西中央银行广泛使用准备金要求和风险权重来影响信贷，另一方面也印证了巴西迄今为止总体资本要求比率较为稳定。

关于第二步，虽然大部分文献都关心货币政策是否应该对金融变量作出反应，但还没有探讨相反的论点（即金融变量是否应对货币政策作出反应）。考虑到巴西近期出现了宏观审慎政策和货币政策缺乏同步的情况，研究宏观审慎政策公告是否会影响通胀预期则尤为重要。为此，巴西中央银行（Central Bank of Brazil）投资者关系办公室（Investor Relations Office）每天对民间通胀预期数据进行调查，以评估一些宏观审慎政策事件（明确针对信贷市场）对通胀

---

① 引入第二种政策工具的一些例外可见于 Benigno 等（2011）和 Cesa – Bianchi 和 Rebucci（2015），他们在借款约束下研究货币政策与宏观审慎政策的相互作用；Angeloni 和 Faia（2013）介绍了与货币政策相互作用的逆周期资本规则；Lambertini、Mendicino 和 Punzi（2013）研究了基于 Iacoviello 和 Neri（2010）的模型中逆周期贷款价值比率上限的最优性，重点研究的是抵押贷款市场。

② 除了 Benigno 等（2011）以外，其他文献研究的金融摩擦与本文有很大不同。其他文献假设金融摩擦最终与一个简化的外币借款名义刚性相绑定，而我们在模型借款方面的财务摩擦来自昂贵的国家核查，银行借款以国内货币进行。请注意，我们的模型有其他重要的摩擦，限制了银行资产负债表的位置，并具有实际效果。

预期形成的影响。我们利用 Carvalho 和 Minella（2012）的研究成果来寻找一个有代表性的通胀预期形成规则，在此基础上我们不但增加了一些必要控制，还增加了对调查事件的分析。

在我们研究分析的 14 个事件中，有 6 个事件的子集显示宏观审慎政策的公告造成了通胀预期与通胀目标之间的差异。在其中的 4 个事件中，影响朝着扩大差距的方向发展。当我们将预期增加信贷的事件按货币政策松紧分为两类时，发现当货币政策紧缩时，信贷增加对通胀预期有显著的积极影响，而后者则不明显。这可以解释为当宏观审慎政策公告与货币政策不同步时，可能难以锚定通胀预期。

本章的下一节描述了在银行危机之后，巴西如何设法建立稳固的金融体系，然后回顾巴西在后危机时期实施的主要宏观审慎措施。我们采用了针对巴西经济的 DSGE 模型来进行最优的政策模拟，然后对宏观审慎政策公告对货币政策可信度的影响进行实证研究，最后得出结论。

巴西银行业危机和银行监管改革

巴西最近一次银行业危机紧跟通货膨胀稳定计划，即 1994 年实施的雷亚尔计划（Reinhart 和 Rogoff，2011）。当时，稳定的通货膨胀已消除银行的一个重要收入来源，同时暴露银行操作风险，这些风险可能会危及金融稳定。作为应对，在通货膨胀稳定期的第一年，政府实施了两个主要银行重组方案：国家金融系统改组与强化的激励方案（PROER）和减少全国性国有银行的激励方案（PROES）。

地方政府银行在信用投资组合遭受损失由来已久，违约率很高，不但给金融体系带来了系统性风险，并且助长了财政失衡。PROES 通过国有银行的私有化或将国有银行转型为发展银行来解决这些问题，这些银行被禁止向其公共管理部门控股者提供贷款。

2001年颁布的《财政责任法》宣布，国有银行与公共管理部门之间的信贷业务不合法，进一步加强了财政纪律。

在巴西金融体系的监管框架中，PROER是一个里程碑。该计划的一个支柱是强化监管框架，在此框架下，中央银行（管理和监管当局）被授权可以干预陷入困境的金融机构。该计划还有包括存款保险制度在内的其他重要措施。

除了这些重大的重组方案之外，巴西为遵循1994年制定的巴塞尔协议，还通过了关于银行监管和监督框架的最优做法，采取严格管理和监督立场。[①] 巴塞尔协议Ⅲ于2013年3月首次公布，并在几个月内逐步启动。巴塞尔银行监管委员会于2013年12月在巴西对巴塞尔协议Ⅲ进行了最后评估，认为该国符合协议的条款。巴西的金融监管框架在金融稳定委员会（FSB）评估的金融管理和监管框架中排名靠前，在2012年IMF对各国遵守巴塞尔原则的评估中排名第一。巴西的金融体系资本化良好，表现出良好的流动性指标水平，巴塞尔协议指数为16.7，资本充足率为11%，净资产与短期负债比率约为200%。[②]

金融危机后巴西货币政策和宏观审慎政策的概述

在2008年全球金融危机期间，巴西银行尽管没有受到次级贷款或问题资产的影响，但其金融体系仍受到了来自流动性渠道的影响。[③] 外国信贷额度短缺使小型银行生存能力并不稳定，并导致银行间流动性供应暂时中断，规模较小的银行情况更加严重。

在银行间市场的流动性头寸上，巴西中央银行也实施了非常规的准备金率调整。这些工具对于在危难时刻给中央银行提供缓冲的

---

① Agénor和Silva（2013）将巴西的银行监管环境视为"强大、复杂和侵入性"的"强有力的监管环境"，并将巴西与其他中等收入国家区分开来。
② 数据来自IMF的财务稳健指标数据库（http://fsi.imf.org/Default.aspx）。
③ Silva和Harris（2012）提供了大量有关巴西为应对全球金融危机而采取的措施的报告。

空间非常重要。

此外，巴西政府采还取了一系列政策措施来应对主要发达经济体中央银行采取的量化宽松等非常规政策，以减少大量国际流动性流入引起的波动。部分措施旨在减少外国投资者投资短期资产的冲动，而其他措施则对银行的外汇敞口实施更严格的要求。

信贷紧缩的迹象导致一系列监管宽容措施的出台：通过宽松的信贷发放条件，在信贷市场对国有银行实施干预，从而改变了信贷体系的构成，推动了消费者债务加速上升。在家庭债务还本付息支出与收入比例方面，巴西在全球排名第六。[①] 最近，家庭负债中的住房贷款显示出了增长放缓的迹象，而其他负债的增长也出现了明显减速（见图8.1）。

到目前为止，消费者负债的演变对金融稳定并没有造成很大的威胁，因为信贷水平与 GDP 的比值相对较低，但更宽松的信贷发放条件会导致市场的脆弱性。

1. 家庭负债

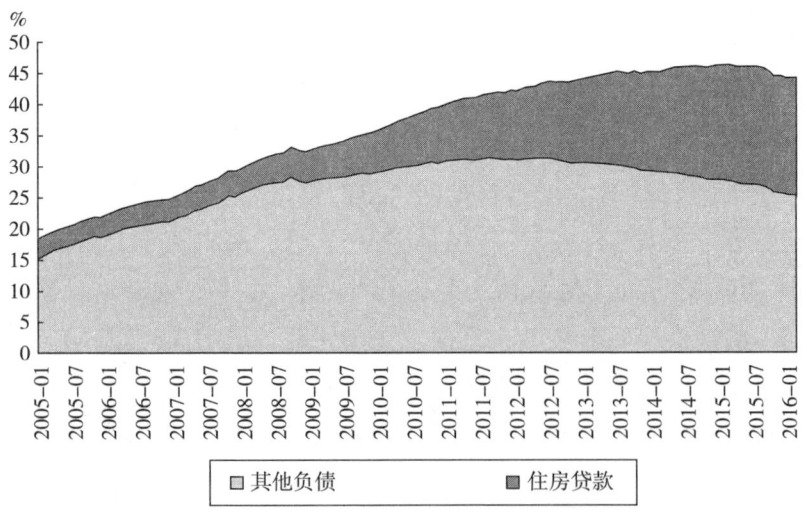

---

① IMF 财务稳健指标数据库。

2. 家庭收入的支出构成

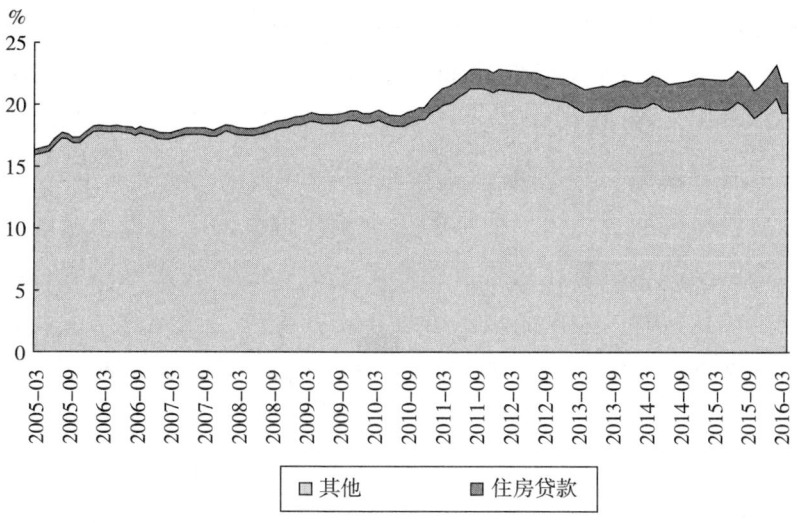

数据来源：巴西中央银行。

图 8.1　巴西的家庭负债和收入的支出构成

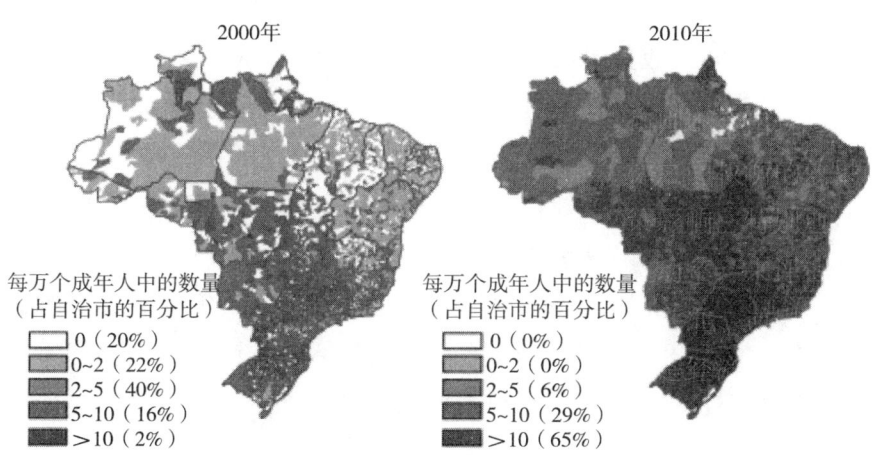

注：包括银行柜台、分支机构或代理行。

数据来源：巴西中央银行。

图 8.2　银行在巴西各区域的演变过程

针对市场脆弱性的问题，监管政策作出的反应要么是基于特定市场，要么是基于普遍情况。例如，实施与贷款期限直接相关的风险权重因子和信贷业务的贷款价值比，证明有效地施加了其对特定目标的影响。Martins 和 Schechtman（2013）及 Afanasieff 等（2015）提供证据支持 2010 年用于汽车贷款的措施的正确性。在某些情况下，宏观审慎措施的方向与经济的货币政策方向一致。

监管机构和货币当局面临的一个重要挑战是巴西近年来经历的快速而剧烈的金融深化过程。图 8.2 显示了巴西各区域的银行在该期间的演化过程，图 8.3 显示了近年来社会阶层的迁移情况。金融包容性是金融体系、收入分配政策、国有银行信贷发放政策和稳定的宏观经济环境的技术和监管改善的结果。

Sahay 等（2015）发现金融深化的速度与危机和宏观经济不稳定的风险之间存在正向关系，即取决于金融系统管理和监管的效率。为了避免这些风险，巴西中央银行密切关注金融深化过程和信贷发放的质量，使信贷增长和收入承诺保持在可持续的范围内。这项目标的主要任务是由信用局完成（于 1997 年创建，并在 2008 年重组）的，该局收集了银行系统中每一笔超过 1 000 雷亚尔（约 300 美元）信贷发放的详细信息。这类交易目前占巴西金融体系全部信用投资组合的 99%。信用局由中央银行管理，每天收集的信息不仅由中央银行和监管部门处理，而且由经济部门处理和分析，从而构成了广泛的政策决策重要基础。

其他已经落实的重要风险防范措施包括：2005 年批准的《信贷违约法》；存款担保基金的 12 项改进（包括引入针对低收入借款人的信用合作社等基金）；[①] 在信用登记制度基础上，颁布批准建立积极借款人的记录的法律；衍生品敞口登记表（CED）。

巴西中央银行监控巴西金融体系的能力在很多方面都独树一

[①] Ponticelli 和 Alencar（2013）指出《信贷违约法》允许借款公司在清算的情况下大幅增加抵押品清收的概率，同时也对转型行业的公司（这是该文献唯一研究的行业）的贷款发放产生了显著的积极影响。法律以较低的贷款利率、较长的期限和较低的抵押品要求的形式产生了整体影响。法官们更快地分析这些案件的地区，效果更加明显。

第八章 巴西视角下的宏观审慎政策与货币政策的协同效应

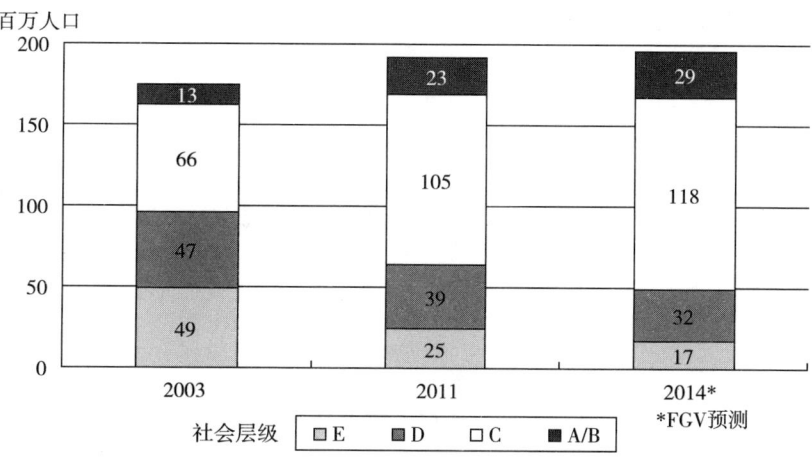

数据来源:巴西中央银行,热图力奥·瓦加斯基金会(FGV)。

图8.3 巴西的社会流动性

帜。它不仅在银行业务、投资组合和风险敞口方面具有全面能力,而且还能及时作出反应,并能从向中央银行提交的广泛信息中侦测出不一致的情况。表8.1提供了巴西中央银行数据库监测的维度。

另一个限制高违约率对其他金融体系的影响的因素是,这些贷款主要是由国有银行发起的,这是社会包容政策的一部分。①

表8.1　　　　　　　　中央银行的数据库监测

资产和证券市场	数据来源:SELIC,CETIP,BM&F BOVESPA,巴西支付系统,所有金融机构 每天处理4 000万个登记册 每月处理900多个文件 对金融体系的流动性和市场风险进行日常的宏观和微观分析 每日监测公债市场和银行筹资行为 发布关于巴西中央银行网站的信息

---

① 这可能会增加房贷的顺周期性,因为经济体的财政立场在新增贷款方面起到重要作用。

续表

信贷业务	信贷业务数据来源：金融机构提供的每月信息 ○480 万笔业务 ○7 500 万名客户的未偿贷款业务 ○每笔贷款有 36 个信息字段 每月对金融系统的信用风险进行微观和宏观分析 管理信用局系统，为公众和金融机构发布信贷业务信息 发布关于巴西中央银行网站的信息
采购财团集团	信息关于 1 370 万个配额，分布在 21 000 个团体中 具有过去收入的 900 万个配额的数据 每季度收到 8.8 亿个数据登记册，每月收到 60 000 个数据登记册 对采购联盟部分进行单项和合计季度分析发布关于巴西中央银行网站的信息
外汇业务	外汇制度： 207 个授权的金融机构 每年 780 万次操作 每天 31 000 次操作 中央银行每年通过月度档案接收额外的 2 550 万次业务 对金融机构开展的外汇业务进行日常业务分析 监测外国资金流入和每日外汇流量 发布关于巴西中央银行网站的信息
会计信息	每月收到 1 136 份银行财务报表和 2 267 个有限的报表（60 万个月登记册） 每季度收到 7 300 多份文件（220 万份季度登记册） 每月编制金融机构的金融经济形势宏观和微观分析 监测金融机构每月遵守监管业务限制的情况 发布关于巴西中央银行网站的信息
其他	其他信息来源： 监管机构 存款担保基金 拘留室 书记官处 外部审计员 评级机构 国际组织——金融稳定委员会 政府数据库 私人数据库——SERASA 巴西中央银行不监管的机构

第八章　巴西视角下的宏观审慎政策与货币政策的协同效应

货币政策与宏观审慎政策之间的相互作用

巴西中央银行的核心任务是维护金融体制和金融系统的稳定。1996年巴西中央银行创设了货币政策委员会（COPOM）以决定货币政策的立场，[①] 1999年以来，COPOM必须以实现巴西国家货币委员会制定的通胀目标为导向。[②]

2011年巴西中央银行创设金融稳定委员会（COMEF），为中央银行行为制定指引和指导方针，以维护金融稳定、评估系统风险、开展宏观审慎监管。[③] 虽然COMEF的指导方针得到执行，但该委员们设定中央银行的政策工具（货币政策利率除外）并不受COMEF或COPOM的限制。此外，COPOM和COMEF均由相同的成员组成，即巴西中央银行的委员。尽管委员们重申，每个委员会的目标和决定都是独立的，然而如何避免委员在不同委员会会议间的交流传递仍然是个挑战，因为这会削弱政策的有效性。

巴西中央银行的监督和金融监管有利有弊。例如，IMF（2013）认为委员会肩负双重职能的情况是巴西整体监管框架的漏洞，会在时间一致性和信息传递性上带来挑战。

但是，IMF的报告同样提到这样的安排有几大好处，比如：制定宏观审慎政策时，可以利用中央银行在金融、宏观经济分析和数据可用性方面的专业知识，分析各项政策的副作用；相较于把制定宏观审慎政策的职能分配给一个独立的监管机构，这样的安排能够更好地避免宏观审慎政策受到政治因素的影响。

[①] 巴西中央银行1996年6月20日发布的2698号通知创立了COPOM及其货币政策工具，即再贴现（TBC）。再贴现一直都是官方的货币政策工具，直到1999年被基准利率（SELIC）非正式地替代。2000年2月8日第2966号通知中SELIC正式被确立为中央银行的货币政策工具。

[②] 国家货币委员会由财政部长、计划与预算部长以及巴西中央银行行长组成。

[③] 巴西中央银行2011年5月18日颁布第65180号法案设立COMEF。中央银行的法案是中央银行行长颁布的法律文书。通知则必须经过中央银行委员会批准。

巴西中央银行除了不断提高巴西金融系统的监管地位外，还积极运用各种手段，试图影响金融周期，以达到不同的调控目标。这些目标决定了风险权重因子、存款准备金率以及外资流入税等重要政策，但总的资本充足率自巴塞尔协议Ⅰ实施以来一直保持不变。在大多数情况下，关于政策决策的定向效应的沟通交流还不够充分，宏观审慎政策的决策框架仍有很大的自由裁量空间。

在实施通胀目标制的时期，巴西货币政策遵循传统的通胀目标制框架，基准利率是核心政策工具。法定准备金很少明确用于加强货币政策立场，[1] 而是主要用于宏观审慎目标，或者偶尔用于大量外资流入或政府债券发行困难时从市场抽回流动性等其他目标。

巴西国家货币政策委员会在2013年3月1日第4193号决议中规定了额外的储备资本和逆周期银行资本要求，于2016年生效。根据2011年2月17日公布的巴西中央银行20615号公告，当信贷过度增长，可能构成潜在的系统性风险时，逆周期资本将被启用。逆周期资本的任何变动应提前一年公布。截至目前，启用这项工具的决议框架仍在研究中。

鉴于目前可用的政策工具已被用于影响金融周期，运用一项新的工具将会产生几个问题：这些工具之间会如何相互作用？它们对金融周期作用的强度有多大？它们的用途应该一致吗？此外，鉴于货币政策是否应该涉及金融稳定的讨论一直未有定论，应该给巴西提出什么建议呢？

为了促进巴西宏观审慎监管的规范性，我们用专为巴西设计的模型来找出宏观审慎政策和货币政策共同作用于金融周期的最优组合。我们的焦点放在巴西加强使用的一系列（广泛的）宏观审慎工具上，这些工具的使用是为了影响信贷市场（特别是金融危机之后的信贷市场），即活期存款准备金、储蓄准备金和定期存款准备金，

---

[1] 关于全球金融危机前期法定准备金更详细的概述，见 Carvalho 和 Azevedo (2008)。

以及除了新的逆周期资本缓冲机制和货币政策外，消费者贷款、商业贷款、住房贷款的风险权重。

最优政策

为了寻求货币政策和宏观审慎政策的最优组合，我们采用 Carvalho 和 Castro（2015）设计的具有金融摩擦效应的 DSGE 模型，这个模型包含了严格监管的住房贷款市场等巴西信贷市场的主要特征。该模型使用巴西通胀目标制时期的数据进行估计，并经过精心构建，以便巴西中央银行进行相关政策分析，以及满足几个关键政策变量的实证检验。

模型中的消费贷款取决于放款人对借款人未来用劳动收入偿还贷款能力的期望和内生违约的期望。这是巴西信贷市场的一个重要特征。住房贷款的抵押品是房屋，但这个市场的债务会影响借款人的有效收入，从而影响他们在消费信贷上的决策。住房贷款的偿付优先于消费贷款，这解释了为什么我们观测的样本中住房贷款的违约率远低于消费贷款。商业信贷以资本作为抵押品，也存在内生违约问题。

该模型除了包含代表巴西信贷市场的金融摩擦，还包含了代表巴西与世界其他国家关联的重要特征。该模型涵盖了所有主要的国际收支账户，特别是外国直接投资（FDI），FDI 是外国资本在本国积累的最重要的来源。FDI 与金融体系之间的作用是间接的，其现金流的接收方是那些通过银行贷款筹集项目资金的企业家。

实体经济部门按照 DSGE 文献的标准进行模拟。家庭部门分布在储蓄者和借款人的群体中，这两类群体都是在垄断竞争下工会统一体中的组成部分，且消费商品和住房。储蓄者拥有更多的投资机会，他们比借款人更耐心；借款人则承担着消费和住房的风险贷款。企业家管理着生产资料。国内生产者将资本和劳动力结合起来生产出中间产品，这些中间产品与进口中间产品相结合，生产出最终产品（私人的和公共的），并用于消费、投资和出口。国内和进口的中间产品都会出现价格摩擦。该模型还考虑了资本和住房投资生产者。出口公司面临份额变化的调整成本，并从国内银行获得流动资金贷款。图8.4显示了实体经济的结构。

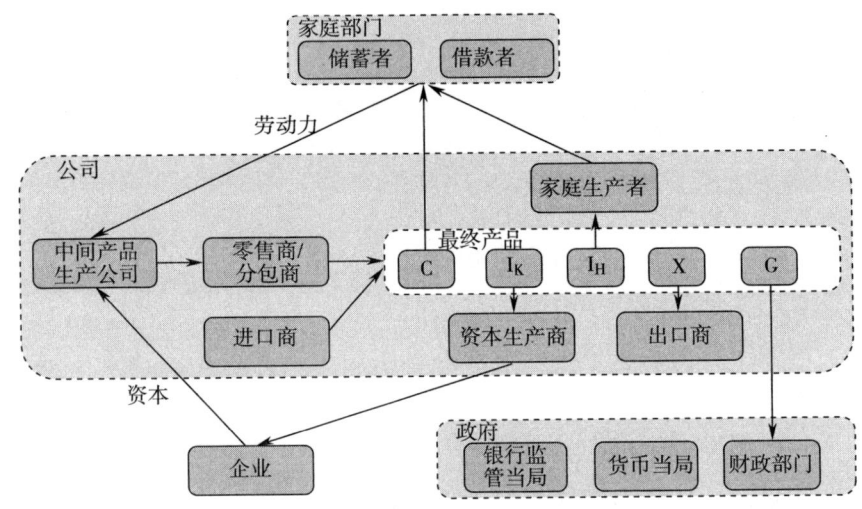

图 8.4　考虑了巴西金融摩擦的 Carvalho 和 Castro（2015）开放型经济 DSGE 平衡模型

金融部门由零售货币市场基金组成，该基金通过储户存款和发行外债获得资金以投资银行定期存款和政府债券。银行集团由一群有竞争力的银行组成，这些银行从存款部门的分支机构获得资金，并通过贷款部门的分支机构向家庭、企业家和出口公司发放贷款。它们将资产负债表结构最优化，既符合监管要求，又能激励银行用打擦边球的方式应对监管限制。它们可以通过留存收益积累资本，它们在跨时期动态优化问题上的选择是变动的。图8.5显示了该模型的财务结构。

该模型具有以下宏观审慎工具：活期存款准备金、储蓄准备金和定期存款准备金，消费者贷款、商业贷款和住房贷款的风险权重，应交税费以及最低标准的资本要求比率。活期存款准备金不计息，而其他类型的存款准备金会按银行同期存款利率计息。在基准

第八章 巴西视角下的宏观审慎政策与货币政策的协同效应

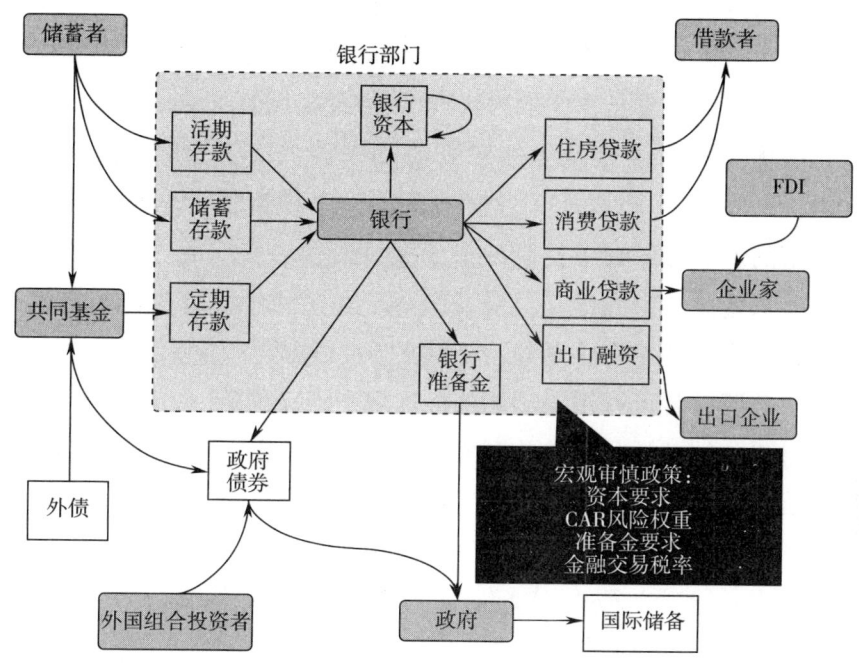

图 8.5 考虑了巴西金融摩擦的 Carvalho 和 Castro（2015）开放型经济 DSGE 模型中的资金流动情况

（估计）模型中，宏观审慎政策和货币政策都不会对信贷周期作出回应。

用 DSGE 模型分析货币政策和宏观审慎政策之间相互作用的一个优势是：这些模型能够解释采用一种政策工具会对达成其他目标产生的副作用。

我们用这个模型来寻找应对信贷缺口的宏观审慎政策与货币政策的最优组合。对于我们执行的每一项测试，最优政策都是通过最小化损失函数得出的，这个函数由产出缺口、通胀率、政策利率和信贷总额的波动率组成。① 产出缺口、通胀率、政策利率波动性的

---

① 模型中的信贷由消费者、住房和商业贷款组成。对于所有这些贷款，模型允许因不完善的监管机制而产生的内生性违约。消费贷款是根据借款人未来的劳动收入扣除与住房贷款相关的支出来放贷。住房贷款受到贷款乘数（LTV）约束，贷款乘数受制于借款人的现有收入。商业贷款由企业家承担，并受到 LTV 的限制。

权重是通过最小损失函数值来确定,而最小损失函数值是在基准模型中满足最优货币政策条件下的最小值,这些政策不直接影响信贷缺口,信贷的权重是指定的[①]。

最优化考虑了模型中的所有波动来源,Lambertini、Mendicino 和 Punzi(2013)也采用了这种方法。由于模型估计,每次冲击对最优解的影响将依赖于控制冲击的随机过程的实际值。几项研究解出一些选定的冲击的最优反应,但由于在实践中,需要在相当程度上用判断来评估冲击驱动经济变量的实时来源,因此找到一个对公众而言透明并且可以用于预测的最优规则同样重要。

最优的简单的货币政策和宏观审慎政策可以对信贷缺口作出反应。货币政策遵循一种增强的、前瞻性的泰勒法则。

$$R_t = R_{t-1}^{\rho} \left[R \left(\frac{\pi_{t+3}}{\overline{\pi}_t} \right)^{\gamma_\pi} \left(\frac{y_t}{y} \right)^{\gamma_y} \right]^{1-\rho} \left(\frac{b_{E,t} + b_{C,t} + b_{H,t}}{b_{E,ss} + b_{C,ss} + b_{H,ss}} \right)^{\chi} \exp(\varepsilon_{R,t})$$

(8.1)

其中,$\overline{\pi}_t$ 是非零通胀目标,y_t 是去趋势后的 GDP,$b_{E,t}$、$b_{C,t}$ 和 $b_{H,t}$ 是去趋势后的商业、消费、住房信贷缺口。所有标记了"ss"的变量代表稳态值,y 是去趋势后 GDP 的稳态值,R 是稳定状态的利率,$\varepsilon_{R,t}$ 是白噪声。

资本需求率随着逆周期资本缓冲的增加而增加

$$\Gamma_{K,t} = \overline{\Gamma}_{K,t} \Gamma_{CC,t}$$

(8.2)

其中,常数的部分是当前的需求率(11%)

$$\ln\left(\frac{\overline{\Gamma}_{K,t}}{0.11}\right) = \rho_\Gamma \ln\left(\frac{\overline{\Gamma}_{K,t-1}}{0.11}\right) + \varepsilon_{\overline{\Gamma},t}$$

(8.3)

逆周期资本缓冲如下

$$\ln(\Gamma_{CC,t}) = \rho_{cc} \ln(\Gamma_{CC,t-1}) + (1 - \rho_{cc}) \gamma_{CC} \left[\ln\left(\frac{b_{E,t} + b_{C,t} + b_{H,t}}{b_{E,ss} + b_{C,ss} + b_{H,ss}} \right) \right]$$
$$+ \varepsilon_{CC,t}$$

(8.4)

---

① 我们在后面会展示损失函数中不同权重对信贷缺口的影响的敏感性分析。

第八章 巴西视角下的宏观审慎政策与货币政策的协同效应

其中，$\Gamma_{CC,t}$ 的稳态值是1。

活期存款准备金率、储蓄准备金率、定期存款准备金率对信贷缺口根据以下政策规则①

$$\tau_{D,t} = \rho_D \tau_{D,t-1} + (1-\rho_D) \tau_{D,ss} + \gamma_D \left[\ln\left(\frac{b_{E,t} + b_{C,t} + b_{H,t}}{b_{E,ss} + b_{C,ss} + b_{H,ss}} \right) \right] + \varepsilon_{D,t}$$
(8.5)

$$\tau_{S,t} = \rho_S \tau_{S,t-1} + (1-\rho_S) \tau_{S,ss} + \gamma_S \left[\ln\left(\frac{b_{E,t} + b_{C,t} + b_{H,t}}{b_{E,ss} + b_{C,ss} + b_{H,ss}} \right) \right] + \varepsilon_{S,t}$$
(8.6)

$$\tau_{T,t} = \rho_T \tau_{T,t-1} + (1-\rho_T) \tau_{T,ss} + \gamma_T \left[\ln\left(\frac{b_{E,t} + b_{C,t} + b_{H,t}}{b_{E,ss} + b_{C,ss} + b_{H,ss}} \right) \right] + \varepsilon_{T,t}$$
(8.7)

这里，$\tau_{D,t}$、$\tau_{S,t}$ 和 $\tau_{T,t}$ 是活期存款准备金率、储蓄准备金率和定期存款准备金率。$\varepsilon_{D,t}$、$\varepsilon_{S,t}$ 和 $\varepsilon_{T,t}$ 是白噪声，所有标记"ss"的变量代表稳态值。

实际资本充足率按照银行资本与风险加权资产的比率计算：

$$CAR_t = \frac{K_{B,t}}{RWA_t} \tag{8.8}$$

且风险加权资产的计算方式如下：

$$RWA_t = \zeta_{E,t} b_{E,t} + \zeta_{C,t} b_{C,t} + \zeta_{H,t} b_{H,t} + \zeta_{B,t} b_{B,t} + v_t \tag{8.9}$$

其中，$\zeta_{E,t}$、$\zeta_{C,t}$ 和 $\zeta_{H,t}$ 是商业贷款、消费贷款和住房贷款的风险权重因子，$\zeta_{B,t}$ 是银行流动资产组合的风险权重因子，模型中它是由无风险的公共债券构成的，因此 $\zeta_{B,t}=0$。最后一项 v_t 是未正式纳入模型中巴西金融系统资产部分的一阶自回归 AR（1）。

由于 Carvalho 和 Castro（2015）证明了这些工具对其特定的信贷市场有重要影响，因此风险权重因子会根据具体的信贷市场进行设置，它们可以根据以下政策规则来表达：

---

① 住房贷款的金额对其相应的风险权重因子不是很敏感。原因是这个市场在利率和资金来源方面受到严格管制。

$$\zeta_{E,t} = \rho_E \zeta_{E,t-1} + (1-\rho_E) \zeta_{E,SS} + \gamma_E \left[\ln\left(\frac{b_{E,t}}{b_{E,SS}}\right) \right] + \varepsilon_{E,t} \quad (8.10)$$

$$\zeta_{C,t} = \rho_C \zeta_{C,t-1} + (1-\rho_C) \zeta_{C,SS} + \gamma_C \left[\ln\left(\frac{b_{C,t}}{b_{C,SS}}\right) \right] + \varepsilon_{C,t} \quad (8.11)$$

$$\zeta_{H,t} = \rho_H \zeta_{H,t-1} + (1-\rho_H) \zeta_{H,SS} + \gamma_H \left[\ln\left(\frac{b_{H,t}}{b_{H,SS}}\right) \right] + \varepsilon_{H,t} \quad (8.12)$$

其中，$\varepsilon_{E,t}$、$\varepsilon_{C,t}$、$\varepsilon_{H,t}$是白噪声。

我们依照 Schmitt – Grohé 和 Uribe（2007）的做法，重点关注简单可实施的政策规则。我们找到了方程（8.1）（8.4）（8.5）（8.6）（8.7）（8.10）（8.11）和（8.12）中政策规则的最优系数 $\{\rho, \rho_{CC}, \rho_D, \rho_S, \rho_T, \rho_E, \rho_C, \rho_H, \gamma_\pi, \gamma_y, \chi, \gamma_{CC}, \gamma_D, \gamma_S, \gamma_T, \gamma_E, \gamma_B, \gamma_H\}$，使损失函数最小化，[①] 其中所有的自回归参数严格限制在（0，1）区间，政策参数不受约束。

表 8.2 显示了所有政策工具同时运行时，损失函数中的三个可能的信贷缺口权重的最优结果。对于每个权重，我们进行两种类型的优化：一种我们不限制政策参数支持，另一种则将货币政策对信贷缺口的反应约束为非负面支持。一般文献会限制最优简单规则的一组可能解。[②]

我们发现，通常在有约束求解中，增加损失函数中的信贷缺口权重会增加通胀率和利率在最优解中的波动，但是会同时减少信贷和产出的波动，前者的变动幅度远高于后者。这意味着在货币政策方面，随着金融周期的重要性增加，通胀目标的实现会成为一项重大成本。此外，优化的约束规则要求货币政策对通胀作出非常积极的反应。随着信贷缺口在损失函数中权重的增加，对产出缺口的最

---

① 我们使用 Dynare 中基于 Sims 最小化算法的 Optimal Simple Rule 程序。我们在这里报告的结果是经过测试不同的初始点，并比较这些试验中获得的目标函数的值后获得的。
我们找出了考虑了所有干扰源的 Carvalho 和 Castro（2015）模型估计的最优规则。采用我们的设置方法得出的规则可以更容易地与所有冲击下的实际规则进行比较。

② Schmitt – Grohé 和 Uribe（2007）就是这样一个例子。他们将最优参数搜索限制在所谓的"现实"值的特定集合内。

优货币政策反应也增加，这是影响借款人贷款积极性的间接渠道。只有在信贷缺口的权重非常大的情况下，货币政策在有约束求解中对信贷缺口作出反应才是最优的。若信贷缺口权重值较小，约束解可以实现与无约束解非常接近的损失，这表明该区域的约束目标函数比较平滑。对于无约束解，所有货币政策对信贷缺口的最优反应都是负向的，被产出正向反应抵消了。虽然这一结果在以前的文献中得出过（Faia 和 Monacelli，2007），[①] 但是货币政策制定者不太可能实施这种应对方式。另外，如前所述，只有当信贷缺口在损失函数中的权重非常高时，采用这些政策组合才会取得重大成效。因此，我们将分析限制在货币政策对信贷缺口的反应为非负的解决方案中。

在巴西，最低资本要求比率的变化必须由国家货币委员会（National Monetary Council，CMN）授权，该委员会成员不仅有巴西中央银行行长，还包括财政部长和预算计划部长。随着巴塞尔协议Ⅲ的实施，逆周期资本缓冲可以由中央银行设定，但需要在实施前12个月公布。而法定准备金或风险权重因子不存在这样的约束。因此，为了及时应对金融体系失衡，其他政策工具要比最低资本要求和逆周期缓冲更容易实施。

鉴于巴西中央银行有大量的宏观审慎工具可供选择，并且可以比资本要求变动更容易、更迅速，我们研究的是，仅用最优简单规则构成的宏观审慎工具子集对信贷缺口的应对效果，是否与整套最优宏观审慎政策规则的集合的应对效果一样好。

我们分析以下子集：（1）货币政策和所有宏观审慎工具；（2）货币政策和逆周期资本缓冲；（3）货币政策，风险权重因子和法定准备金要求；（4）货币政策，逆周期资本缓冲和风险权重因子；（5）货币政策和风险权重因子；（6）货币政策和法定准备金要求；（7）除货币政策以外的所有组合。

---

① Faia 和 Monacelli（2007）发现，在一个代理成本和名义摩擦的模型中，货币政策应该通过降低名义利率来应对资产价格的上涨。

表 8.2 最优的简单规则：在损失函数中，比较不同信贷缺口权重下受约束和不受约束的最优解

规则	规则的反应参数	信贷缺口权重=0.001		信贷缺口权重=0.01		信贷缺口权重=0.5	
		非约束下的最优	约束下的最优	非约束下的最优	约束下的最优	非约束下的最优	约束下的最优
货币政策	通货膨胀反应系数	4.44	4.41	4.04	4.04	1.81	4.39
	产出反应系数	0.90	0.89	1.72	0.85	2.69	5.95
	信贷缺口反应系数	-0.06	0.00	-0.11	0.00	-0.35	0.75
	自回归系数	0.93	0.93	0.93	0.94	0.91	0.93
权重因（RWFs）	消费贷款权重：对消费信贷的反应	0.10	0.12	0.09	0.09	0.27	0.33
	消费贷款权重：自回归系数	0.99	0.99	0.99	0.99	0.84	0.96
	商业贷款权重：对商业信贷的反应	0.83	0.84	0.84	0.84	-0.93	0.00
	商业贷款权重：自回归系数	0.29	0.30	0.31	0.31	0.56	0.56
	住房贷款权重：对住房信贷的反应	0.63	0.62	0.61	0.61	0.49	0.49
	住房贷款权重：自回归系数	0.98	0.98	0.98	0.97	0.00	0.00
存款准备金（RRs）	定期存款准备金：总信贷缺口反应	20.96	20.96	20.96	20.96	20.91	21.07
	定期存款准备金：自回归系数	0.03	0.02	0.00	0.00	0.67	0.98
	活期存款准备金：对总信贷缺口的反应	5.02	5.02	5.02	5.02	5.02	5.16
	活期存款准备金：自回归系数	0.00	0.00	0.00	0.00	0.76	0.84
	储蓄存款准备金：对总信贷缺口的反应	10.97	10.96	10.96	10.96	10.87	11.26
	储蓄存款准备金：自回归系数	0.89	0.95	0.90	0.91	0.27	0.48

第八章 巴西视角下的宏观审慎政策与货币政策的协同效应

续表

规则	规则的反应参数	信贷缺口 权重=0.001		信贷缺口 权重=0.01		信贷缺口 权重=0.5	
		非约束下的最优	约束下的最优	非约束下的最优	约束下的最优	非约束下的最优	约束下的最优
逆周期资本缓冲（CCB）	自回归系数	0.46	0.45	0.44	0.44	0.46	0.48
	对总信贷缺口的反应	3.11	3.11	3.11	3.11	3.10	10.21
	目标函数的值	0.00107	0.00108	0.00189	0.00194	0.00404	0.00462
	方差系数	0.013	0.013	0.015	0.015	0.025	0.024
	通胀	0.013			0.015	0.025	0.024
	利率	0.012	0.012	0.014	0.014	0.023	0.024
	产出	0.057	0.056	0.052	0.050	0.047	0.038
	信贷总额对国内生产总值的比值	0.075	0.076	0.069	0.070	0.046	0.054

表8.3显示了包含货币政策在内的最优政策规则的每个子集的最优值。在大多数最优组合中，最优解都倾向于货币政策对通货膨胀和产出作出非常积极的反应。这项工作最重要的结论是，包含了货币政策、风险权重因子和法定准备金要求在内的政策子集与全套规则所产生的损失几乎相同。

然而，货币政策在求解中对通货膨胀和产出的最优应对结果，与使用泰勒法则对实际数据估值获得的结果相去甚远。因此，我们继续寻找将货币政策的传统参数视为前提条件的最优简单规则，根据Carvalho和Castro（2015）估算的参数的后验分布模式进行设置。换句话说，我们在寻求应对信贷缺口的简单和最优宏观审慎规则（存款准备金要求、风险权重因子和逆周期资本缓冲），及货币政策对信贷缺口的最优反应系数。

对于约束条件下的最优简单规则，表8.4显示了本次测试的结果。我们发现一些宏观审慎政策的子集达到和完整集合一样的效果。以下子集产生的损失仅比完整集合高出约2%：（1）法定准备金和逆周期资本缓冲；（2）货币政策与法定准备金一起作用于信贷

表 8.3　最优的简单规则：利用损失函数信贷缺口（权重值 = 0.001）的不同政策规则子集比较限制性最优值

规则	不同规则的反应参数	完整组：货币政策 & CCB & RR & 风险加权因子	货币政策 & CC & 风险加权因子	货币政策 & CC	货币政策 & CC & RR	货币政策 & 风险加权因子 & RR	货币政策 & 风险加权因子	货币政策 & RR
货币政策	对通货膨胀反应的系数	4.41	2.86	4.40	4.87	5.42	6.73	6.73
	对产量反应的系数	0.89	0.40	0.88	1.63	1.30	0.42	1.15
	对总体信贷缺口反应的系数	0.00	1.00	0.00	0.10	0.01	0.00	0.08
	自回归系数	0.93	0.90	0.93	0.95	0.95	0.94	0.95
风险加权因子（RWFs）	对于消费者信用的风险加权因子反应	0.12	1.24			1.20	1.51	
	消费信贷的风险加权因子自回归系数	0.99	0.97			0.92	0.96	
	对于商业信用的风险加权因子反应	0.84	0.90			0.56	7.64	
	商业贷款的风险加权因子自回归系数	0.30	0.96			0.93	0.72	
	对于住房信贷的风险加权因子反应	0.62	0.22			0.07	0.18	
	住房信贷的风险加权因子自回归系数	0.98	0.95			0.98	0.89	

第八章 巴西视角下的宏观审慎政策与货币政策的协同效应

续表

规则	不同规则的反应参数	完整组：货币政策 & CCB & RR & 风险加权因子	货币政策 & CC & 风险加权因子	货币政策 & CC	货币政策 & CC & RR	货币政策 & 风险加权因子 & RR	货币政策 & 风险加权因子	货币政策 & RR
准备金要求 (RRs)	对于总体信贷缺口的反应定期存款的准备金要求：自回归系数	20.96 0.02			16.49 0.99	7.38 0.99		22.01 0.00
	对于总体信贷缺口的反应活期存款的准备金要求：自回归系数	5.02 0.00			1.34 0.45	0.64 0.89		0.21 0.94
	对于总体信贷缺口的反应储蓄存款的准备金要求：自回归系数	10.96 0.95			7.80 0.99	3.42 0.00		33.83 0.99
逆周期资本缓冲 (CCB)	自回归系数 对于总体信贷缺口的反应 目标 变量系数 通货膨胀 利率 产出 信贷规模/GDP	0.45 3.11 0.00108 0.013 0.012 0.056 0.076	0.50 0.16 0.00149 0.013 0.013 0.062 0.147	0.00 13.76 0.00126 0.013 0.012 0.061 0.104	0.51 0.29 0.00114 0.014 0.013 0.055 0.076	0.00108 0.013 0.012 0.055 0.081	0.00140 0.011 0.012 0.064 0.143	0.00116 0.012 0.012 0.062 0.082

表 8.4　最优的简单规则：利用损失函数信贷缺口（权重值＝0.001）的不同政策规则子集和一个给定的对于通胀和产出作出反应的货币政策的不同的政策规则子集，去比较限制性最优值

规则	规则的反应参数	货币政策 & CCB & RR & 风险加权因子	货币政策 & CCB & 风险加权因子	货币政策 & 风险加权因子 & RR	货币政策 & CCB & RR	货币政策 & RR	货币政策 & 风险加权因子
货币政策风险加权因子（RWFs）	对于总体信贷缺口反应的系数 消费信贷的 RWF：自回归系数	0.00 0.65	0.00 2.32	0.01 0.39	0.00	0.20	0.00 8.06
	对于消费信贷缺口反应的反应 消费信贷的 RWF：自回归系数 消费信贷的 RWF：对商业信贷的反应 消费信贷的 RWF：自回归系数 消费信贷的 RWF：对房屋信贷的反应 消费信贷的 RWF：自回归系数	0.96 0.30 0.68 0.07 0.71	0.93 3.73 0.99 0.26 0.95	0.99 0.23 0.73 0.04 0.99			0.80 16.75 0.90 90.30 0.13
准备金需求（RRs）	定期存款的 RR：对总体信贷缺口的反应 定期存款的 RR：自回归系数	4.39 0.98		2.35 0.73	17.42	66.32 0.94	
	活期存款的 RR：对总体信贷缺口的反应 活期存款的 RR：自回归系数	0.36 0.85		0.18 0.73		0.26 0.87	
	定期存款的 RR：对总体信贷缺口的反应 定期存款的 RR：自回归系数	1.99 0.12		1.11 0.73		1.66 0.59	

第八章 巴西视角下的宏观审慎政策与货币政策的协同效应

续表

规则	规则的反应参数	货币政策 & CCB & RR & 风险加权因子	货币政策 & CCB & 风险加权因子	货币政策 & 风险加权因子 & RR	货币政策 & CCB & RR	货币政策 & RR	货币政策 & 风险加权因子
逆周期资本缓冲（CCB）	CCB：自回归系数	0.50	0.50		0.50		
	CCB：对总体信贷缺口的反应	0.11	0.29		0.05		
	目标变量系数	0.00138	0.00167	0.00141	0.00141	0.00141	0.00152
	通货膨胀	0.015	0.015	0.015	0.015	0.015	0.015
	利率	0.015	0.015	0.015	0.015	0.015	0.015
	产出	0.060	0.064	0.061	0.062	0.063	0.061
	信贷规模/GDP	0.087	0.0142	0.092	0.081	0.080	0.122

注：在表中随产出和通胀膨胀而变的货币政策，是根据 Carvalho 和 Castro（2015）估计算出的模型而设立的，也就是 $\rho=0.829$，$\gamma_\pi=1.961$，$\gamma_y=0.185$。

表 8.5 最优的简单规则：利用给定的货币政策和损失函数信贷缺口（权重值 $=0.001$），去比较政策规定的限制性最优值

规定	规则的反应参数	RR & RWF & CCB	RWF & CCB	RR & RWF	RR & CCB	RR	RWF
风险加权因子（RWFs）	消费信贷的 RWF：对于消费信贷的反应	0.11	0.17	0.12			3.31
	消费信贷的 RWF：自回归系数	0.99	0.99	0.99			0.91
	消费信贷的 RWF：对商业信贷的反应	0.73	−0.04	0.38			5.28
	消费信贷的 RWF：自回归系数	0.71	0.99	0.85			0.99
	住房贷款的 RWF：对住房信贷的反应	0.37	0.15	0.03			0.36
	住房贷款的 RWF：自回归系数	0.99	0.99	0.99			0.95

续表

规定	规则的反应参数	RR & RWF & CCB	RWF & CCB	RR & RWF	RR & CCB	RR	RWF
准备金需求 (RRs)	定期存款的 RR: 对总体信贷缺口的反应	5.23		2.68	20.68	17.42	
	定期存款的 RR: 自回归系数	0.98		0.99	0.96	0.94	
	活期存款的 RR: 对总体信贷缺口的反应	0.52		0.27	2.03	0.26	
	活期存款的 RR: 自回归系数	0.84		0.88	0.45	0.60	
	定期存款的 RR: 对总体信贷缺口的反应	2.64		1.33	10.11	1.64	
	定期存款的 RR: 自回归系数	0.38		0.89	0.33	0.49	
逆周期资本缓冲 (CCB)	自回归系数	0.50	0.50		0.51		
	对总体信贷缺口的反应	0.05	25.58		0.23		
	目标	0.00136	0.00136	0.00138	0.00140	0.00141	0.00167
	变量系数	0.015	0.015	0.015	0.015	0.015	0.015
	通货膨胀	0.015	0.015	0.015	0.015	0.015	0.015
	利率	0.059	0.060	0.059	0.062	0.062	0.064
	产出	0.085	0.084	0.089	0.080	0.081	0.141
	信贷规模/GDP						

注：在表中，我们是根据 Carvalho 和 Castro (2015) 估算出的模型，建立起了货币政策系数，也就是 $\rho=0.829$，$\gamma_\pi=1.961$，$\gamma_y=0.185$，$\chi=0$。

第八章 巴西视角下的宏观审慎政策与货币政策的协同效应

缺口；(3) 货币政策、风险权重因子和法定准备金一起作用于信贷缺口。如果货币政策和存款准备金、风险权重因子同时作用于信贷缺口，则每种政策工具只需要对信贷缺口作出温和的逆周期反应。如果仅允许存款准备金辅助货币政策作用于金融周期，则这些工具对信贷缺口的最优反应就变得很强烈。相反，如果逆周期资本缓冲与法定准备金、货币政策一起使用，则后者不再直接对信贷周期产生重要作用。

表 8.5 显示了当我们不考虑货币政策对信贷缺口的作用时获得的最优简单宏观审慎规则的子集。在这种情况下，大多数子集的损失非常相似。然而，当只允许风险权重因子作用于信贷缺口时，损失达到最大。

尤其是在金融危机之后，巴西法定准备金和风险权重因子实际上已经在多个场合用于实现宏观审慎目标，其中一些是逆周期的。我们的研究结果证实了这些政策的方向可以用来帮助纠正巴西金融体系的风险积聚，从而有效地降低与逆周期资本结合的目标宏观经济变量的波动性。此外，其他宏观审慎工具更容易实施，并对特定变量有针对性的影响。

不同规则下的脉冲响应

接下来，我们比较了四种政策规则组合下模型的动态反应。在第一个组合里（"基准"），政策规则不会对信贷作出反应，并且这个模型正好是 Carvalho 和 Castro（2015）估计出来的模型。第二个组合由逆周期资本缓冲、准备金需求、风险加权因子和货币政策的最优简单规则组合而成［增广泰勒法则中的所有参数都被放在最优组合中，由于存在非负限制，自回归参数被限制于（0，1）区间］。第三种是将所有货币政策参数作为既定条件，运用 Carvalho 和 Castro（2015）后验估计模型，得出的由逆周期资本缓冲、风险加权因子和准备金要求构成的最优简单规则组合。最后一种是将所有货币政策参数作为既定条件，运用 Carvalho 和 Castro（2015）后验估计模型，得出的由风险加权因子和准备金要求组成的最优简单规则组合。就像之前提到的一样，一组包含货币政策在内的最优简单规则的完整集合会对通货膨胀作出很强烈的反应。

图8.6和图8.7集中讨论了来源于银行的外生冲击。在图8.6中，模型受到一个负向的银行资本冲击干扰呈现上下起伏曲线，这个现象很像Gertler、Kiyotaki和Queralto（2012）提到的"危机冲击"。例如，这一冲击模拟了银行资本的下降对银行资产净值的负面影响。在图8.7中，该模型受到银行流动性偏好下降的冲击，这个冲击模拟了银行风险厌恶程度下降并尝试增加信用风险敞口的情形，这会导致信贷发放条件放宽。两个冲击在逆周期的宏观审慎规则之下的反应和基准模型下的反应完全不一样。最优政策大大减少了信贷总额的波动，并且主动政策子集下和完整政策组合下主要经济变量的波动非常接近。它们主要的差别在于银行对资产负债表管理和红利分配的不同。对于银行资本冲击来说，最优政策的子集会对银行变量产生更大的反应。对于银行资金流动偏好的冲击来说，因为完整政策组合需要准备金对信贷条件有较强的反应，所以相比最优政策子集，银行资产流动性受到更大的影响。同样，资本红利分配在完整政策组合情形下所受影响也更大。

货币政策的冲击让我们更清楚地知道，一整套最优的简单规则对实体经济有非常积极的影响（见图8.8）。在货币政策冲击下，为了使信贷变得稳定，完整的最优简单规则需要利率更加缓慢的反应，从而在很大程度上影响产出、消费、人力市场条件和房产投资。最优政策子集可以在稳定信贷方面和完整组合做到一样好，但前者也有稳定实体经济变量的潜力。相比基准模型，最优简单规则子集更好地提升了现实经济的稳定性，这也是在完整组合中未被观察到的一点。

图8.9至图8.12比较了在外界冲击后的模型动态。在预估的基准模型中，世界产出降低对于一国经济有衰退性影响，并伴随着投资和消费的显著减少。外国直接投资的增加会对国内信贷有扩张性的影响，但由于国内货币升值，对通货膨胀和产出有紧缩性影响。

第八章 巴西视角下的宏观审慎政策与货币政策的协同效应

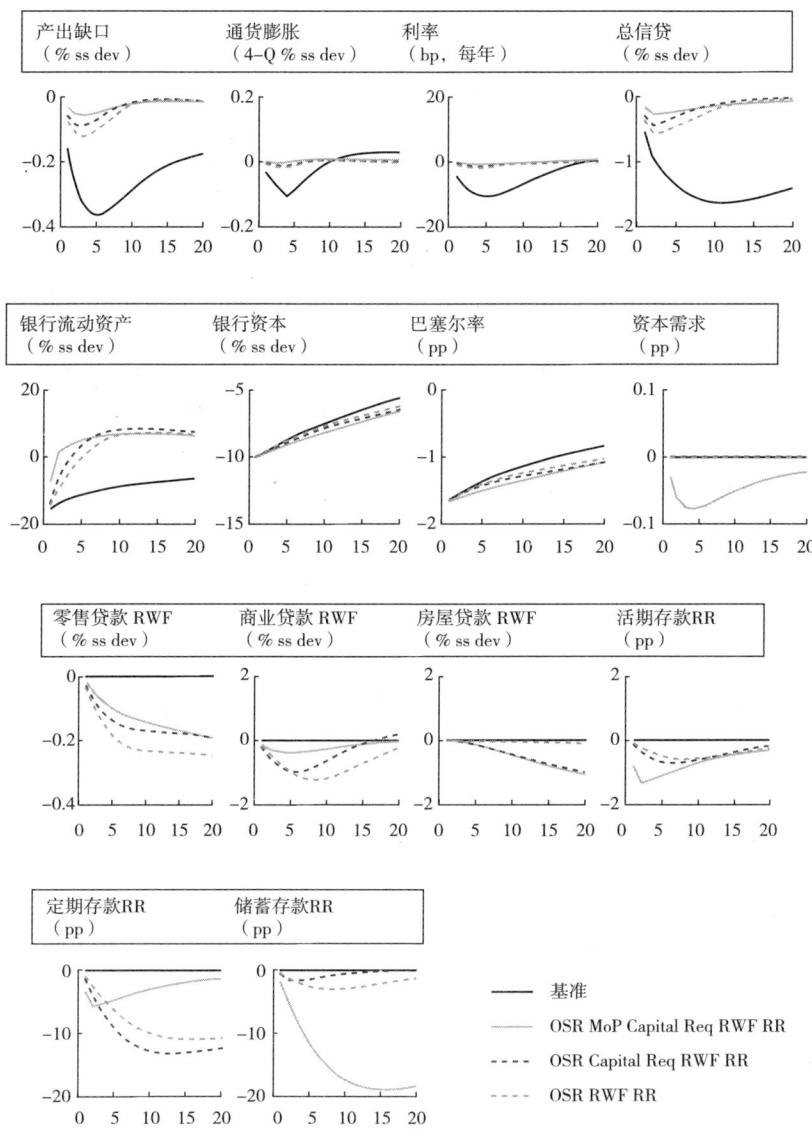

注：bp 指基点；Capital Req 指资本需求；MoP 指财政政策；OSR 指最理想简单原则；pp 指百分点；RR 指准备金需求；RWF 指风险加权因子；ss dev 指和稳定趋势相差的百分比。

**图 8.6　比较最佳简单宏观审慎政策和货币政策的组合：
银行资本的负面冲击——下降 10% 的影响**

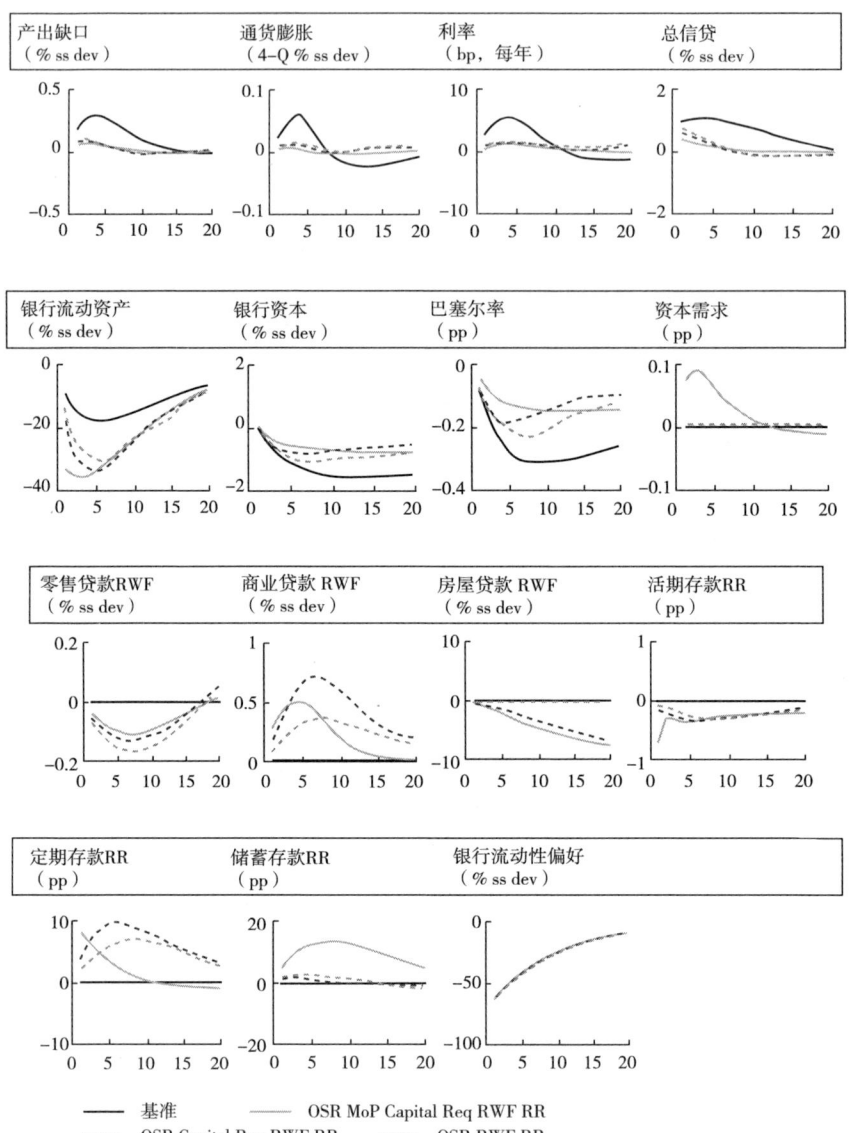

注：bp 指基点；Capital Req 指资本需求；MoP 指财政政策；OSR 指最理想简单原则；pp 指百分点；RR 指准备金需求；RWF 指风险加权因子；ss dev 指和稳定趋势相差的百分比。

图 8.7　比较最佳简单宏观审慎政策和货币政策的组合：
银行资产流动性偏好冲击——下降 65% 的影响

第八章 巴西视角下的宏观审慎政策与货币政策的协同效应

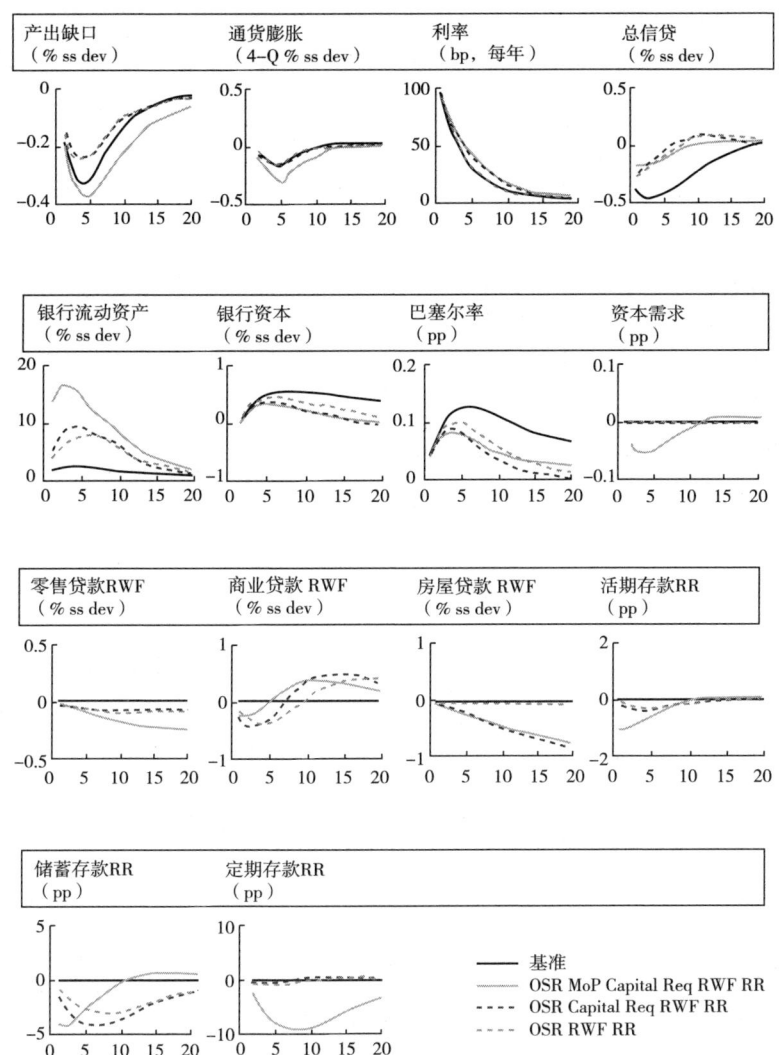

注:bp 指基点;Capital Req 指资本需求;MoP 指财政政策;OSR 指最理想简单原则;pp 指百分点;RR 指准备金需求;RWF 指风险加权因子;ss dev 指和稳定趋势相差的百分比。

图 8.8 比较最佳简单宏观审慎政策和货币政策的组合:
货币政策冲击——增加 100 个基点的影响

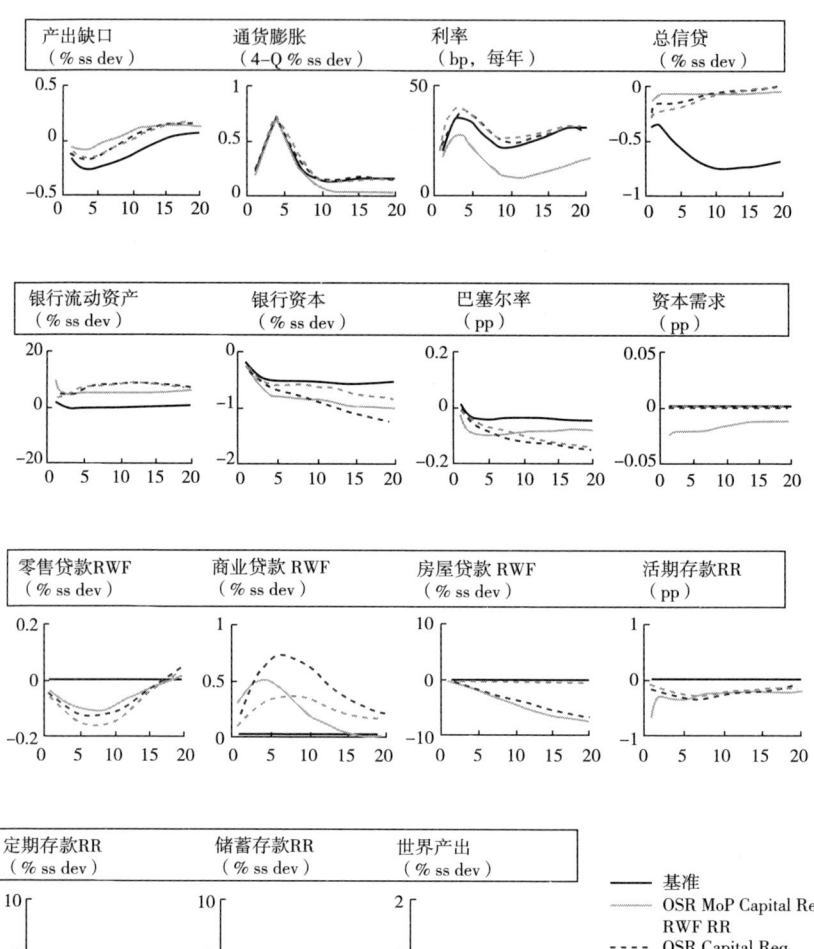

注：bp 指基点；Capital Req 指资本需求；MoP 指财政政策；OSR 指最理想简单原则；pp 指百分点；RR 指准备金需求；RWF 指风险加权因子；ss dev 指和稳定趋势相差的百分比。

**图 8.9 比较最佳简单宏观审慎政策和货币政策的组合：
对世界产出的冲击——下降 1% 的影响**

第八章 巴西视角下的宏观审慎政策与货币政策的协同效应

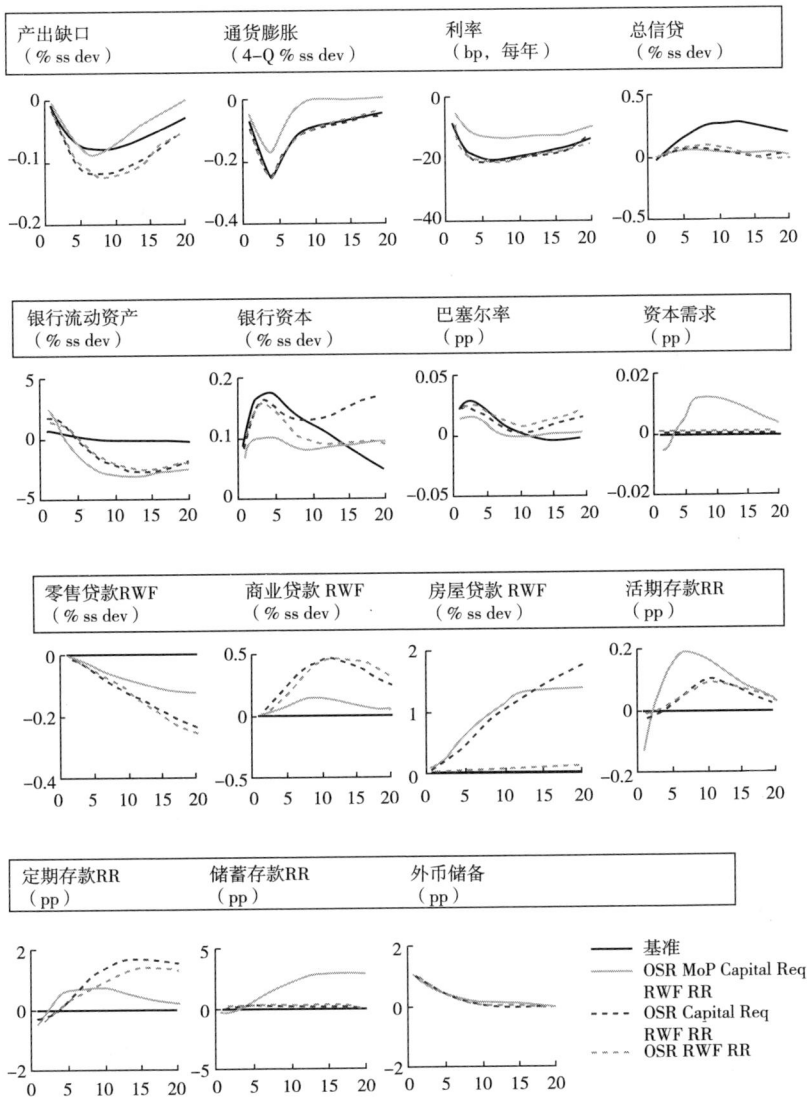

注：bp 指基点；Capital Req 指资本需求；MoP 指财政政策；OSR 指最理想简单原则；pp 指百分点；RR 指准备金需求；RWF 指风险加权因子；ss dev 指和稳定趋势相差的百分比。

**图 8.10 比较最佳简单宏观审慎政策和货币政策的组合：
外国直接投资的冲击——增长 1 个百分点的影响**

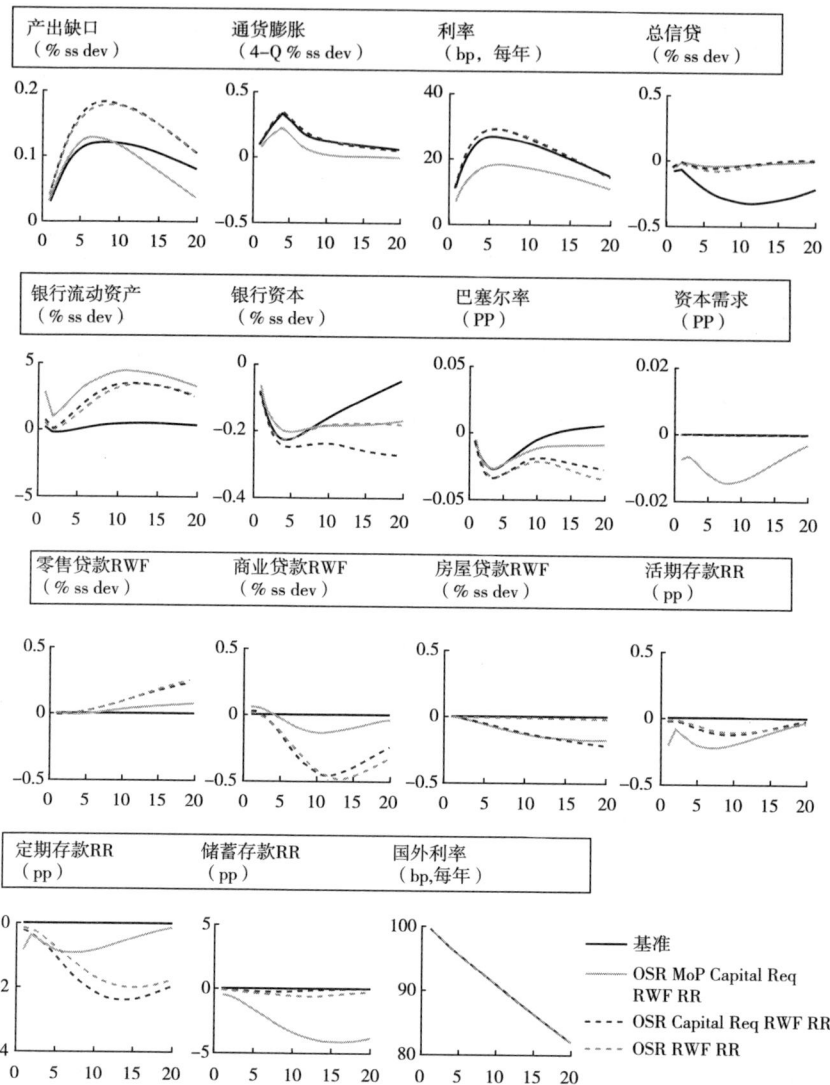

注：bp 指基点；Capital Req 指资本需求；MoP 指财政政策；OSR 指最理想简单原则；pp 指百分点；RR 指准备金需求；RWF 指风险加权因子；ss dev 指和稳定趋势相差的百分比。

**图 8.11　比较最佳简单宏观审慎政策和货币政策的组合：
对国外利率的冲击——下降 100 个基点的影响**

第八章 巴西视角下的宏观审慎政策与货币政策的协同效应

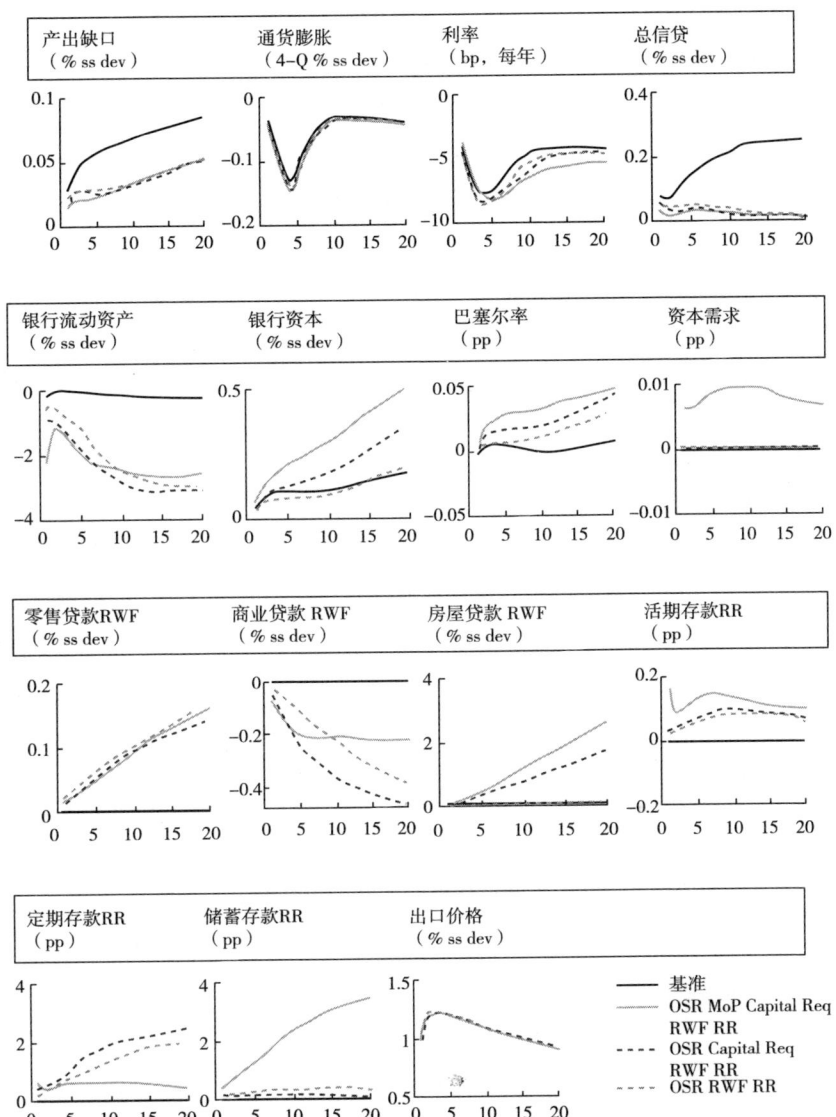

注：bp 指基点；Capital Req 指资本需求；MoP 指财政政策；OSR 指最理想简单原则；pp 指百分点；RR 指准备金需求；RWF 指风险加权因子；ss dev 指和稳定趋势相差的百分比。

图 8.12 比较最佳简单宏观审慎政策和货币政策的组合：对出口价的冲击——增加 20% 的影响

全球利率的上升导致巴西货币汇率的贬值，这时就需要货币政策进行回应。大宗商品价格的暴涨，在模型中表示为对出口价格的冲击，① 会通过可支配收入的增长和投资的急剧上升等渠道，对信贷产生扩张性的影响。在所有情况中，信贷部分最容易受到政策组合的影响，最优简单规则稳定了信贷，继而决定了对每个规则子集的实体经济变量的影响。模型对不同最优政策子集的动态反应的区别根源在于银行资产负债表变量的不同，因为每个宏观审慎工具对冲击的响应均有不同，继而也会很明显地影响银行的动机。

在 Carvalho 和 Castro（2015）的基准模型中，当冲击源于金融系统时，不对经济或金融周期作出反应的宏观审慎政策工具能够更加有效地稳定信贷与国内生产总值比（credit–to–GDP）。事实上，每一个工具都会有它效果最显著的一面。总体来说，宏观审慎政策对金融变量有更大的影响，货币政策对于实体经济变量的影响更为显著。但住房贷款则是例外，它受货币政策的影响较大。考虑到资本价值对于可用银行贷款资金较为敏感，资本金要求对于资本投资的影响较大。风险加权因子对实际资本充足率影响较大。准备金要求对于银行资产流动性的影响最为重要。

宏观审慎政策公告对于通货膨胀预期的影响

有文献提出货币政策会加剧金融稳定风险，但在巴西的案例中，却几乎没有关于这种风险传导渠道的研究。Tavares、Montes 和 Guillén（2013）研究了货币政策对于银行风险感知的影响，并在分析中考虑了货币政策对存贷利差的立场倾向，并对货币政策对于借款人违约保险的影响进行了研究。他们发现紧缩的货币政策会促使银行较多地使用保险（宽松的货币政策会促使银行较少地使用保险）。在准备金需求中也观察到同样的现象，这也影响了银行通过

---

① 出口领域是与以商品为基础的经济一致而建立起的模型。

保险承担风险的行为。Montes 和 Peixoto（2012）也发现银行风险感知和巴西货币政策的立场存在正向关系。

据我们所知，目前还没有关于逆向传导渠道（即宏观审慎政策对货币政策的影响）方面的研究，巴西的情况更是如此。宏观审慎政策公告对货币政策的很多目标变量产生影响，其影响程度随经济周期和金融周期的同步性而定。而且，宏观审慎政策公告能够稳定通货膨胀预期。

根据 IMF（2013），货币政策和宏观审慎政策在巴西的后危机时期相互补充。两者都发挥逆周期调节经济周期和金融周期的作用。在本文的分析区间中，商业周期和金融周期较为同步。但最近这种同步性受到挑战，因为通货膨胀的压力使得货币政策变得更加紧缩，但部分宏观审慎手段则被用于放松某些经济部门的信贷条件。

为了调查巴西的宏观审慎政策公告是否对稳定通货膨胀预期有显著影响，我们研究了相关事件，这些事件是由与信贷相关的变量导致宏观审慎政策出现变化，并且通过对比通胀预期与通胀目标之间的差距来观察其影响。[①] 表 8.6 列出了这类情况下的所有事件。

为了评估上述事件对通胀预期的影响，我们用了未来 12 个月通胀预测面板数据。这些日度数据是 2011—2014 年巴西中央银行的投资者关系办公室调查得来。为了控制影响通胀预期的其他因素，我们对 Carvalho 和 Minella（2012）的"预期形成种类"的规则加以拓展，使它不仅解释说明被调查的事件，并且包括针对本周（和前一周）召开货币政策会议的虚拟变量和一致通胀预测超过通胀目标上限的虚拟变量。[②] 预测公式如下：

$$\hat{\pi}_{i,t}^{e,12m} = \alpha + \beta_1 \hat{\pi}_{i,t-5}^{e,12m} + \beta_2 \hat{\pi}_{median,t-5}^{e,12m} + \beta_3 Std_{t-5}^{e,12m} + \beta_4 \Delta_{20} FX_{t-3}$$
$$+ \beta_5 \Delta_{20} Embi_{t-3} + \beta_6 \Delta_{20} Selic_{t-3} + \beta_7 (\pi_{t-3} - \pi_{t-4})$$

---

① 我们不用通胀目标的中点，而用通胀目标区间的上限。
② 虚拟变量是当通胀预期超过了通胀目标控制的上限，这种超过上限的情况是因为在动态通胀预期中可能有的政治制度改变。

$$+ \beta_8 D_{copom,t} + \beta_9 D_{median,t} + \sum_t \beta_{10,i} D_{event,i,t} + u_{i,t} \qquad (8.13)$$

t 对应的是样本区间中的日期，其他变量代表的含义如下：

- $\hat{\pi}_{i,t}^{e,12m}$ 指的是每个参与者 i 对未来 12 个月通胀预期预测与通胀目标区间中心值之间的缺口。

- $\hat{\pi}_{median,t}^{e,12m}$ 指的是未来 12 个月通胀预期预测的中位数与通胀目标区中心值之间的缺口。

- $Std_t^{e,12m}$ 指的是未来 12 个月通胀预期预测的标准差，这些数据由巴西中央银行投资者关系办公室的日度调查得出。

- $\Delta_{20} FX_t$ 是指在过去 20 天中，巴西雷亚尔对美元每日报价的变化。

- $\Delta_{20} Embi_t$ 是指在过去 20 天中 JP 摩根显示的巴西 EMBI 数值的变化。

- $\Delta_{20} Selic_t$ 是指在过去 20 天中年化货币政策利率（SELIC）的变化。

- 在货币政策会议之前的那个星期五和在货币政策会议之后的星期一，$D_{copom,t}$ 的值为 1。其他时候取值为 0。

- 当未来 12 个月的通胀预测的中位数大于通胀目标的上限，$D_{median,t}$ 取值为 1。其他时间取值为 0。

- 依照表 8.2，当处于事件窗口期时，$D_{event,i,t}$ 的取值为 1，其余时间取值为 0。

通过运用异方差稳健的协方差矩阵估计法，我们完成了固定效应面板回归模型，该模型包含有移动平均线（MA）的自相关性类型误差和横截面的独立误差。① 因为是对未来 12 个月进行预测，MA 在结构上适当地考虑了这个时间间隔。表 8.7 为单一事件回归结果，其中"预测缺口"对应公式（8.13）中的变量 $\pi_{i,t}^{e,12m}$，"中位数缺口"为变量 $\hat{\pi}_{median,t}^{e,12m}$，"面板标准差"为变量 $Std_t^{e,12m}$。

---

① 通过 Stata 软件的默认指令"xtivreg2"。这个指令运用了 Driscoll 和 Kraay（1998）的协方差矩阵估计。

第八章 巴西视角下的宏观审慎政策与货币政策的协同效应

表8.6 宏观审慎政策事件

事件号	事发日期	事件描述	作者对信贷的预期影响的解释	现在的名义政策利率周期	自从上一次政策方向的改变	之前的名义政策利率周期
1	2014/8/19—2014/8/22	减少长期零售贷款操作的风险加权因子（通告3714）	上升	稳定	4个月	上升
2	2014/7/24—2014/7/28	通过引入可选择的发放贷款，改变定期存款的准备金要求的服从条约增加一些组织，这些组织能够大致遵从活期存款的准备金需求并拥有与一些具体的发展项目有关的放贷（通告3712）	上升			
3	2014/6/23—2014/6/25	改变零售贷款的风险加权因子的计算方式（通告3711）推迟对农村信贷资金的严格强制分配的实施（通告4336）并且更灵活地运用强制的农村放贷的条件（通告4348）	上升	稳定	3个月	上升
4	2013/9/30—2013/10/2	增加房地产贷款可能被融资的最大值并且目降低利率。设定贷款与价值的比率上限（通告4271）	模糊	上升	5个月	稳定
5	2013/8/9—2013/8/13	设置与贷款率不成正比的农村信贷的风险加权因子（通告4259）改变对于小额放贷的强制活期存款的酬金发生的时间（通告4242）	上升	上升	4个月	稳定
6	2013/7/2—2013/7/4	加速使定期存款的准备金要求的酬金标准化的计划的速度（在之前的管制中，如果银行不买小金融机构的信用组合，那么公定期存款准备金就会减少）（通告3660）	减少	上升	3个月	稳定
7	2013/6/19—2013/6/21	改变部分强制的农村信贷资金的管控（通告4233，通告4234和通告4235）	中性	上升	2个月	稳定
8	2013/2/28—2013/3/4	实施巴塞尔协议Ⅲ	中性	稳定	4个月	减少

续表

事件号	事发日期	事件描述	作者对信贷的预期影响的解释	现在的名义政策利率周期	自从上一次政策方向的改变	之前的名义政策利率周期
9	2012/12/27—2013/1/2	通过引入可选的发放贷款的条件,改变活期存款的准备金要求的服从条约,大约会有150亿美元无的增加放贷(通告3622)	上升	稳定	2个月	减少
10	2012/9/14—2012/9/17	删除额外的定期存款的准备金需求比率(通告3609)	增加	减少	12个月	增加
11	2012/8/23—2012/8/27	改变农村贷款的资金分配需求,使放贷人有提供一个低贷率的动力(通告4127)增加银行发放长期银行票据的要求灵活度(通告3604)	增加	减少	11个月	增加
12	2012/6/28—2012/7/2	增加机构能够获得出口信贷村的数量增加对于农村信贷、活期存款的强制分配(通告4096)并减少活期存款的准备金需求(通告3603)	增加	减少	9个月	增加
13	2012/5/21—2012/5/23	增加一系列可被用作服从定期存款储备要求的信贷操作(通告3594)在官方认证的资产交换系统中,需要对房屋和交通工具贷款的抵押作登记	增加	减少	8个月	增加
14	2012/2/10—2012/2/14	增加可不完全遵循传统和额外的定期存款准备金需求,可以从另外机构购买信用组合的金融机构的数量增加一系列可以豁免准备金要求的机构(通告3576)	增加	减少	5个月	增加

第八章　巴西视角下的宏观审慎政策与货币政策的协同效应

我们发现宏观审慎政策公告在六个不同的场景对通胀预期和通胀目标之间的缺口有影响。事件1、4、5、9会使缺口增加。事件1不是特地为了增加信贷，而是为了放宽信贷约束。在事件4中，虽然可以用更优惠的利率融资使房地产的最大价值增加，并继而有助于扩大信贷，但贷款价值比上限的实施可能会对信贷产生相反的效果。无论如何，市场参与者都认为它具有通货膨胀倾向。事件9模拟银行遵守活期存款准备金要求后的信贷发放行为。通过事件8和事件12则发现宏观审慎政策公告有助于减少通胀预期和通胀目标之间的缺口。事件8顺应了巴塞尔协议Ⅲ的实施公告。事件12没有减少信贷的意图。因此，在估计中得到的负号和公告本身意图不一致。

我们对控制变量使用更小的滞后阶数进行估计，结果表明事件4、5、9中的影响仍保持显著，[①] 意味着这些事件对于稳定通胀预期有很重要的影响。

为检验货币政策周期是否和宏观审慎政策公告对通胀预期的影响有关，我们作了一个类似的回归。但区别在于我们把对信贷有扩张性影响的事件分成了两组，代替了原来用的独立事件：A组由紧缩性货币政策周期发生的事件组成，B组由扩张性货币政策周期发生的事件组成。其分类依据如下：如果在事件发生前政策利率上升，或者政策利率稳定，但之前的货币政策周期有利率上升的情况，那么货币政策倾向被认为是紧缩性的。如果事件发生前政策利率下降，或者当前是紧跟利率下降周期的利率稳定期，那么货币政策倾向被认为是扩张性的。因此，A组是由事件1、2、3、4、5组成，B组是由事件9、10、11、12、13、14组成。事件7未归纳在任何一组中，因市场预期其影响要么是中立的，要么是减少信贷的。它们在模型估计中被区别对待。

[①] 因为在估算里用的是非平衡面板，改变回归量的滞后阶数对于在估算中真实用到的观察数量有很重要的含义。

表 8.7　　　　　　　　　面板回归结果：单一事件

预测缺口	稳健系数	标准差	z	P > z	95%置信区间	预测缺口
预测缺口（−20）	0.657	0.012	53.90	0.000***	0.633	0.681
中位数缺口（−20）	0.109	0.082	1.32	0.187	−0.053	0.270
面板误差（−5）	0.458	0.247	1.86	0.064*	−0.026	0.942
ΔFX（−5）	0.496	0.214	2.31	0.021**	0.076	0.916
$\Delta \prod$（−5）	0.876	0.120	7.29	0.000***	0.640	1.112
$\Delta Embi$（−5）	0.109	0.129	0.85	0.398	−0.114	0.362
ΔR（−5）	0.577	0.453	1.27	0.203	−0.311	1.464
虚拟变量：货币政策委员会周	−0.004	0.018	−0.20	0.839	−0.038	0.031
虚拟变量：大于目标的中位数	0.250	0.081	3.10	0.002**	0.092	0.408
虚拟变量：事件 1	0.212	0.027	7.84	0.000***	0.159	0.265
虚拟变量：事件 2	−0.032	0.038	−0.86	0.392	−0.106	0.042
虚拟变量：事件 3	0.005	0.043	0.12	0.908	−0.078	0.088
虚拟变量：事件 4	0.177	0.068	2.60	0.009**	0.043	0.311
虚拟变量：事件 5	0.203	0.048	4.24	0.000***	0.109	0.298
虚拟变量：事件 6	−0.039	0.046	−0.85	0.395	−0.129	0.051
虚拟变量：事件 7	−0.040	0.047	−0.84	0.399	−0.133	0.053
虚拟变量：事件 8	−0.253	0.037	−6.77	0.000***	−0.326	−0.180
虚拟变量：事件 9	0.226	0.044	5.10	0.000***	0.139	0.313
虚拟变量：事件 10	−0.000	0.026	−0.01	0.994	−0.051	0.051
虚拟变量：事件 11	0.053	0.036	1.46	0.144	−0.018	0.123
虚拟变量：事件 12	−0.150	0.016	−9.14	0.000***	−0.182	−0.118
虚拟变量：事件 13	−0.033	0.033	−0.99	0.324	−0.098	0.032
虚拟变量：事件 14	0.025	0.040	0.61	0.544	−0.055	0.104

总体平方和（中心化） = 18 196.85

总体平方和（未中心化） = 18 196.85

残差平方和 = 5 006.06

观测数量 = 68 722

组的数量 = 138

$F(23, 1020) = 7659.44$

伴随概率$(P) > F = 0.0000$

R^2（中心化） = 0.725

R^2（未中心化） = 0.725

Root MSE（均方根误差） = 0.27

注：固定效应模型。模型具备异方差和时间聚类的统计稳健性，共同扰动的核稳健性（Driscoll 和 Kraay，1998）。核估计方法为 Bartlett 法；宽度为 242 天。SS 为稳定状态。

*$p < 0.05$；**$p < 0.01$；***$p < 0.001$。

第八章 巴西视角下的宏观审慎政策与货币政策的协同效应

表 8.8 为分组后回归结果。我们在 A 组事件中发现系数显著为正，但 B 组的系数并不显著。对该结果的严谨解释是：当货币政策紧缩时，发布被解读为信贷扩张的宏观审慎政策公告不利于稳定通胀预期。这必然对货币政策实施和中央银行对外沟通产生挑战。

表 8.8　　　　　　面板回归结果：事件分组

事件 A：当货币政策倾向是紧缩时，事件会增加信贷

事件 B：当货币政策倾向是扩张时，事件会增加信贷

预测缺口	稳健系数	标准差	z	$p > z$	95%置信区间	
预测缺口（-20）	0.657	0.012	53.140	0.000 ***	0.633	0.681
中位数缺口（-20）	0.105	0.081	1.30	0.192	-0.053	0.263
面板误差（-5）	0.433	0.243	1.78	0.074 *	-0.043	0.910
ΔFX（-5）	0.503	0.211	2.39	0.017 **	0.090	0.916
$\Delta \prod$（-5）	0.876	0.120	7.30	0.000 ***	0.641	1.112
$\Delta Embi$（-5）	0.097	0.129	0.76	0.450	-0.155	0.350
ΔR（-5）	0.656	0.437	1.50	0.134	-0.201	1.513
虚拟变量：COPOM 周	-0.003	0.018	-0.15	0.877	-0.037	0.032
虚拟变量：大于目标的中位数	0.252	0.080	3.17	0.002 ***	0.096	0.409
虚拟变量：事件 A 组	0.121	0.054	2.22	0.026 **	0.014	0.227
虚拟变量：事件 B 组	0.015	0.036	0.41	0.683	-0.055	0.084
虚拟变量：事件 7	-0.041	0.047	-0.87	0.382	-0.132	0.051
虚拟变量：事件 8	-0.251	0.038	-6.63	0.000 ***	-0.326	-0.177

总体平方和（中心化）= 18 196.85

总体平方和（未中心化）= 18 196.85

残差平方和 = 5 030.21

观测数量 = 68 722

组的数量 = 38

$F(13,1 018) = 1 748.76$

伴随概率$(P) > F = 0.0000$

R^2（中心化）= 0.72

R^2（未中心化）= 0.72

Root MSE（均方根误差）= 0.27

注：固定效应模型。模型具备异方差和时间聚类的统计稳健性，共同扰动的核稳健性（Driscoll 和 Kraay 1998）。核估计方法为 Bartlett 法；宽度为 242 天。SS 为稳定状态。

*$p < 0.05$；**$p < 0.01$；***$p < 0.001$。

结论

本章从规范和实证两个方面，讨论了巴西货币政策和宏观审慎政策互相影响的情况。从规范视角出发，我们基于巴西经济的特点建立 DSGE 模型，研究应对金融周期简单可行的宏观审慎政策和货币政策最优组合。我们发现如果用中央银行损失函数来衡量，由准备金要求、风险加权因子和货币政策组成的组合能够达到一个好的效果。该结果很类似于一个更加全面的宏观审慎政策的最优组合（包含逆周期资本缓冲和其他所有需被考虑到的宏观审慎政策工具）。这一章提出了一组最优政策规则子集在巴西更容易实施。事实上，特别是在金融危机之后，巴西已经在许多的场景使用准备金要求和风险加权因子来服务宏观审慎政策目标，并且在部分场景中属于逆周期调控。我们的结果证实了这些政策的导向有助于巴西防范化解金融风险。

从实证角度来看，我们分析了最近针对信贷变量的宏观审慎政策公告是否对巴西货币政策所追求的通胀目标有明显的溢出效应。为此，我们采用大量的私人通胀预测调查数据，这些调查数据是由巴西中央银行的投资者关系办公室收集而来。我们同时调查研究了宏观审慎政策的变化对通胀预测的影响。我们发现有些事件扩大了通胀预测和通胀目标的缺口。当我们以货币政策的性质（紧缩或扩张）把事件分成两组时，我们发现紧缩性货币政策的一组对通胀预期有正向和显著的影响，然而另一组没有显著的影响。该结论可解释当宏观审慎政策公告和货币政策不同步时，稳固通胀预期将受到挑战，同时也突出了中央银行在政策意图交流层面需要改进。

这一章最后概述了在全球金融危机后，巴西宏观审慎政策当前及未来面临的挑战。金融深化、外资流动以及财政政策对信贷周期的影响等因素，还需要未来作进一步的深入分析。金融深化来源于金融包容性，而金融包容性伴随金融系统的科技进步、收入分配政策、上市银行的信贷发放政策、长期的宏观经济稳定等因素而产生。尽管家庭负债大幅上升,信贷加速增长,但巴西除了保持严格监管和管理的立场之外,还采取了一些缓和风险的手段以增强金融系统的韧性。

然而,因为很大一部分金融深化过程的固有风险已经被国有银行承担了,且有些风险被转移到了国库,所以应持续监控和预测巴西财政政策立场对信贷周期的影响。

参考文献

[1] Afanasieff, T., F. Carvalho, E. Castro, R. Coelho, and J. Gregório. 2015. "Implementing Loanto – Value Ratios: The Case of Auto Loans in Brazil (2010 – 11)", Working Paper 380, Central Bank of Brazil, Brasilia.

[2] Agénor, P., and L. Silva. 2013. "Inflation Targeting and Financial Stability: A Perspective from the Developing World", Working Paper 324, Central Bank of Brazil, Brasilia.

[3] Angeloni, I., and E. Faia. 2013. "Capital Regulation and Monetary Policy with Fragile Banks", *Journal of Monetary Economics* 60 (3): 311 – 24.

[4] Benigno, G., H. Chen, C. Otrok, A. Rebucci, and E. Young. 2011. "Monetary and Macroprudential Policies: An Integrated Analysis", Paper Prepared for the IMF Twelfth Jacques Polak Annual Research Conference, Washington, DC, November 10 – 11.

[5] Bernanke, B., and M. Gertler. 2001. "Should Central Banks Respond to Movements in Asset Prices?", *American Economic Review* 91 (2): 253 – 57.

[6] Brzoza – Brzezina, M., and M. Kolasa. 2013. "Bayesian Evaluation of DSGE Models with Financial Frictions", *Journal of Money,*

Credit and Banking 45 (8): 1451 – 76.

[7] Carvalho, F., and C. Azevedo. 2008. "The Incidence of Reserve Requirements in Brazil: Do Bank Stockholders Share the Burden?", *Journal of Applied Economics* 11 (1): 61 – 90.

[8] Carvalho, F., and M. Castro. 2015. "Foreign Capital Flows, Credit Growth and Macroprudential Policy in a DSGE Model with Traditional and Matter – of – Fact Financial Frictions", Working Paper 387, Central Bank of Brazil, Brasilia.

[9] Carvalho, F., and A. Minella. 2012. "Survey Forecasts in Brazil: A Prismatic Assessment of Epidemiology, Performance, and Determinants", *Journal of International Money and Finance* 31 (6): 1371 – 91.

[10] Cesa – Bianchi, A., and A. Rebucci. 2015. "Does Easing Monetary Policy Increase Financial Instability?", IMF Working Paper 15/139, International Monetary Fund, Washington, DC.

[11] Cúrdia, V., and M. Woodford. 2010. "Credit Frictions and Optimal Monetary Policy", *Journal of Money, Credit and Banking* 42: 3 – 35.

[12] De Fiore, F., and O. Tristani. 2013. "Optimal Monetary Policy in a Model of the Credit Channel", *Economic Journal, Royal Economic Society* 123 (571): 906 – 31.

[13] Drehman, M., and K. Tsatsaronis. 2014. "The Credit – to – GDP Gap and Countercyclical Capital Buffers: Questions and Answers", *BIS Quarterly Review* (March).

[14] Driscoll, J., and A. C. Kraay. 1998. "Consistent Covariance Matrix Estimation with Spatially Dependent Data", *Review of Economics and Statistics* 80: 549 – 60.

[15] Faia, E., and T. Monacelli. 2007. "Optimal Interest Rate Rules, Asset Prices, and Credit Frictions", *Journal of Economic Dynam-

ics and Control 31（10）：3228 – 54.

[16] Fendoğlu, S. 2014. "Optimal Monetary Policy Rules, Financial Amplification, and Uncertain Business Cycles", *Journal of Economic Dynamics & Control* 46：271 – 305.

[17] Gertler, M., N. Kiyotaki, and A. Queralto. 2012. "Financial Crises, Bank Risk Exposure and Government Financial Policy", *Journal of Monetary Economics* 59：S17 – S34.

[18] Gilchrist, S., and J. Leahy. 2002. "Monetary Policy and Asset Prices", *Journal of Monetary Economics* 49：75 – 97.

[19] Iacoviello, M. 2005. "House Prices, Borrowing Constraints and Monetary Policy in the Business Cycle", *American Economic Review* 95（3）：739 – 64.

[20] ——, and S. Neri. 2010. "Housing Market Spillovers：Evidence from an Estimated DSGE Model", *American Economy Journal：Macroeconomics* 2（2）：126 – 64.

[21] International Monetary Fund (IMF). 2013. "The Interaction of Monetary and Macroprudential Policies." January 29. Policy Paper, Washington, DC. http：//www.imf.org/external/np/pp/eng/2013/012913.pdf.

[22] Jácome, L. I., E. Nier, and P. Imam. 2012. "Building Blocks for Effective Macroprudential Policies in Latin America：Institutional Considerations", IMF Working Paper 12/183, International Monetary Fund, Washington, DC.

[23] Kannan, P., P. Rabanal, and A. Scott. 2012. "Monetary and Macroprudential Policy Rules in a Model with House Price Booms", *B. E. Journal of Macroeconomics* 12（1）, Article 16.

[24] Lambertini, L., C. Mendicino, and M. Punzi. 2013. "Leaning against Boom – Bust Cycles in Credit and Housing Prices", *Journal of Economic Dynamics and Control* 37：1500 – 22.

[25] Martins, B., and R. Schechtman. 2013. "Loan Pricing Following a Macro Prudential Within – Sector Capital Measure", Working Paper 323, Central Bank of Brazil, Brasilia.

[26] Montes, G., and G. Peixoto. 2012. "Risk – Taking Channel, Bank Lending Channel and the 'Paradox of Credibility': Evidence for Brazil", Encontro Nacional de Economia – ANPEC.

[27] Ponticelli, J., and L. Alencar. 2013. "Celeridade do Sistema Judiciario e Créditos Bancários para as Industrias de Transformação", Working Paper 327, Central Bank of Brazil, Brasilia.

[28] Reinhart, C., and K. Rogoff. 2011. "From Financial Crash to Debt Crisis", *American Economic Review* 101: 1676 – 706.

[29] Sahay, R., M. Čihák, P. N'Diaye, A. Barajas, R. Bi, D. Ayala, Y. Gao, A. Kyobe, L. Nguyen, C. Saborowski, K. Svirydzenka, and S. Yousefi. 2015. "Rethinking Financial Deepening: Stability and Growth in Emerging Markets", IMF Staff Discussion Note 15/08, International Monetary Fund, Washington, DC.

[30] Schmitt – Grohé, S., and M. Uribe. 2007. "Optimal Simple and Implementable Monetary and Fiscal Rules", *Journal of Monetary Economics* 54: 1702 – 25.

[31] Silva, L., and R. Harris. 2012. "Sailing through the Global Financial Storm: Brazil's Recent Experience with Monetary and Macroprudential Policies to Lean against the Financial Cycle and Deal with Systemic Risks", Working Paper 290, Central Bank of Brazil, Brasilia.

[32] Silva, L., A. Sales, and W. Gaglianone. 2012. "Financial Stability in Brazil", Working Paper 289, Central Bank of Brazil, Brasilia.

[33] Tavares, D., G. Montes, and O. Guillén. 2013. "Transmissão da Política Monetária pelos Canais de Tomada de Risco e de Crédito: uma análise considerando os seguros contratados pelos bancos e o

spread de credito no Brasil", Working Paper 308, Central Bank of Brazil, Brasilia.

［34］Taylor, A. 2015. "Credit, Financial Stability, and the Macroeconomy", NBER Working Paper 21039, National Bureau of Economic Research, Cambridge, Massachusetts.

［35］Végh, C., and G. Vuletin. 2013. "The Road to Redemption: Policy Response to Crises in Latin America", Paper Prepared for the IMF 14th Jacques Polak Annual Research Conference, Washington, DC, November 7 – 8.

第九章 秘鲁的信贷去美元化实践：
条件化准备金的作用

秘鲁中央储备银行
保罗·卡斯蒂略 雨果·维加 恩里克·塞兰 卡洛斯·布尔加

本章对秘鲁运用条件化准备金降低信贷美元化的做法进行了述评，并采用 Pesaran 和 Smith（2012）提出的反事实检验方法进行了实证分析，结果表明秘鲁中央储备银行（BCRP）从 2010 年开始周期性运用的高准备金要求，以及自 2013 年起实施的去美元化计划，均对减少银行美元贷款有着统计意义上的显著影响。作为去美元化计划的一部分，补充工具注入了本币流动性，本章也论述了其对银行资产负债表的影响。

秘鲁是一个成功的市场驱动型去美元化案例，它同时反映出宏观经济的稳定和审慎政策的实施。自 2002 年采用通胀目标制以来，秘鲁的年均通胀率为 2.7%，核心通胀率达到 2.1%，是 2001—2015 年拉美国家的最低水平之一。在同一时期，贷款美元化从接近 80% 的水平稳步下降到低于 30% 的水平。

2011 年和 2012 年，随美联储量化宽松政策而来的低水平国际利率和本币升值，导致秘鲁美元信贷出现反弹性扩张，阻碍了信贷美元化下降进程。在此背景下，2013 年 BCRP 启动了一项更庞大的信贷去美元化计划，这项计划将一套或有准备金制度[①]和一套新型

[①] 作者感谢 Eugenio Cerutti、Luis Jácome、Yan Carrière‐Swallow，以及拉丁美洲及加勒比地区经济协会第 20 届年会（玻利维亚圣克鲁斯）参会代表给予的有益评论和建议。在去美元化计划中，当银行美元贷款超过 BCRP 设定的某些水平时，额外准备金约束便被激活。BCRP 对两类银行美元信贷分别设置了约束水平。2013 年 2 月，BCRP 对房屋按揭及车辆信贷设置了高限，2013 年 9 月，对美元总信贷（除贸易贷款外）设定了高限。在计划实施之初，这些限制参照存量美元贷款的比例设置，且视银行执行信贷美元化下降（要求）的情况而调整。

第九章　秘鲁的信贷去美元化实践：条件化准备金的作用

政策工具结合起来，其中新型政策工具旨在提供本币流动性，支持美元贷款转化为索尔贷款所需要的货币对冲。

随着这些措施的实施，2015年信贷美元化率从38%降至28%，银行系统的存量美元贷款平均下降了15%。然而，在对去美元化计划的影响进行恰当的实证评估时，需要区分信贷美元化决定因素（如汇率风险）的改变所造成的影响。为了完成这一任务，我们利用了Pesaran和Smith（2012）提出的反事实检验方法，这种方法能使我们对政策变化的影响形成无偏估计，还可以对自2010年以来去美元化计划对信贷美元化的影响以及运用逆周期准备金情况进行统计意义上的评估。作为去美元化计划的一部分，补充工具注入了本币流动性，我们也讨论了其对银行资产负债表的影响。

实证结果表明，去美元化计划对2015年银行信贷美元化程度具有统计上的显著影响。特别是，2015年信贷美元化三分之二的下降幅度可被去美元化计划解释，三分之一由汇率波动等其他因素造成。而且，自2010年起，逆周期性运用准备金对美元贷款增长率有显著影响，但对去美元化的影响在统计上并不显著。随着2010年以来本外币存款准备金率的先后提高，本外币信贷增长同时放缓，导致准备金政策对去美元化的影响并不清晰。同样地，提高美元贷款资本金要求对房屋按揭贷款和车辆贷款产生了负面影响，尽管按照Pesaran和Smith（2012）的方法检验，其影响程度在统计上也并不显著。

研究关于监管工具对信贷状况和系统性风险的影响的文献日益增长，本章与这些文献有关。Garcia–Escribano（2010）使用向量自回归模型，就选定的一组拉美国家，评估了审慎工具（如准备金和提高资本金要求）对信贷去美元化的影响。Armas、Castillo和Vega（2014）运用Pesaran和Smith（2012）的方法，检验了秘鲁的准备金政策对信贷状况的影响。Vargas和Cardozo（2012）对哥伦比亚进行了类似的评估。

与本章相关的另一部分文献将货币政策与系统性风险联系在一

起。关于发达经济体，Borio 和 Zhu（2008）强调了风险承担渠道与货币政策的相关性。抵押价值上升带来了违约风险下降，作为回应，监管标准反而提高了风险加权资本要求，这进一步强化了货币政策传导的风险承担渠道[①]。此外，通过改变收入流和贷款偿还能力，货币政策影响了借款人的资产负债表。因此，政策利率的提高可能会导致高杠杆和低收入流，从而加剧借款人的违约风险。利率上升带来的资产价格下降进一步强化了货币政策对违约风险的影响[②]。

本章第一节解释了 BCRP 的准备金政策，以及银行、保险公司、养老金的监管部门（SBS）的资本金要求在降低秘鲁信贷美元化中的运用。接下来讨论了去美元化计划的原理和主要特征，并沿用 Pesaran 和 Smith（2012）的反事实检验方法，就外币准备金政策在降低金融美元化中的效果进行了定量分析。

去美元化与审慎政策

去美元化是审慎政策的基本策略，旨在维护秘鲁金融稳定。由于维护金融稳定并非某一特定机构的专职，每个监管主体都使用自己的政策工具来实现这一目标。SBS 负责监督管理金融机构，以保证单个机构的偿付能力，其工具箱包括资本金要求、拨备以及对银行业务操作的限制。BCRP 尽管身负管理信贷和支付系统的职责，但就其本身而言，主要职能仍是维护价格稳定。BCRP 也是最后贷款人，这使得金融稳定成为货币政策设计中一个不可分割的部分。

[①] Ioannidou、Ongena 和 Peydro（2009），Jimenez 和其他研究者（2009），以及 Maddaloni 和 Peydro（2011）利用贷款水平数据发现了支持该渠道的实证证据。然而，利用更多的集合数据，Merrouche 和 Nier（2010）、Dell'Ariccia 和其他研究者（2012）发现几乎没有决定性的实证证据支持该渠道。

[②] 与该渠道一致，Allen 和 Gale（2000），Goodhart、Tsomocos 和 Vardoulakis（2009），以及 Illing（2007）发现货币政策从紧后金融危机的发生概率会增加。另外，Sengupta（2010）指出，2004 年后美国利率上升，增加了浮动利率房屋按揭贷款的偿还负担，这在 2006 年提高了 Alt-A（介于优质抵押贷款和次级抵押贷款二者之间的贷款）按揭贷款的违约率。

第九章 秘鲁的信贷去美元化实践：条件化准备金的作用

与其他国家的通胀目标制不同，秘鲁的通胀目标制考虑了金融美元化对货币政策传导机制和金融稳定的影响。采用2%的总体通胀水平目标以及1%~3%的容差范围，旨在强力刺激境内市场主体对其资产和负债去美元化，这与积极利用附加货币工具一起，成为BCRP限制金融美元化风险的手段①。BCRP采用准备金工具和国际储备预防性积累，以限制与汇率大幅波动相关的流动性和偿付能力风险，并进行外汇市场干预来限制汇率波动幅度。

除了实现低水平且稳定的通胀，目前的货币政策框架还限制了全球金融危机对秘鲁国内金融体系的溢出效应，有利于有效应对危机。亚洲和俄罗斯的金融危机曾对秘鲁银行体系产生过严重影响，在1999年和2000年，秘鲁的银行信贷崩溃，数家银行陷入破产。相比之下，在全球金融危机期间，国内银行持续向私人部门提供信贷，其节奏甚至比2008年更快，但也没有银行破产。

汇率波动诱发的流动性和信贷风险，是秘鲁经济最受关注的风险之一。流动性风险与中央银行无力印制美元有关，这大大制约了中央银行作为最后贷款人的能力。信贷风险与货币错配的存在有关，货币错配增加了以美元计价借款的市场主体的违约概率。这些主体的现金流并没有随美元价值而增加②。这两种金融脆弱性的额外风险源有一个共同特征，即负外部性，因此政策干预是合理的。它们还会引发潜在的非线性动态，对金融稳定造成不良后果，这证明采取预防性政策措施是合理的。

境内主体的资产负债表上货币错配的存在使金融体系产生了外部性，这是因为境内主体不能适当吸收外币诱发的风险，或是因为境内主体发生了道德风险行为。即使是那些以外币定价的非贸易性公司也没有意识到货币错配性质的真实存在。换句话说，对经济的

---

① 尽管秘鲁自1997年就实现了通胀率降至5%以下的目标，但高于50%的美元化率一直持续到2010年。参见Winkelried 和 Castillo（2010）以及 Rappoport（2009）对美元化持续情况的解释说明。

② 译者：由于美元贬值，美元现金流净现值是下降的。

负面冲击使实际汇率下降，美元现金流净现值的减少增加了非贸易性公司的实际债务。

BCRP 使用补充工具作为激励措施来降低信贷美元化，从而减少了银行资产对由货币错配带来的信贷风险的影响，也降低了美元化对金融稳定产生的外部性和溢出效应。这些工具旨在：(1) 帮助银行吸收美元化风险；(2) 防止冲击产生的影响向整个经济领域蔓延；(3) 提升金融体系吸收冲击的能力。

这些目标通过以下手段实现：(1) 提高金融体系的国际流动性水平；(2) 提高美元业务的中介成本以抑制过度信贷增长；(3) 减少汇率波动以防范资产负债表负效应。[①] 表 9.1 概述了主要的金融风险、BCRP 定制的缓解风险的审慎工具以及 SBS 使用的工具（如资本金要求和提高拨备），这些工具被设计用于降低信贷风险和限制货币错配。

虽然秘鲁没有正式的宏观审慎委员会，但 SBS、BCRP 和财政部（MEF）自 2008 年起定期召开会议，分析系统性风险的潜在风险源，并协调政策以缓解风险。自 2008 年以来，各个主体实施的宏观审慎政策在该会议机制内得到充分协调。[②] 然而，SBS 与 BCRP 运用的工具存在差异，关键区别在于它们旨在缓解的系统性风险范围不同。BCRP 的工具主要以流动性风险为目标，兼顾本外币以及过度信贷增长，而 SBS 的工具主要专注于增强金融体系吸收潜在损失的能力。

表 9.1 宏观审慎政策工具的运用

工具/目标	流动性风险	过度信贷增长	货币错配
外币存款准备金	基于中央银行无法履行最后贷款人职责，准备金率高于本币。	在资本流入时期提高外币存款准备金率。	根据外币信贷变化运用额外准备金约束手段，抑制私人主体资产负债表错配。

---

① 参见 Rossini、Quispe 和 Rodriguez (2011) 关于 BCRP 外汇市场干预策略的详细论述。
② 参见 Choy 和 Chang (2014) 关于秘鲁实施宏观审慎政策的详细描述和分析。

第九章 秘鲁的信贷去美元化实践：条件化准备金的作用

续表

工具/目标	流动性风险	过度信贷增长	货币错配
本币存款准备金		在资本流入时期提高本币存款准备金率。	
短期负债准备金	银行过度依赖短期负债会产生流动性风险。		对短期负债实施准备金约束，激励银行依靠更稳定的资金来源（久期匹配）。
资本金要求		周期性运用资本金要求。	对外币贷款实施高资本金要求。
拨备要求		周期性拨备。	

此外，准备金工具被用于限制资本流动对国内货币环境的溢出效应，尤其是在美联储实施量化宽松政策后。BCRP对上述货币政策工具的运用将在下文论及。

准备金

BCRP动态调整美元准备金政策，提高美元借贷成本并控制信贷增长，或增加银行利用短期外部资金扩大国内信贷的成本。此外，自2008年以来，BCRP以更具周期性的方式运用准备金工具，在资本流入激增时期提升美元平均和边际存款准备金率，在流出时期则降低这些比率。① BCRP通过在资本高流入期间提高外币准备金水平，降低了银行贷出美元的冲动，同时也创造了外币缓冲，降低了银行在资本逆流下的脆弱性。

在2007—2009年的全球金融危机中，通胀目标制和控制金融风险共同接受了考验。2008年上半年秘鲁的通胀率高于目标，高通胀带来了国内政策利率的提高，扩大了与国外的利差。接着，在危机爆发前，对美国联邦基金利率的高利差引发了更多的套利交易和短期资本流入。资本流入提高了银行流动性水平，阻碍了货币政策实

---

① 参见 Perez–Forero 和 Vega（2014）关于秘鲁准备金政策效应的定量评估。

施,强化了本币升值压力。在此背景下,BCRP 除提高参考利率(从 2007 年 7 月的 4.5% 提升到 2008 年 8 月的 6.5%)以应对通胀压力外,还提高了本外币存款准备金要求以确保流动性和信贷的有序扩张。BCRP 还通过配合财政存款实施了外汇市场冲销干预,从而积累了大量的国际储备。①

2008 年 9 月,BCRP 迅速对雷曼兄弟破产引起的动荡作出了反应,通过多种工具注入了高达 GDP 的 9.3% 的流动性。其中包括将准备金率下调至 2007 年底的水平,2008 年 9 月至 2009 年 2 月出售 68 亿美元的外汇,以及通过回购操作和货币互换提高流动性。

这些措施为其国内金融体系应对全球金融危机提供了缓冲,促使信贷得到快速持续恢复并从 2009 年下半年开始增长。即使在危机最严重的时期(2008 年 10 月至 2009 年 3 月),获贷渠道仍能维持,银行不良贷款也保持在低水平。

全球金融危机给了世界各地的决策者一条重要教训:货币政策能够且必须在更大程度上考虑金融稳定问题。危机中,发达经济体的中央银行创新了政策举措,包括明确指引以引导未来利率预期以及量化宽松。这些政策对新兴市场经济体形成了溢出效应,这些经济体不得不面对空前的资本流入。在这种情形下,秘鲁的货币政策必须调整,采用逆周期货币政策实行某种量化紧缩策略(Armas、Castillo 和 Vega,2014)。这意味着要提高准备金,如图 9.1 所示。

随着美联储实施量化宽松政策,资本流动激增对秘鲁货币信贷状况产生了重大影响。这需要更积极地使用诸如准备金等补充政策工具。如图 9.1 所示,BCRP 不仅数次提高边际准备金率,还提高了平均准备金率,这对银行外币业务的中间成本产生了更强的影响,因而限制了外币信贷扩张并有助于降低信贷美元化。

---

① 参见 Rossini、Quispe 和 Rodriguez(2012)关于秘鲁货币政策和财政政策之间相互作用的详细论述。

第九章　秘鲁的信贷去美元化实践：条件化准备金的作用

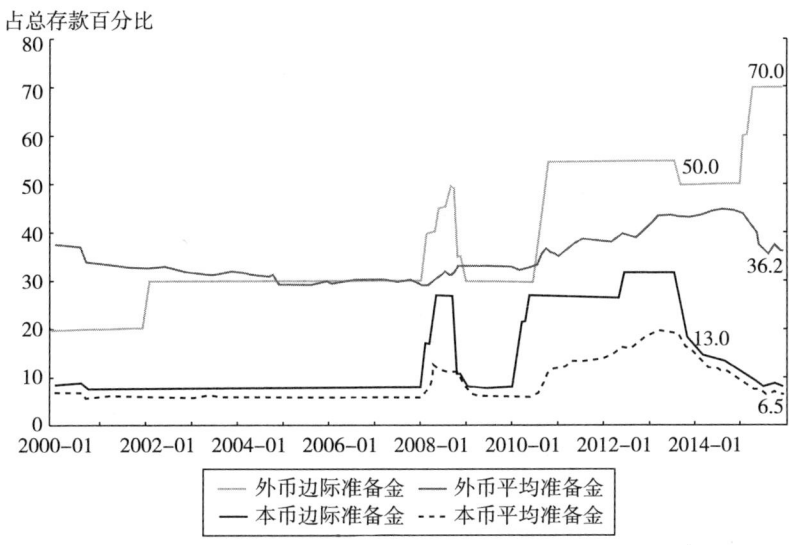

数据来源：秘鲁中央储备银行。

图 9.1　秘鲁：本外币准备金

SBS 采取的措施

SBS 也运用其政策工具引导银行吸收内化与金融美元化相关的风险。2012 年 11 月，SBS 提高了美元借贷的资本金要求，将美元信贷风险权重从 102.5% 提升至 108%。此外，自 2013 年开始，当贷款价值比率（LTV）超过 80% 时，SBS 已经为美元房屋按揭贷款设定了更高的资本金要求。

针对汇率波动下风险更高的贷款，SBS 提高了资本金要求，引导银行提高这类贷款的利率，从而降低了此类贷款的需求。图 9.2 说明了秘鲁信贷美元化的演变，突出了三项最重要的促进信贷去美元化的审慎政策。这些政策是 BCRP 对美元准备金的周期性调整、SBS 提高资本金要求以及 BCRP 的去美元计划。

如图 9.2 所示，自 2002 年实施通胀目标制后，信贷美元化开始持续下降。2010—2012 年，去美元化的下降趋势有所减缓，这与较低的国际利率水平和本币升值预期带来的美元贷款需求增加有关。

在此期间，BCRP数次提高平均和边际准备金率，以扭转外部金融环境对信贷美元化的影响。2015年，在BCRP调整了去美元化计划后，去美元化趋势出现了最显著的变化。如图9.2所示，2013年信贷美元化开始加速下降，2015年下降速度更快。也正是在这一时期，BCRP实施了去美元化计划，汇率贬值预期提升，这提高了借入美元的预期成本。

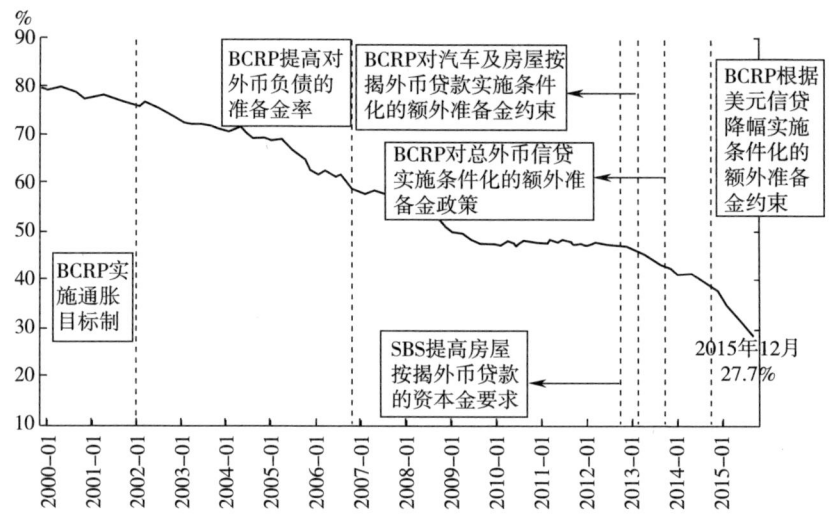

注：BCRP为秘鲁中央储备银行，SBS为银行、保险公司和养老金的监管部门。
资料来源：秘鲁中央储备银行。

图9.2 信贷美元化的演变

对于以美元计价的房屋按揭贷款和车辆贷款而言（见图9.3），在SBS提高美元贷款资本金要求前后，去美元化趋势出现了最明显的变化。在BCRP实施去美元化计划的2013年，这一趋势得到进一步加强。

之后，我们将采用Pesaran和Smith（2012）反事实检验方法来检验这三种审慎政策的影响。

第九章 秘鲁的信贷去美元化实践：条件化准备金的作用

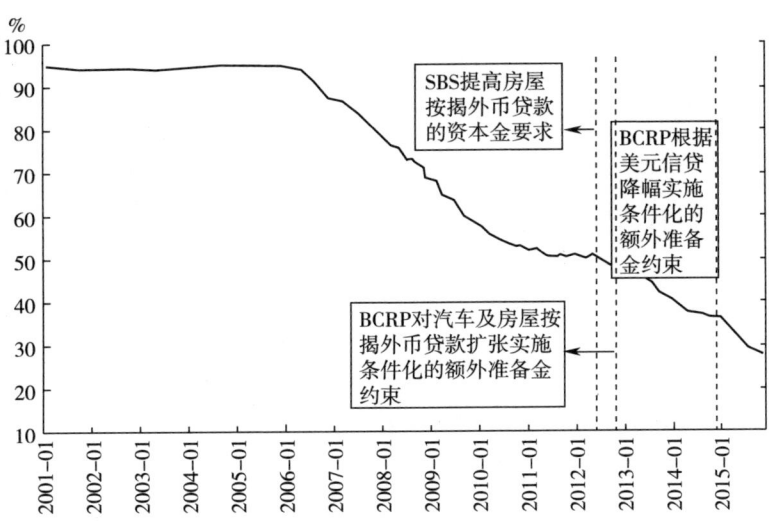

注：BCRP 为秘鲁中央储备银行，SBS 为银行、保险公司和养老金的监管部门。
资料来源：秘鲁中央储备银行。

图 9.3 房屋按揭贷款及车辆贷款的美元化率

去美元化计划（2013—2016 年）

2013 年，BCRP 实施了额外准备金政策，以引导信贷美元化快速下降。美元计价贷款的增长率高于 BCRP 设定的某些阈值的金融机构，必须受到额外准备金约束。及时减少金融系统脆弱性对维护金融稳定和有效实施货币政策至关重要，尤其是在当前金融市场剧烈波动的外部条件下。在美元化经济体中，外币流动性冲击和非预期的汇率大幅波动对流动性状况和信用利差会造成巨大的影响，而限制这些影响所带来的风险对于金融体系的稳定至关重要。

本节讨论了这些措施的合理性以及实施细节，并展示了若干证据，证明去美元化计划已有效地实现了其主要目标之一，即减少与金融美元化相关联的货币错配。

去美元化计划的主要特征

BCRP 对外币存款设置了比本币存款更高的准备金要求,这是去美元化计划的持久特征。这种差异增加了金融中介外币业务成本,从而削弱了金融美元化的动机。

2013 年 3 月,去美元化计划始于确立外币负债额外准备金制度,这些外币负债与以外币计价的房屋按揭贷款和车辆贷款的演变相关联。这些贷款截至 2013 年 2 月的存量被设置为参考点,增长率高出 10% 和 20% 的金融机构即为违规,并且将会受到额外准备金率约束。超过第一阈值(10%)银行的额外准备金率会增加 0.75 个百分点,超过第二阈值(20%)的额外准备金率增加 1.5 个百分点。

2013 年 10 月,类似的额外准备金制度被制定,与更广泛的信贷相关联,这类信贷包括所有私人部门的外币计价贷款(用于国际贸易的贷款除外)。在这种情况下,以 2013 年 9 月外币总贷款(不包括外贸业务贷款)余额为参考,当超过参考余额 5% 时,额外准备金率增加 1.5 个百分点;超过参考余额 10% 时,额外准备金率增加 3 个百分点;超过参考余额 15% 时,额外准备金率增加 5 个百分点。

2014 年 12 月,BCRP 修改了之前的额外准备金制度框架(该框架根据美元计价贷款扩张的阈值水平来明确额外准备金率),新的规定要求减少美元计价贷款。根据外币额外准备金管理的新规定,在 2015 年 6 月之前,银行要将其外币信贷存量总额(不包括外贸业务以及期限超过 4 年、金额超过 1 000 万美元的业务)至少降低到 2013 年 9 月余额的 95%。否则,银行外币总负债面临的额外准备金约束,将与外币信贷存量与期望余额之间的差距成正比。这一措施在 2015 年 12 月变得更加严格,银行必须将美元计价贷款余额至少降至 2013 年 9 月余额的 90%。

类似的系列规定也应用于以外币计价的汽车和房屋按揭贷款。

在这些规定下,银行必须于2015年6月之前,将这类贷款的存量至少减至2013年2月余额的90%。BCRP旨在通过鼓励银行减少外币信贷余额来降低金融体系的潜在风险,在不阻碍外贸业务的同时,将焦点放在因美元化程度更高而更脆弱的信贷部门。①

到2015年7月,外币贷款总额(不包括贸易业务信贷)下降明显,低于BCRP 2015年12月确定的阈值。到2015年12月,外币贷款总额降幅甚至超出了计划目标。在单个银行层面,都实现了BCRP制定的外币信贷总额的下降目标(见图9.4)。

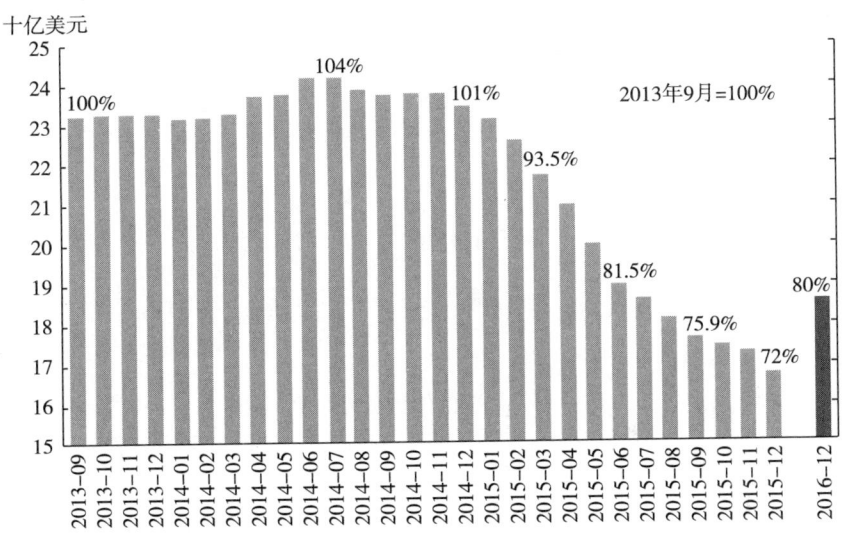

资料来源:秘鲁中央储备银行。

图9.4 剔除贸易贷款的银行外币信贷

房屋按揭和汽车外币贷款美元化程度的降幅甚至更大(见图9.5)。到2015年7月,房屋按揭和汽车外币信贷总额相当于2013年2月的76.4%——低于BCRP 2015年12月要求的水平。到2015年12月,这一数值进一步下降到68.1%。

结果,银行贷款的总体美元化水平从2014年12月的44%下降

---

① 2013年2月,房屋按揭贷款和汽车贷款的美元化率分别为47.7%和79.6%。

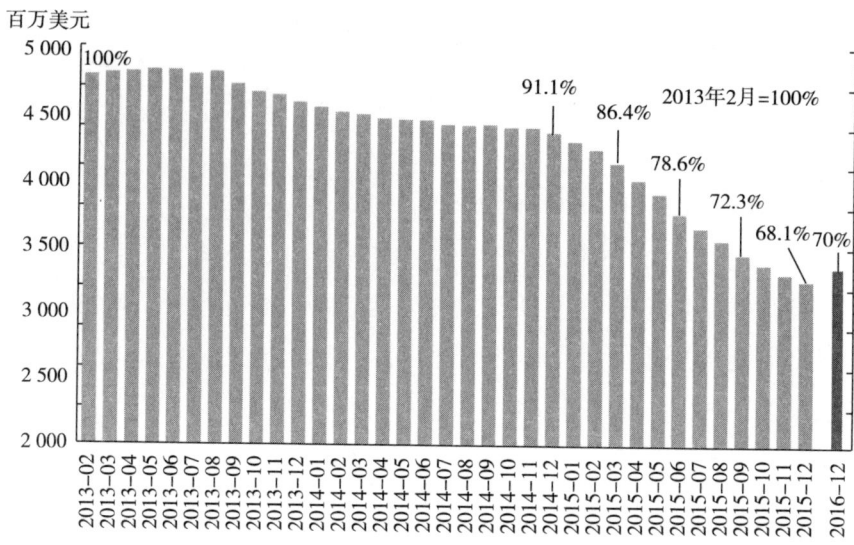

资料来源：秘鲁中央储备银行。

图9.5　银行的房屋按揭和汽车外币贷款

至 2015 年 12 月的 32%（见表 9.2）。不同信贷市场的美元化程度普遍降低。

表9.2　　　　　　　　　　私人部门的信贷美元化率　　　　　　　　　单位:%

	2010 年 12 月	2014 年 12 月	2015 年 12 月
公司信贷	55.9	48.5	38.7
集团和大型公司	69.4	59.9	46.4
中型公司	67.4	59.3	47.5
小型公司	19.3	11.5	8.5
家庭信贷	26.5	20.0	15.9
消费贷款	10.8	9.5	7.8
汽车贷款	64.0	68.9	44.9
信用卡	7.2	6.6	6.4
其他	8.4	5.9	5.8
房屋按揭贷款	52.2	33.9	26.8
合计	46.1	38.3	30.5
固定汇率下的美元化率	47.6	38.3	27.7
私人银行的信贷美元化率	50.4	43.7	32.8

资料来源：秘鲁中央储备银行。

鉴于该计划的成功，并为了巩固成果，2015年12月，BCRP为2016年进一步制定了目标。外币贷款总额（不包括外贸贷款）应至少减至2013年9月的80%，而外币计价的房屋按揭和汽车贷款余额必须降至2013年2月的70%以下。

运用补充工具注入索尔流动性以支持信贷去美元化

回到银行的资产负债表，去美元化计划有两个重要的效应：

第一，在去美元化计划之前实现资产负债表货币匹配的银行，在将美元计价贷款转换为索尔计价贷款后，最终出现美元的短头寸。这意味着银行需要采取措施来恢复美元的中性头寸。

第二，对所有新增贷款以本币计价，激励银行寻求长期索尔资金来源，以规避资产负债表的货币错配。考虑到私人部门因强烈的索尔贬值预期而更倾向于以美元储蓄，这些长期索尔资金是非常稀缺的。

第一个效应意味着对美元工具的需求增加。银行将在现货或远期市场上买入美元补充头寸，对汇率形成压力。考虑到低汇率波动的审慎目标，去美元化计划需要BCRP提供一种对冲工具。

1. 信贷置换回购

信贷置换回购支持了外币贷款转化为本币贷款。在这项操作中，银行从BCRP购买美元，同时以这些美元为抵押进行货币回购，这些美元则构成了在BCRP的限制性存款。结果是，银行客户获得了索尔贷款，同时银行维持了相同数量的美元资产。信贷置换回购为银行提供了美元计价资产（作为回购抵押品的限制性美元存款）和索尔计价负债（回购本身）。这抵消了信贷置换（增加索尔资产，同时减少美元资产）对银行美元敞口的影响。

图9.6显示了信贷置换回购对BCRP和一家私人银行资产负债表的影响。步骤1和步骤2分别表示信贷置换发生之前和之后的情况。

此例中，我们假设置换发生在同一家银行：一名客户打电话给银行，要求将其美元计价贷款换成索尔计价贷款。从私人银行的角度来看，这是一个会计问题，其结果是在未发生资金交换的情形下

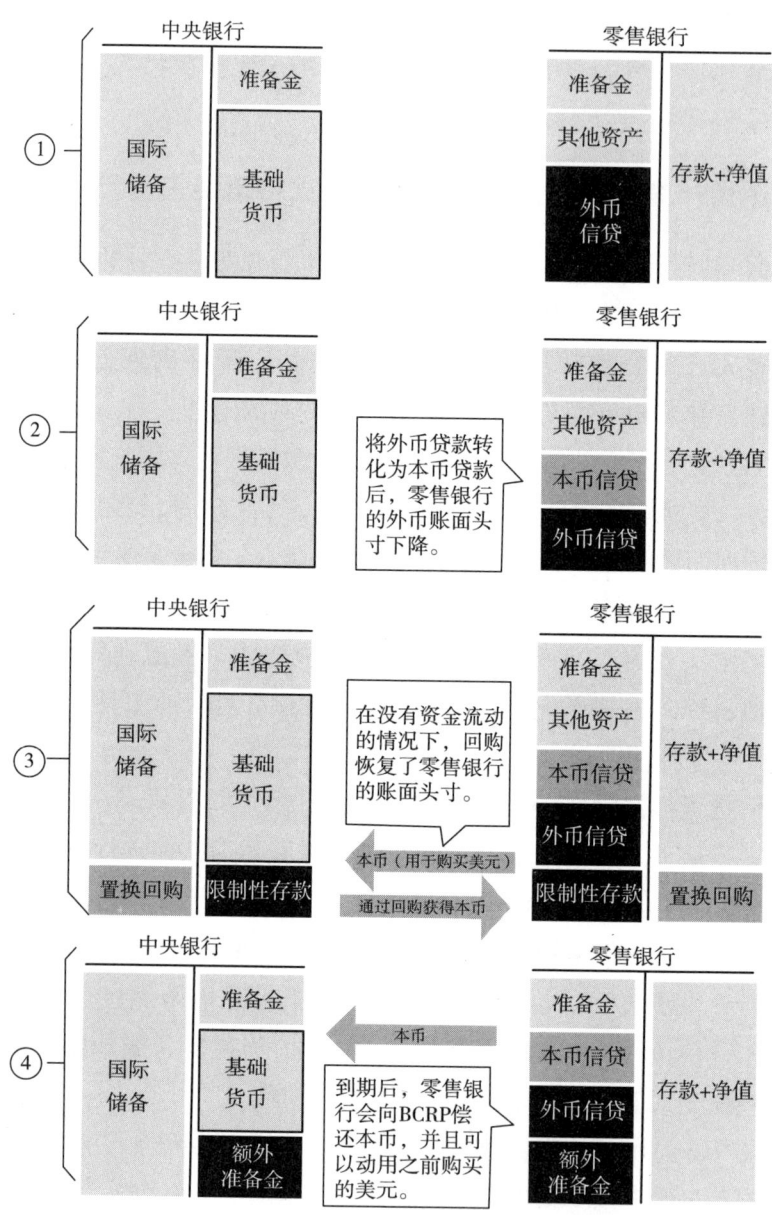

图9.6 信贷置换回购

第九章 秘鲁的信贷去美元化实践：条件化准备金的作用

美元账面头寸下降。

然而，我们能够考虑到这样的可能性：客户在 A 银行取得索尔贷款，然后使用资金在 B 银行偿还其以美元计价的贷款。在这种情况下，两家银行的账面头寸似乎都没有变化：A 银行为客户提供索尔并获得了以索尔计价的资产，B 银行虽然损失了以美元计价的资产但收到了美元。实际上并非如此，因为客户必须从其他银行（可能是 A、B 或第三方）购买向 B 银行进行支付的美元。出售美元兑换索尔的银行已经损失了美元账面头寸。

因此，失去账面头寸的银行需要恢复头寸。在图 9.6 的第 3 步中，银行从 BCRP 购买美元，并将其作为抵押品从中央银行借出索尔。银行购买的美元成为存在 BCRP 的限制性存款。这样，零售银行恢复了原有外汇头寸，但 BCRP 的外汇头寸下降。然而，BCRP 的国际储备不会受到影响。

值得注意的是，与 BCRP 外汇头寸下降形成对比的，是外币贷款余额较少的银行客户外汇头寸增加。因此，该业务允许私营部门以 BCRP 的头寸为代价来保护自身免受贬值损失。

当置换回购到期时，零售银行必须偿还 BCRP 索尔（图 9.6 中的第 4 步）。这使得基础货币收缩，并使零售银行可动用之前购买的美元。在图 9.6 中，这些美元在 BCRP 显示为"额外准备金"，但零售银行可以选择取款。

在以美元强势为特征的外部环境下，本币存款的增长减缓，从而增加了银行对本币长期流动性可选择来源的需求。在此背景下，BCRP 实施了一项新的便利工具以注入索尔流动性。这项工具降低了银行需要存在 BCRP 的外币准备金，以便将释放的资金用作抵押品。

2. 信贷扩张回购

信贷扩张回购被设计用于支持本币信贷的增长。通过这项工具，银行可以使用部分外币准备金（最多为受到这类准备金约束的总负债的 10%，2015 年 12 月扩展至 20%）与 BCRP 进行货币回购，以获得长期的本币资金。

图9.7显示了信贷扩张回购背后的运作。以金融机构为例，其使用一小部分以美元计价的准备金以获得信贷扩张回购（图9.7的步骤2）。当从中央银行获得回购协议时，私人银行的外币准备金减少，释放出的美元构成在BCRP的限制性存款，并作为回购的抵押品。作为交换，银行会收到等额的本币，这形成了中央银行基础货币的扩张。银行则利用该笔资金扩大本币信贷。注意，私人银行的外汇头寸没有变化，中央银行的国际储备和外汇头寸也不受影响。

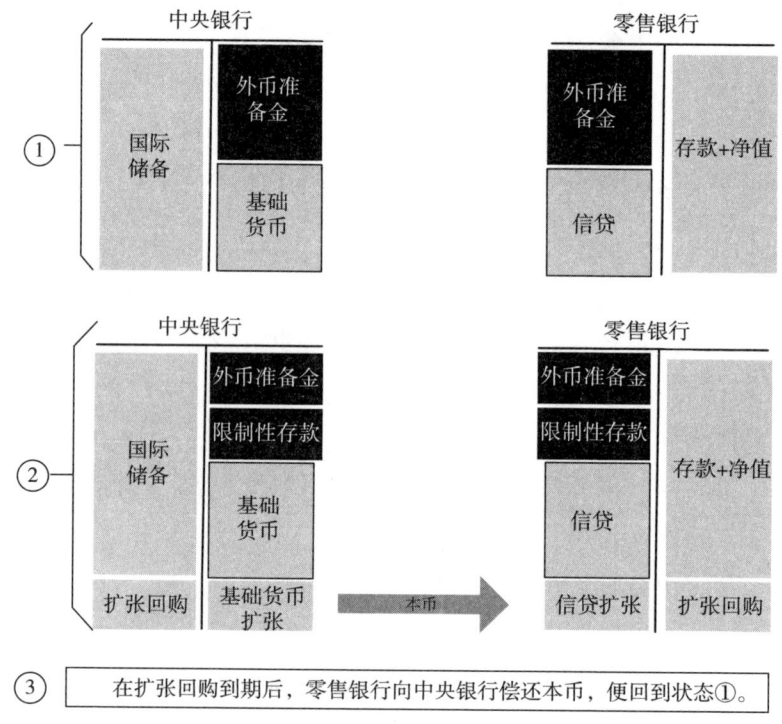

资料来源：秘鲁中央储备银行。

图9.7 信贷扩张回购

这些新型的回购操作有助于促进信贷美元化平稳降低，特别是在2015年，由于存款人以美元储蓄的偏好提升，银行面临着本币资金短缺。此外，由于美元计价贷款置换为索尔计价贷款以及美元存款的增加，银行也面临着外币流动性过剩。信贷置换回购和信贷扩张回购有助于将过剩的银行外币资金转换为本币资金,在迅速扩大本币信贷的同时,不会对国内利率造成压力。图 9.8 说明了这些工具的成效。2015 年银行的信贷扩张主要由 BCRP 的回购操作提供资金支持。

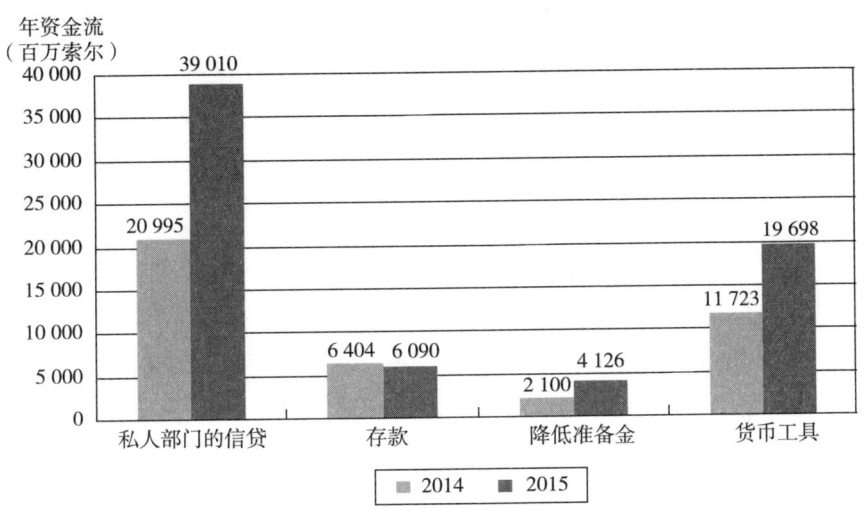

资料来源:秘鲁中央储备银行。

图 9.8　银行本币信贷扩张的资金来源

展望未来,若要放松 BCRP 在 2015 年部署的政策工具,需要存款美元化与信贷美元化的一致下降。只有当贬值预期停止时,这种情况才可能发生。如果 BCRP 在过去三年中实施的措施逐渐被淘汰,考虑到适当的条件(如索尔升值),信贷美元化的再度上升似乎是合理的。存款美元化也会发生类似的情况:当条件都满足时,它会下降,但要保持在低水平,这可能需要中央银行提供与本文所述相同的方法作为支持。低通胀会刺激私人部门降低美元储蓄,但当风向再次变化(尤其是汇率变化)时,政策必须到位,以确保(存款)美元化不会再次抬头。

准备金政策对信贷增长率和金融美元化的影响

本节按照 Pesaran 和 Smith(2012)的方法进行反事实推演,实证评估了准备金政策在降低金融美元化方面的效果。我们检验了周期性使用边际和平均外币准备金，以及始于 2014 年 12 月的去美元化计划，对于抑制美元计价贷款增长和降低美元化率的相关性。

我们进行反事实政策推演的关键性假设是，政策工具变化不是结构变化的结果，而应归因于工具运用特定目的的变化。按照 Pasaran 和 Smith（2012）的方法，反事实值可以作为条件化预测得到，该预测由一个假设政策没有实施的简化方程式（静态版本）生成

$$y_t = \pi_1 x_t + \pi'_2 w_t + v_{y,t} \tag{9.1}$$

在式（9.1）中，y_t 是目标变量或结果变量，其受政策变量 x_t 和一个或多个控制变量 z_t 的影响。这种方法也允许我们考虑一组变量 w_t，其影响着 y_t 或 z_t，但不受 x_t 和 z_t 变化的影响。对小规模开放经济体（如秘鲁）而言，w_t 包括大宗商品价格和美国利率，以及其他变量。

在这些假设下，由于观测值和反事实模拟值不同，政策工具的影响会存在差异，这种差异被定义为反事实路径 y_t。让我们为政策工具及其反事实值定义一组预期值，如

$$\psi^1_{t+H} = \psi_{t+H}(x^1) = \{x^1_{T+1}, x^1_{T+2}, \cdots, x^1_{T+H}\}$$
$$\psi^0_{t+H} = \psi_{t+H}(x^0) = \{x^0_{T+1}, x^0_{T+2}, \cdots, x^0_{T+H}\}$$

然而，为估计模型的结构参数，方程（9.1）中给出的政策简化形式明显有误。Pasaran 和 Smith（2012）的方法表明，假设政策简化形式 (π_1, π'_2) 中的参数 w_t 以及误差项 $v_{y,t}$ 对于政策干预是不变量，则政策效果可以一致估计如下

$$d_{T+h} = \pi_1(x^1_{T+h} - x^0_{T+h}) \tag{9.2}$$

很明显，这一结果不需要结构参数的不变性，而只需要政策简化形式的参数不受政策干预影响即可。在我们的政策评估中，我们将银行信贷美元化和美元计价信贷年增长率作为结果变量，将平均和边际准备金率均作为政策变量。为了测量去美元化计划的效果，我们使用了一个虚拟变量，其从 2015 年 1 月到 12 月取值为 1，其余时段为 0。让我们回忆一下，在去美元化计划下，银行被给予 6 个月的时间来削减至少 5% 的美元计价贷款。否则，从 2015 年 6 月开

始，银行将面临额外的准备金约束，约束力度与美元计价贷款余额和 BCRP 要求水平之间的差距相称。

对政策工具来说，控制变量具有时变性，因此我们使用外部变量来作为模型的控制变量，如贸易条件、联邦基金利率、10 年期美国国债收益率、美国失业率，以及主要区域合作伙伴的一篮子汇率指数。关于美元化率，我们对美元化率的变化和水平均进行回归。对于美元化率水平的回归，我们使用完全修正的普通最小二乘法估计来解释残余相关对关键政策变量 t 统计的影响。对于一阶差分回归的情形，我们还增加了内生变量的滞后项，以得到表现良好的残差。

我们研究了去美元化计划对总信贷（不包括外贸信贷）美元化、房屋按揭贷款以及车辆贷款美元化的影响，这两类贷款正是去美化计划瞄准的目标。

回归中包含了一个额外的虚拟变量，该变量解释了 SBS 自 2012 年 11 月起提高银行外汇敞口资本金要求的效果。表 9.3 显示了这些简化形式回归的结果，采用了 2004 年 1 月至 2015 年 12 月的月度信息。

对平均准备金政策影响的估计量和对捕捉去美元化计划效果的虚拟变量的估计量，均有一个预期的负号，且对美元贷款增长呈统计显著性。至于美元化率，去美元化计划对该指标具有负显著效应。平均准备金率也对总体信贷美元化的变动具有负效应，但对房屋按揭和车辆贷款以及存款美元化的变动却并非如此。SBS 提高资本金要求对房屋按揭和车辆贷款的变化及水平均具有负的显著效应，但对信贷美元化总体水平或存款美元化没有影响。

对美元化水平进行回归分析得出了一个有趣的结果，即时间趋势变量具有负的显著效应，这与通胀目标制和保持价格稳定对美元化决策的影响有关。如表 9.3 所示，在两种情况下[①]，通胀目标制对美元化的预估影响在 −0.2 左右，意味着美元化率平均每年以大约 2.4% 的比例降低。

---

① 译者注：指总信贷、房屋按揭及车辆贷款。

表9.3 **简化形式模型**

解释变量:	OLS估计 M1	长期关系（完全修正估计）¹ M2	美元化系数 总信贷 差分 M3	美元化系数 总信贷 差分 M4	美元化系数 房屋按揭及车辆贷款 差分 M5	美元化系数：长期关系（完全修正估计）¹ 总信贷 M6	美元化系数：长期关系（完全修正估计）¹ 房屋按揭及车辆贷款 M7
因变量（信贷增长速度）	12个月	12个月	差分	差分	差分	总信贷	房屋按揭及车辆贷款
常数项	0.30 (0.85)	69.84* (0.00)				99.46* (0.00)	121.1* (0.00)
银行外币准备金率²	-0.24** (0.00)	-2.53* (0.00)	-0.18** (0.03)				
银行本币准备金率³			0.18** (0.01)				
银行准备金率（外币减本币）³				-0.14** (0.02)	-0.28* (0.00)	-0.17** (0.09)	-0.86* (0.00)
SBS计划（自2012年11月开始）对外汇敞口的高资本要求	-2.85** (0.02)	-34.86** (0.01)	-1.12* (0.00)	-0.83* (0.00)		-10.72* (0.00)	-1.71** (0.03)
去美元化计划（自2015年宣布）							-1.28 (0.15)
银行边际本币准备金率³	0.03 (0.44)						
外币边际准备金率		0.76* (0.00)					

第九章 秘鲁的信贷去美元化实践：条件化准备金的作用

续表

	OLS估计	长期关系（完全修正估计）	美元化系数		美元化系数：长期关系（完全修正估计）	
因变量（信贷增长速度）		信贷增长速度	总信贷	房屋按揭及车辆贷款	总信贷	房屋按揭及车辆贷款
外生控制变量：						
贸易条件[4]	0.09* (0.00)	0.19** (0.05)	0.01 (0.45)	0.01 (0.38)		-0.21* (0.00)
美国失业率[5]			-1.80* (0.00)	-0.51* (0.00)	-1.80* (0.00)	
美联储利率		-5.35* (0.00)	-0.10* (0.00)	-0.09* (0.00)	-0.93* (0.00)	1.69* (0.00)
10年期美国国债收益率			0.11*** (0.00)		-2.37* (0.00)	
一篮子汇率（主要区域合作伙伴）[6]			-2.39** (0.00)			
趋势成分通胀目标制					-0.24* (0.00)	-0.25* (0.00)

续表

滞后项:	OLS估计 因变量（信贷增长速度）	长期关系（完全修正估计）	美元化系数		美元化系数：长期关系 （完全修正估计）	
			总信贷	房屋按揭及车辆贷款	总信贷	房屋按揭及车辆贷款
按揭和车辆信贷美元化系数差分				0.37* (0.00)		
1阶滞后12个月（M1）	1.19* (0.00)					
1阶滞后12个月（M2）	−0.30* (0.00)					
R方差	0.98	0.69	0.2	0.41	0.96	0.99
杜宾—沃森检验值	2.08		1.23	1.85		
赤池信息准则	4.09		1.1	0.75		

注：括号里代表T检验的概率；*代表显著水平在1%，**代表显著水平在5%，***代表显著水平在10%。OLS代表最小二乘法；SBS即银行业、保险公司和养老金的监管部门。

注1：在M6 SBS计划在模型中为固定的。在M6 SBS计划在模型中也是固定的。

注2、注3、注4：M3和M5运用差分数据论，同样地，M2、M6和M7里去美元化计划在模型中也是固定的。

注5：M5运用差分数据。

注6：M4运用差分数据，在第4项中考虑了第六阶滞后。

资料来源：作者计算。

第九章 秘鲁的信贷去美元化实践：条件化准备金的作用

接下来，我们采用之前的简化模型进行反事实检验，并评估在统计上的显著性。我们试图解答一个简单问题：如果 BCRP 没有自 2010 年起提高外币平均和边际存款准备金率，且没有制订去美元化计划，在这种情况下，美元计价贷款和美元化率的增长究竟会如何？为了进行这项检验，我们按照公式（9.3）来衡量政策效应[①]

$$\bar{d}_H = \hat{\pi}_1 \left[\frac{1}{H} \sum_{h=1}^{H} (x_{T+h} - x_{T+h}^0) \right] \tag{9.3}$$

$\frac{1}{H} \sum_{h=1}^{H} (x_{T+h} - x_{T+h}^0)$ 用来衡量政策变化的平均尺度。按照 Pesaran 和 Smith（2012）的方法，政策效应检验按式（9.4）计算

$$Q_H = \frac{\bar{d}_H}{\hat{\sigma}_{v_y}} \sim {}^a N(0,1) \tag{9.4}$$

此处，$\hat{\sigma}_{v_y}$ 是政策简化回归模型的标准差。我们考虑从两个时期来进行反事实评估，以区分提高外币平均及边际准备金率和近年来去美元化计划的不同影响。对于外币平均和边际准备金率，我们限定样本数据到 2014 年 12 月，然而，对于去美元化计划，我们使用 2015 年 1 月至 12 月的样本数据。此外，我们也检验了 SBS 提高资本金要求对外汇敞口的影响，并将结果呈现在表 9.4 中。

表 9.4　　　　　　　　　　政策效应统计表

	均值效应	政策效应统计	p 值	是否与预期符号一致
结果：信贷增长率	银行准备金率（外币）[1]			
12 个月（M1）	-14.29	-8.03	0.00	是
12 个月（M2）	-18.78	-2.75	0.01	是

[①] 在模型中，我们采用的设定包含了因变量的二阶滞后：$(1 - a_1 L)(1 - a_2 L)y_t = \pi_1 x_t + \pi_2' w_t + v_{y,t}$。这里最后一个表达式将采用如下检验方法：$\bar{d}_H = \hat{\pi}_1 \frac{1}{H} \sum_{j=1}^{H} \sum_{m=0}^{j-1} \left[\sum_{i=0}^{m} a_1^i a_2^{m-i} (x_{T+j-m} - x_{T+j-m}^0) \right]$。

续表

	均值效应	政策效应统计	p 值	是否与预期符号一致
	去美元化计划（2015 年提出）[2]			
12 个月（M1）	-11.22	-6.30	0.00	是
12 个月（M2）	-27.60	-4.05	0.00	是
结果：信贷美元化率	银行准备金率（外币）[1]			
总信贷（M3）	-0.04	-0.09	0.93	是
总信贷（M4）	-0.03	-0.07	0.94	是
总信贷（M6）	-1.26	-0.59	0.56	是
	去美元化计划（2015 年提出）[2]			
总信贷（M3）	-0.89	-2.11	0.04	是
总信贷（M4）	-0.66	-1.65	0.10	是
总信贷（M6）	-11.61	-5.40	0.00	是
房屋按揭-汽车贷款（M5）	0.00	0.00	1.00	是
房屋按揭-汽车贷款（M7）	-1.39	-1.31	0.19	是
	SBS 计划（始于 2012 年 11 月）[3]			
房屋按揭-汽车贷款（M5）	-0.43	-1.34	0.18	是
房屋按揭-汽车贷款（M7）	-1.71	-1.62	0.11	是

注：SBS 代表银行业、保险公司和养老金的监管部门。
注1：样本区间为 2010 年 7 月到 2015 年 12 月。
注2：样本区间为 2015 年 7 月到 12 月。
注3：样本区间为 2012 年 11 月到 2015 年 12 月。
数据来源：作者按照 Pesaran and Smith（2012）的方法计算。

如表 9.4 所示，外币平均存款准备金率自 2010 年 7 月以来持续提高，这对美元计价贷款的年度增长率在统计上有显著影响。反事实检验操作考虑了 53 个周期（从 2010 年 7 月到 2014 年 12 月），用于平均和边际准备金率的反事实值为 33%，与 2010 年 7 月一致。取决于所使用的模型，在美元计价信贷增长率的反事实路径中，准备金政策的平均影响在 6% 到 18% 之间变动。在所有的情景下，较高

第九章 秘鲁的信贷去美元化实践：条件化准备金的作用

准备金率的影响均呈现出统计显著性。[1]

关于去美元化计划，我们选取 2015 年 1 月至 12 月进行政策评估操作。结果显示，政策对美元计价信贷增长和总信贷美元化率的影响都呈现出负的统计显著性。[2] 尽管准备金政策对房屋按揭及汽车贷款美元化的影响方向符合预期，但不具有显著性。至于 SBS 提高外汇敞口资本金要求的政策，我们发现其影响方向符合预期，但不具有统计显著性。

此外，为阐明准备金政策和去美元化计划对美元化率的影响，图 9.9 显示了信贷美元化的已观测路径和三种模型（M3、M4 以及 M6）下的反事实路径。2015 年 12 月，信贷美元化的反事实估计水平平均为 39%，与之相比，已观测水平是 32%。上述两者之间有接近 7% 的差距可被去美元化计划的影响解释，这个差距代表了银行信贷美元化率总体下降三分之二左右（12 个百分点，从 44% 降至 32%）的幅度。

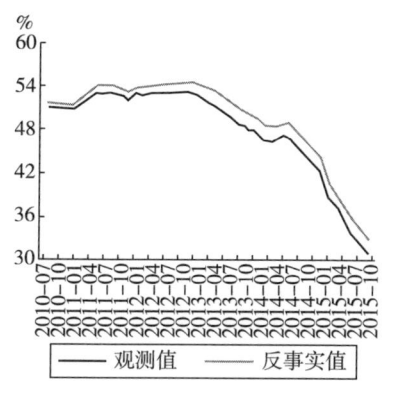 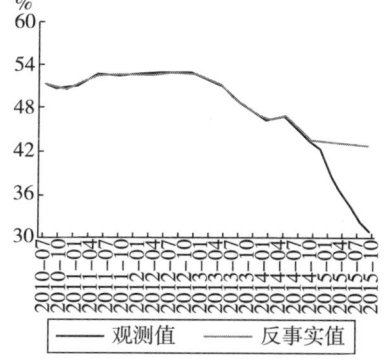

资料来源：秘鲁中央储备银行。

---

[1] 参见 Perez–Forero 和 Vega（2015）使用另一种方法得出的关于准备金对信贷影响的实证证据。

[2] 同时，Garcia–Esscribano 2014 年发现的较高的准备金，与通胀目标制以及 SBS 采取的审慎监管措施一起，降低了信贷美元化水平。

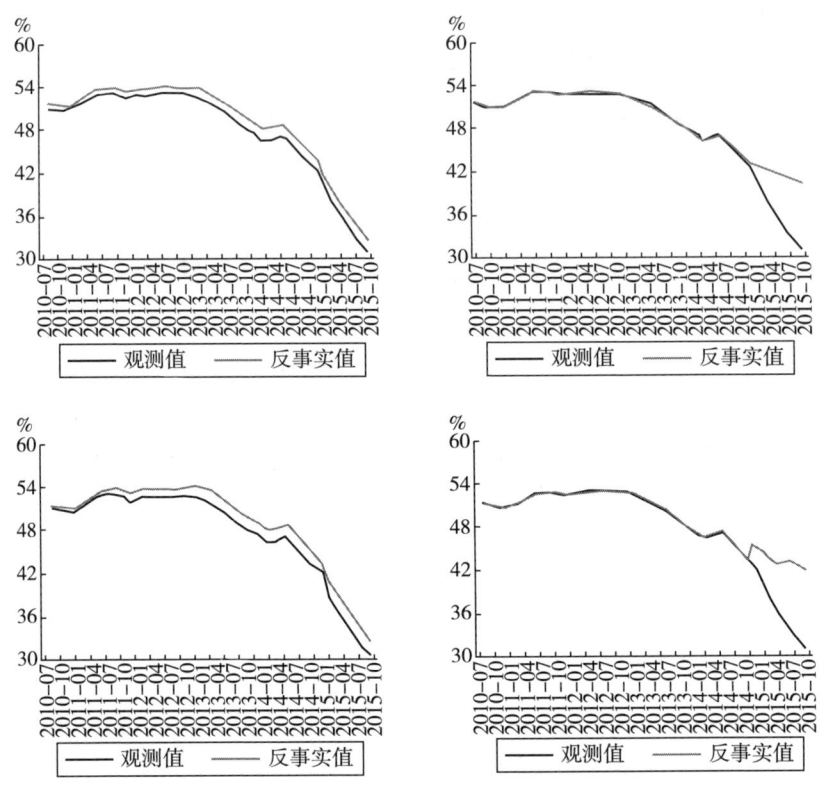

资料来源:秘鲁中央储备银行。

图9.9 准备金和去美元化计划的反事实效应

结论

秘鲁经济的经验凸显了货币政策与宏观审慎政策的相互作用。拉美经济体独有的特性(如货币错配和国外贷款人的过度杠杆),会通过多个渠道影响货币政策传导机制,进而引发对金融稳定的担忧。

在受金融美元化影响的经济体中,汇率的大幅贬值可导致货币错配的企业违约率上升,并通过改变借款人的收入流和偿贷能力来

第九章 秘鲁的信贷去美元化实践：条件化准备金的作用

影响其资产负债表。如此一来，汇率的大幅上升①会导致更高的杠杆率和更低的收入流，进而增加借款人的违约风险。因此，附加的审慎工具，无论在事前还是事后，均可限制风险承担渠道的负面影响，这对有效实施货币政策极其重要。

BCRP及其在拉美的同行，运用外币负债高准备金要求、流动性管理工具以及国际储备积累作为限制事前和事后系统性风险的工具。这些工具在过去十年中的重要性日增，尤其是在当前由于美联储货币政策正常化以及拉美经济体（尤其是大宗商品出口国）贸易条件的不稳定，国际环境呈现出高度不确定性的情况下。

秘鲁的案例表明，在实施这些政策工具的同时保持货币稳定不仅是可能的，而且是必要的。此外，采取大胆措施，通过实施额外准备金要求直接降低如信贷美元化等金融脆弱性，可以显著增强金融稳定性，这为传统货币政策发挥作用创造了空间，本章就此提供了实证证据。

附录9.1 附图

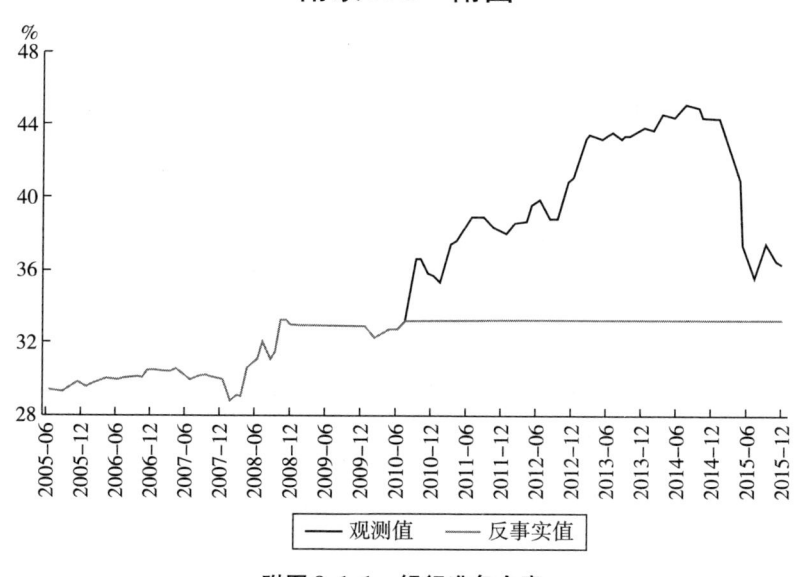

附图9.1.1 银行准备金率

---

① 译者注：应对汇率的大幅上升带来的资本流入，中央银行会提高利率。

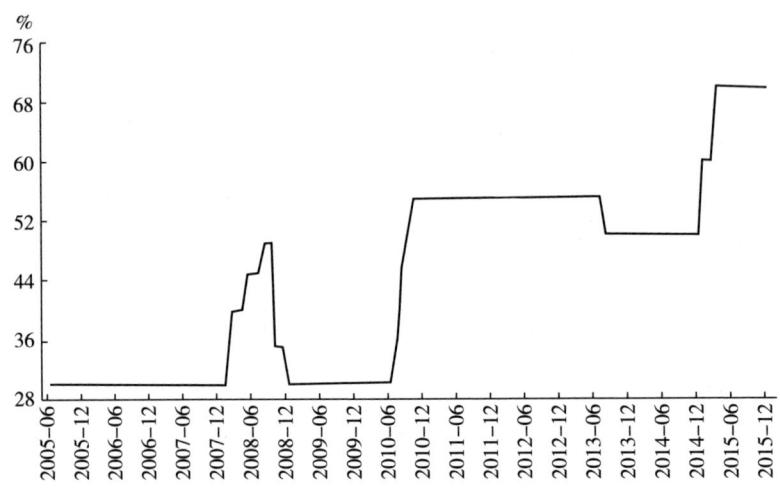

附图 9.1.2　银行边际准备金率

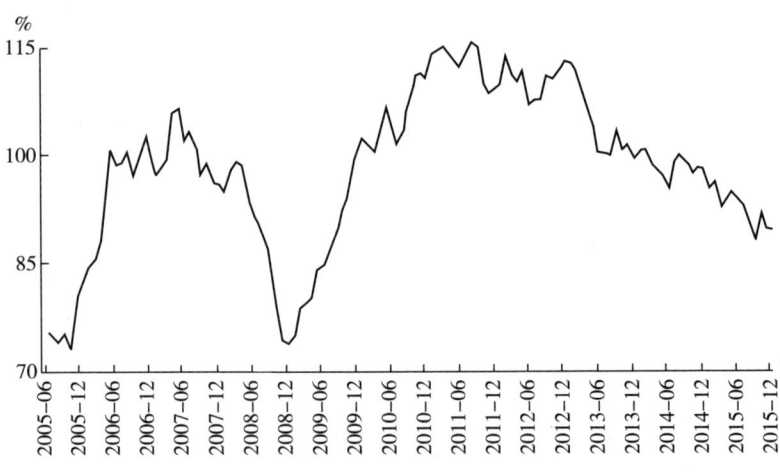

附图 9.1.3　贸易条件

第九章 秘鲁的信贷去美元化实践：条件化准备金的作用

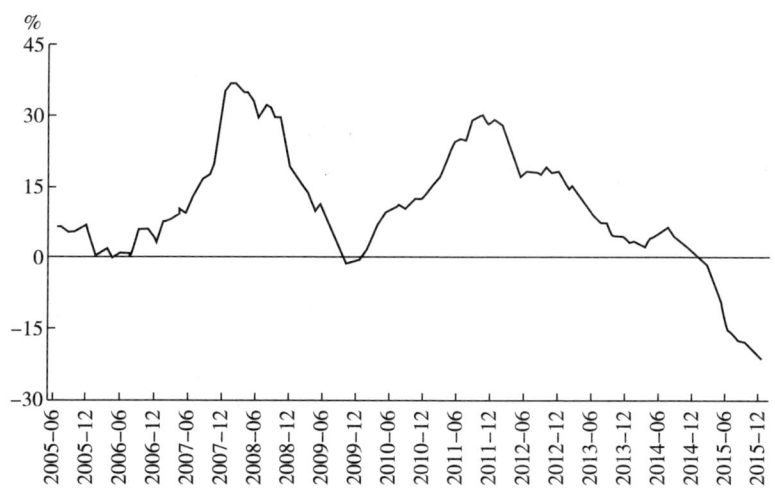

附图 9.1.4 信贷年增长率：外币

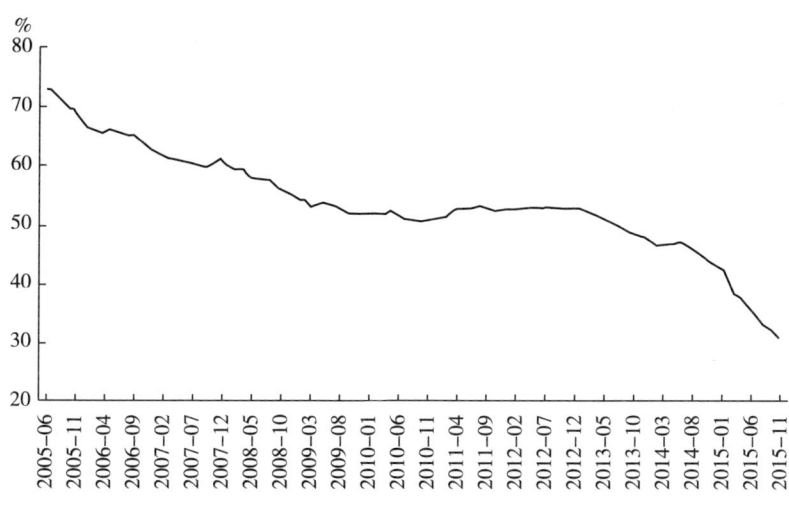

附图 9.1.5 美元化率：总信贷

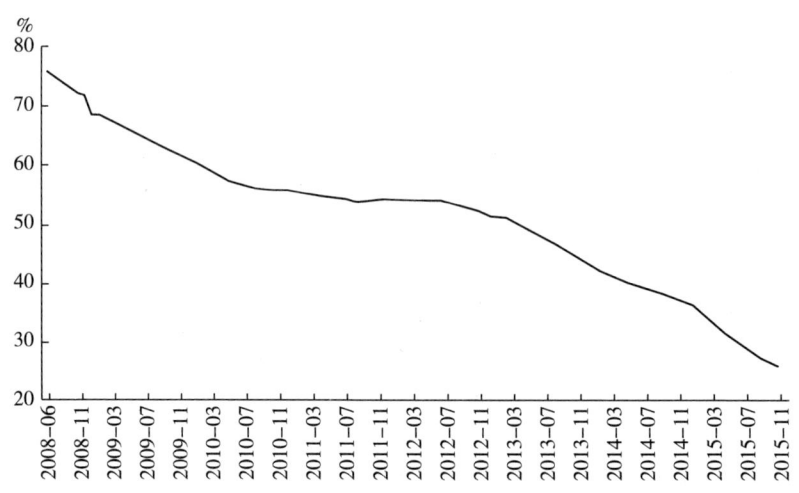

附图 9.1.6　美元化率：房屋按揭和车辆贷款

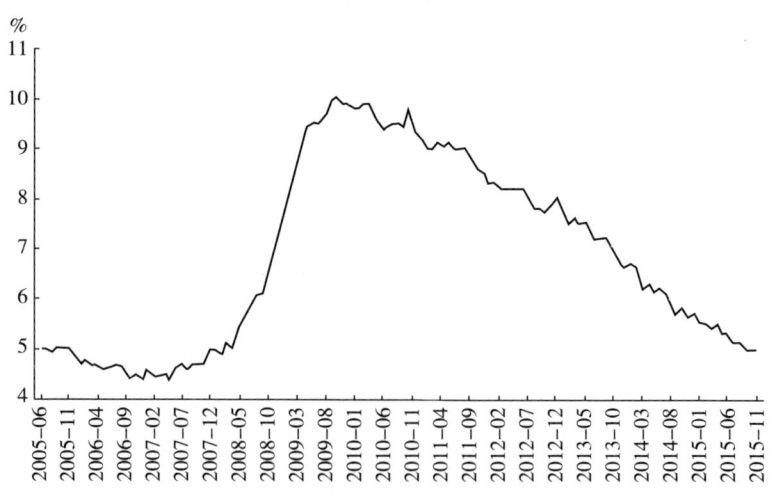

附图 9.1.7　美国失业率

第九章 秘鲁的信贷去美元化实践：条件化准备金的作用

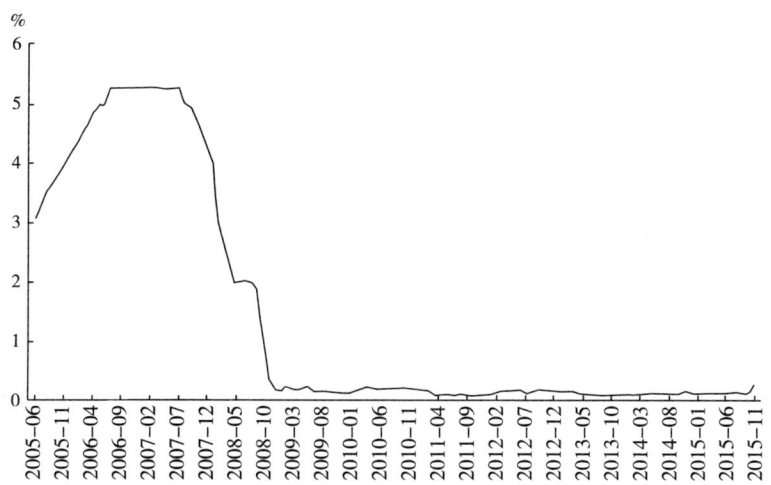

附图 9.1.8 美联储利率

附图 9.1.9 10 年期美国国债收益率

参考文献

［1］Allen, F., and D. Gale. 2000. "Bubbles and Crises", *Economic Journal* 110 (460): 236 - 5.

［2］ Armas, A., P. Castillo, and M. Vega. 2014. "Inflation – Targeting and Quantitative Tightening: Effects of Reserve Requirements in Peru", *Economia* 15 (1): 133 – 5.

［3］ Avdjiev, S., M. Chui, and H. S. Shin. 2014. "Non – financial Corporations from Emerging Market Economies and Capital Flows", *Quarterly Review* (December). Bank for International Settlements, Basel.

［4］ Borio, C., and H. Zhu. 2008. "Capital Regulation, Risk – Taking and Monetary Policy: A Missing Link in the Transmission Mechanism?", BIS Working Paper 268, Bank for International Settlements, Basel.

［5］ Choy, M., and G. Chang. 2014. "Medidas macroprudenciales aplicadas en Perú", *Revista de Estudios Económicos* 27: 25 – 50.

［6］ Dell' Ariccia, G., D. Igan, L. Laeven, and H. Tong, with B. Bakker and J. Vandenbussche. 2012. "Policies for Macrofinancial Stability: How to Deal with Credit Booms", IMF Staff Discussion Note 12/06, International Monetary Fund, Washington, DC.

［7］ Garcia – Escribano, M. 2010. "Peru: Drivers of De – dollarization in Latin America?", IMF Working Paper 10/169, International Monetary Fund, Washington, DC.

［8］ Goodhart, C., D. P. Tsomocos, and A. P. Vardoulakis. 2009. "Foreclosures, Monetary Policy and Financial Stability", Conference Proceedings of the 10th International Academic Conference on Economic and Social Development, Moscow, April 7 – 9.

［9］ Illing, G. 2007. "Financial Stability and Monetary Policy – A Framework", CESifo Working Paper No. 1971, Munich.

［10］ Ioannidou, V. P., S. Ongena, and J. – L. Peydró 2009. "Monetary Policy and Subprime Lending: A Tall Tale of Low Federal Funds Rates, Hazardous Loans and Reduced Loan Spreads", European

Banking Center Discussion Paper 2009 – 045, Tilburg University, Tilburg, The Netherlands.

[11] Jiménez, G., S. Ongena, J. – L. Peydró and J. Saurina. 2009. "Hazardous Times for Monetary Policy: What Do Twenty – Three Million Bank Loans Say about the Effects of Monetary Policy on Credit Risk – Taking?", Working Paper 833, Banco de España, Madrid.

[12] Maddaloni, A., and J. – L. Peydró. 2011. "Bank Risk – Taking, Securitization, Supervision and Low Interest Rates: Evidence from US and Euro Area Lending Standards", *Review of Financial Studies* 24: 2121 – 65.

[13] Merrouche, O., and E. Nier. 2010. "What Caused the Global Financial Crisis? Evidence on the Drivers of Financial Imbalances 1999—2007", IMF Working Paper 10/265, International Monetary Fund, Washington, DC.

[14] Pérez – Forero, F., and M. Vega. 2014 "The Dynamic Effects of Interest Rates and Reserve Requirements", Working Paper 2014 – 008, Central Reserve Bank of Peru, Lima.

[15] ——. 2015 "Asymmetric Exchange Rate Pass Through: Evidence from Peru", Working Paper 2015 – 011, Central Reserve Bank of Peru, Lima.

[16] Pesaran, H., and R. Smith. 2012. "Counterfactual Analysis in Macroeconometrics: An Empirical Investigation into the Effects of Quantitative Easing", Cambridge University, Cambridge, United Kingdom. Unpublished.

[17] Rappoport, V. 2009. "Persistence of Dollarization after Price Stabilization", *Journal of Monetary Economics* 56: 979 – 89.

[18] Rossini, R., Z. Quispe, and D. Rodriguez. 2011 "Capital Flows, Monetary Policy and FOREX Interventions in Peru", Working Paper 2011 – 008, Central Reserve Bank of Peru, Lima.

［19］——. 2012. "Fiscal Policy Considerations in the Design of Monetary Policy in Peru", Working Paper 2012 – 022, Central Reserve Bank of Peru, Lima.

［20］Sengupta, R. 2010. "Alt – A: The Forgotten Segment of the Mortgage Market", *Federal Reserve Bank of St. Louis Review* 92（1）: 55 – 71.

［21］Vargas, H., and P. Cardozo. 2012. "The Use of Reserve Requirements in an Optimal Monetary Policy Framework", Borradores de Economía No. 716, Banco de la República, Bogotá.

［22］Winkelried, D., and P. Castillo. 2010. "Dollarization Persistence and Individual Heterogeneity", *Journal of International Money and Finance* 29: 1596 – 618.